의료개혁과 의료권력

나남출판

나남신서 941

의료개혁과 의료권력

조 병 희

NANAM
나남출판

Healthcare Reform and Medical Power

by

Cho, Byong-Hee

NANAM

NANAM Publishing House

머리말

온 세상이 대통령 선거 이야기로 떠들썩하다. 평소 인터넷을 통하여 후보들의 공약을 챙겨보았기 때문에 TV 토론에는 별 관심이 없었다. 하지만 어느 신문사로부터 의료문제에 대한 대선후보들의 논쟁에 대하여 논평을 해달라는 청탁을 받고 연구실에서 라디오로 세 번째 사회문화 분야에 대한 토론을 들었다. 후보들의 표정을 볼 수 없어 아쉬웠으나 토론 내용을 써가면서 듣느라고 사실 표정을 볼 시간도 없었다. 그런데 의료문제에 대해서는 원론적인 언급만 되었을 뿐 정작 심층적인 토론은 이루어지지 못했다. 역시 한국사회에서는 의료는 아직 중요한 정치적 사안이 아닌 듯싶다. 불과 2년 전에 의사들의 파업으로 의료가 마비되는 사태가 있었고, 그 이후에도 의보재정 위기로 의료문제가 초미의 관심사가 되었음에도 불구하고 시간이 조금 지나면서 의료는 다시 사람들의 관심에서 멀어지고 있다.

그러나 대선과정을 지켜보면서 한국사회가 변화하고 있고 그것이 앞으로 의료에도 영향을 미칠 것이라는 생각을 하게 되었다. 온 여름을 달구었던 붉은 악마들의 함성과 대선과정에서 자발적으로 선거운동에 참여했던 수많은 젊은이들의 모습에서 공통된 그 무엇이 있다. 바로

놀이에서든지 정치운동에서든지 자신이 좋아하는 감정을 적극적으로 표현하고 다른 사람과 이것을 나누고 또 그것을 실천하기 위하여 토론하고 글을 쓰고 전화를 하며 거리로 나와 표출한다는 것이다. 그들에게 이러한 행동은 삶의 가치의 실현이었고, 따라서 자기 돈과 시간을 들여가며 그런 행동을 하는 것 자체가 기쁨이었다. 그들에게도 물론 조직이 있었지만 이는 결코 전통적 의미의 명령위계로 이루어지지 않고 자발적 참여에 의해서만 꾸려지는 모임이었다. 그럼에도 불구하고 그들은 한 나라의 대통령을 당선시키는 위력을 과시했다.

2000년에 의사들도 거의 '자발적으로' 하나로 뭉쳤고 정부의 '잘못된' 정책에 대하여 거의 1년 동안이나 집단적으로 항의하였다. 그럼에도 불구하고 의사들의 저항은 사회 전체적으로 유쾌하지 않은 기억이다. 일설에 의하면 의사회가 야당후보 지지선언을 하려고 하였으나 그쪽에서 오히려 이를 말렸다고 한다. 국민들로부터 좋은 인식을 받지 못하고 있는 의사들의 정치선언은 도움이 되지 않는다는 것이다. 왜 의사들의 열정과 분노는 사회로부터 외면받고 있는 것일까? 의사들은 자신들이 의권을 가져야만 올바른 의료제도를 만들 수 있고 국민건강을 지킬 수 있다고 누누이 역설하였다. 그럼에도 불구하고 의사들의 주장에 대한 사회의 반응은 결코 좋지 않았다.

이번 선거에서 인터넷과 이동전화는 새로운 선거매체이면서 대중을 움직이는 중요한 무기가 되었다. 의사들도 2000년에 이 매체들을 활용하여 단결하고 투쟁하였다. 그런데 왜 전혀 다른 결과가 나왔는가? 그것은 어떻게 매체를 활용했는가의 차이에서 비롯된다. 이번 선거에서 여당지지자들은 인터넷의 개방성과 빠른 정보전달 속도를 유감없이 활용하였다. 주요 신문의 편파적인 기사들은 인터넷에서 곧바로 반론을 받았고, 신문이 제공하지 못한 다양한 정보들이 실시간으로 전달되었다. 그 글들은 특정 모임의 회원들만 보는 것이 아니라 모든 국민에게 개방되었고, 이들이 가치 있는 정보를 제공하면 할수록 여론은 이들 편으로 돌아갔다.

의사들도 투쟁과정에서 인터넷 덕분에 하나로 단결할 수 있었다. 그런데 의사들은 인터넷의 속보성은 잘 활용하였지만 개방성은 외면하였다. 의사들은 자신들만이 이용할 수 있는 공간에서 정보와 의견을 주고받았다. 그 공간에는 의사들에게 비판적이거나 동조하지 않는 사람들의 의견은 애당초 들어올 수 없었다. 이들은 자신과 다른 의사들의 생각이 똑같다는 것을 재삼재사 확인하면서 자신들의 생각의 정당성을 확신하였지만, 그럴수록 의사와 사회 간의 의견차이는 더욱 심화되었다. 그러면서 사회가 자신들의 진심을 몰라주는 것에 대하여 답답해하다가 결국에는 더욱 강경한 집단행동을 하게 되었다.

이것은 의사들이 그 동안 자신들만의 폐쇄적 권위에 몰입된 채 살아왔음을 상징적으로 보여준다. 국가권력이 축소되고 시민사회가 발전하고 있는데도 불구하고 의사들은 지식독점에 기초한 수직적이고 위계적인 권위에 기대어 살아왔다. 질병이라는 생의 위기상황을 관리하는 의사들 앞에서 환자들은 복종할 수밖에 없다. 시민사회가 발전했다지만 여전히 의료는 의사들의 전문성이 전적으로 지배하는 곳이고, 따라서 의사와 환자 간에는 지배와 복종의 구조가 강력하게 살아 있다. 환자의 의식이 변화하였고 그에 따라 의사에 대한 불만이 높아졌지만 생의 위기상황에서 의사에 맞서는 모험을 감행할 수 있는 사람은 드물다. 의료권력의 사회적 기원은 여기에서 비롯된다. 의사들은 더욱이 의료기관까지 소유하고 있기 때문에 경제적 권력까지도 겸비할 수 있었다.

이러한 상황에서 의사들이 자신들의 권력을 개방적인 것으로 바꿀 동기는 존재하기 어렵다.

2000년에 있었던 의료개혁은 그러한 상황에서 환자의 권리를 신장시키고자 했던 시도였다. 그러나 폐쇄적인 의료체계의 구조는 너무 단단했고 의사들이 행사하는 의료권력도 너무 강했다. 시민단체들의 힘은 이러한 폐쇄성을 넘어서기에 역부족이었다. 시민단체들 역시 일반시민들에게 의료개혁이란 담론을 확산시키고 지지와 동의를 얻는 노력을 충분히 하지 못하였다. 의약분업은 좋은 정책이었지만 무엇이 왜 좋은지 국민들에게 충분히 알리고 국민이 능동적으로 선택하도록 하지 못했던 것이다. 그것이 의료개혁이 가졌던 근본적인 한계이다.

사회는 변화한다. 정치는 오랫동안 국민들로부터 혐오의 대상이었다. 그런데 이번에 이것이 완전히 바뀌어 정치도 재미있을 수 있고 국민들이 참여하면 바꿀 수 있다는 너무도 평범한 진리를 확인하게 됐다. 의료도 그렇다. 일반국민이 의료문제에 가까이 하기에는 전문성이라는 너무나 큰 장벽이 있다. 그러나 노력하기에 따라서는 이 장벽도 얼마든지 낮아질 수 있다. 의료문제에 스며들어 있는 권위주의와 전문가주의의 색채를 탈색시켜 많은 국민들이 의료를 이해하고 참여할 수 있게 해야 한다. 우리는 〈X-File〉이라는 영화에 매료된 적이 있다. 그 영화를 보면서 나는 영화각본을 쓰는 사람이 어떻게 과학에 대하여 저렇게 해박한 지식을 갖고 있을까 하고 놀랐다. 반면 한국에서 의사와 병원을 다루는 드라마를 보면서 천편일률적으로 의사의 영웅적이고 헌신적인 노력을 그리는 모습에 실망하였다. 의료문제를 해결하기 위해서는 의료에 대한 인문학적 상상력이 절실히 필요하다. 의료를 더 이상 첨단기술로만 보지 말고 병을 두고 인간(환자)과 의사, 그리고 병원과 제약회사, 의사와 간호사들이 벌이는 한편의 사회적 관계의 드라마로 인식할 필요가 있다.

이 책은 지난 2000년에 전개되었던 시민단체들의 의료개혁 추진과 그에 대한 의사들의 반발과 저항을 분석한 결과물이다. 의사파업 사태가 끝난 지 이미 2년이 지났지만 당시에 빚어졌던 집단간 갈등은 거의 치유되지 않은 채 남아 있다. 그만큼 의료계와 사회, 의사와 개혁세력간의 인식의 차이가 크고 깊다. 필자는 비록 의료개혁이 불충분하게 시작되고 우여곡절 속에서 진행되었으며 사실상 거의 좌절되었지만 아직도 의료개혁의 당위성은 남아 있다고 생각한다. 의료개혁을 위해서는 사회각계의 좀더 많은 관심과 시민의 참여에 의한 깊이 있는 논의가 필요하다고 생각한다. 그럼으로써 국민이 능동적으로 선택하는 의료제도가 만들어지기를 기원한다. 끝으로 기꺼이 이 책의 발간을 맡아주신 나남출판 조상호 사장님께 감사드린다.

2003년 1월

연건동 연구실에서

조 병 희

나남신서 · 941

의료개혁과 의료권력

차 례

제 1 장
시민사회와 의료전문주의

1. 의약분업의 시작과 현재

복지사회에서 의료는 핵심적인 사안의 하나이지만 우리 사회에서 의료는 사회적으로 큰 관심을 받지 못하던 주제였다. 그런데 2000년에 일어난 의사들의 장기 파업은 일순간에 의료를 초미의 정치적 과제로 바꾸어 놓았다. 의사들의 파업은 시민단체가 중심이 되어 추진했던 의약분업에 반대하면서 시작되었다. 의약분업의 필요성은 당사자들이 모두 인정하던 사안이었지만 이해관계가 엇갈려 수십 년간 실시가 보류되어 오던 정책이었다. 김대중 정부도 의약분업 실시를 대선 공약으로 제시하였고 집권초기부터 실시를 추진하였으나 의사와 약사들의 의견조정이 되지 않아 무산될 지경에 처해 있다가 시민단체의 주도로 1999년 5월 10일에 의사회장과 약사회장 사이에 극적인 합의를 하게 되었다. 그러나 이후 6개월 사이에 의사들 내부의 반대의견이 조직화되면서 1999년 11월에 2만여 명의 의사들이 서울의 장충체육관에 모여 의약분업 반대를 외치게 되었고, 그 후 1년 동안 한국사회는 의사들의 반복되는 파업사태로 의료가 마비되는 극단적인 경험을 하였다.

의약분업 자체는 의사의 처방권과 약사의 조제권을 분명하게 나누는 매우 당위적인 성격을 갖고 있던 사안이었지만 약의 처방과 조제행위에 연관되어 얽혀 있는 의료체계의 여러 모순과 복잡한 이해관계 때문에 의약분업의 실시가 어려웠고, 의약분업의 실시는 이해관계를 넘어서서 의료체계의 모순을 수술하는 의료개혁으로서의 의미까지 부여되었다. 의약분업에는 의사, 약사, 병원, 제약회사, 시민단체, 정부 등 여러 당사자의 이해관계가 복잡하게 중첩되어 있었다. 또한 전면에 부각된 이슈는 의약분업이지만 그 배경에는 의료보험제도나 의사인력정책 등 여타의 의료정책과 제도들이 포괄적으로 얽혀 있었다. 그런데 현상적으로는 의약분업을 둘러싼 많은 논쟁과 이견이 주로 의약분업의 구체적 실시방법을 두고 빚어졌지만, 크게 보면 의료에 대한 시민참여를 관철하려 했던 시민단체의 목적과 진료권을 비롯한 자신들의 권리를 확보하려 했던 의사들의 목적이 대립되는 형국으로 진행되었다. 시민단체를 중심으로 한 개혁세력은 의약분업을 시민참여에 의한 의료개혁의 시발점으로 생각했었지만 의사들은 그러한 개혁의 오류를 지적하며 저항하였고, 후에는 의사들이 중심이 되는 의료개혁을 천명하였다.

의사파업이 끝난 지 2년이 지난 지금 변화된 것은 무엇인가? 의약분업은 실시되고 있다. 그래서 이제 환자들은 이전처럼 약국에서 곧바로 항생제를 얻을 수 없고, 반드시 병원에 먼저 가서 의사의 처방을 받아야 항생제를 구할 수 있다. 고혈압 약 등 많은 '전문의약품'을 얻으려면 이런 절차를 밟아야 한다. 의약분업은 심각한 약의 오남용이 약을 너무 쉽게 얻을 수 있기 때문에 생긴다는 전제에서 출발했다. 그래서 약을 얻는 절차를 엄격하게 규제하여 불필요한 약의 사용을 방지하고자 하였다. 이제 그런 제도가 만들어졌으니 의료개혁은 일단 승리한 것일까? 그렇지 않은 것 같다. 의약분업은 실시되었지만 그 비용이 매우 컸다. 더욱이 의약분업이 추구했던 개혁적 내용들은 제대로 실행되지 못하였고, 나아가 개혁세력은 크게 위축된 반면 이에 저항했던 의사들은 강력한 이익집단으로 변화함으로써 앞으로 의료개혁의 추진이 매우 어렵게 되었다(김대중 정부 의료정책에 대한 종합적 평가는 8장에서 진행할 것이다).

의사파업이 있기 이전까지 의사회는 친목단체 수준을 넘지 못하였다. 그러나 투쟁과정에서 의사들은 의료정책이 의사들의 전문성을 실현할 수 있게 정립되어야 한다고 주장하였고, 이제 그 주장을 현실화해 나가고 있다. 거의 의사들로 충원된 '의료발전특별위원회'가 대통령 직속기구로 구성되어 의사 중심의 의료정책을 만들고 있다. 의사의 집단행동을 집단이기주의로 규정했던 고등학교 교과서가 의사들의 강력한 항의로 수정되는 사건도 발생하였다. 의보재정을 감축하기 위한 여러 조치나 의료수가체계를 바꾸려는 시도 또한 번번이 의사들의 반대에 직면하여 그 내용이 변하고 있다. 이러한 모습들을 언뜻 보면 의사들은 대정부 투쟁에서 승리한 것 같은데 완전한 승리는 아니었다. 의사들이 그렇게 반대했던 의약분업의 실시를 막지 못한 것이다. 의사들은 당시 명목적으로는 '완전 의약분업'의 실시를 주장했다. 그러다가 이제는 의약분업의 폐지를 목표로 투쟁하고 있다.

송호근(2001a)은 이런 사정을 두고 '승자 없는 전쟁'이라고 표현했다. 정부나 시민단체는 물론 의사도 얻은 것이 별로 없는 '상처뿐인 영광'이라는 것이다. 과연 그럴까? 비록 의약분업이 실시되고는 있지만 이것은 애당초 개혁세력이 의도했던 형태는 아니다. 가장 큰 개혁의 후퇴는 시민들이 의료정책에 제도적으로 참여할 수 있는 통로를 모두 막아버린 점이었다. 개혁세력은 의약분업을 실시하면서 '시민참여와 시민적 권리의 확보'를 중요한 가치로 설정했었다. 그래서 지역별 의약분업협력회의를 구성하여 의사, 약사와 함께 시민대표가 참가하여 약품의 선정이나 운영문제를 논의한다거나 환자 몫의 처방전을 별도로 발행하도록 요구하였고, 또 의료기관의 경영투명성 확보를 위한 방안들을 약속받았다. 그러나 이러한 조항들은 모두 폐지되거나 사문화되었다. 환자의 선택에 의한 대체조제의 실행도 의사의 동의에 의한 방식으로 바뀌었다. 의사가 통제할 수 있는 전문약의 범위도 대폭 증가하였다. 이러한 정책내용의 변화가 암시하는 것은 향후의 정책의 운영과 논의에서 시민단체가 개입할 수 있는 여지를 막아버린 것이었다. 의약분업이 시민단체의 주도로 추진되었던 점을 생각하면 이것은 의사들이 얻은 의료보험 수가의 획기적인 인상보다도 더 큰 의미가 있는 전과였다. 의사들은 상처를 받기는 했지만 분명한 승자였다.

2. 의료의 근대성과 의권

의사들은 자신들이 원한 것은 '돈'이 아니었고, 단지 '의사답게' 살고 싶다고 주장했다. 또 교과서적으로 진료하기를 원하며 그에 대한 정당한 보상을 받고 싶을 뿐이라고 했다. 그러한 소망을 의사들은 '의권'이라고 정의했다. 의사가 스스로 의사답고 싶다고 주장하는 이 역설적 상황을 우리는 어떻게 이해해야 할까? 의사들의 주장대로라면 정부와 시민단체는 의사를 의사답지 못하게 만드는, 즉 개혁이 아니라 '개악'을 추진한 것이 된다. 정치민주화를 위하여, 또 경제정의의 실현을 위하여 애써온 시민단체들이 의료에 대해서만 '개악'을 추진할 수 있는 것일까?

이러한 의문에 답하기 위해서는 개혁세력과 저항세력이 갖고 있는 의료에 대한 기본적인 시각의 차이를 이해해야 할 것 같다. 서구에서의 의료의 근대화는 국민의료제도와 의료전문주의의 확립을 특징으로 한다. 전근대 사회에서 의료는 의학의 기술적 발전수준도 낮았지만 치료자의 독자적인 권위구조도 발전되어 있지 않았다. 치료자들은 계층적으로 구분되어 존재했다. 양반계층은 잘 훈련된 (한)의사의 치료를 받았지만 일반백성들은 그러한 고급의료의 혜택에서 배제되어 있었고 지식과 경험이 부족한 치료자들의 몫이거나 의료이용을 할 수 없는 상황이었다. 고급 치료자들도 독자적인 의학적 권위를 확립하지 못하고 지배계급에 종속되어 있었다. 왕실에 소속된 한의사들은 왕이 죽으면 그를 죽게 한 죄로 벌을 받아야 했다고 한다. 이것은 당시에 의료에 대한 평가와 그에 따른 처분권이 시술자가 아닌 고객의 손에 달려 있었음을 말해 준다. 시술자가 고객의 요구와 평가에 예속되는 상황에서 시술자들은 권력적일 수 없었다.

근대화 과정에서 의료는 새로운 국민통제수단으로 등장한다. 푸코(M. Foucault)가 역설한 것처럼 의료는 국민국가가 확립되면서 국민을 규율하고 통제하는 과학적 수단으로 기능하게 되었다(Peterson and Bunton, 1997). 국가의 필요에 의하여 의학은 정상과 일탈을 구분하는 기준으로 사용되었고, 또 일탈자를 치료하여 정상으로 되돌리는 역할도 담당하였다. 예를 들어 부국강병을 이룩하고자 하는 국가에 대하여 의학은 '건강한 출산'을 산출하는 기술적 도구가 되었다. 경제발전을 원하는 후진국에서는 인구를 줄이는 유효한 수단이 되었다. 온 국민이 일사불란하게 노동과 경쟁에 나서야 하는 자본주의 사회에서 의료는 부적합자를 걸러내어 회복가능한 자는 치료하여 직업현장에 돌려보내고, 불가능한 자는 정신병원에 격리시켜 사회에서 건전한 노동규범이 느슨해지는 것을 막았다. 기술적으로 발전된 근대의학은 당장의 신체적, 정신적 고통을 경감시켜 주는 혜택을 제공하였기 때문에 국민들은 이를 거부할 수 없었고, 오히려 의료를 제공받는 것은 근대적 특권으로 인식되었다. 따라서 근대국가의 성립은 국민의료제도의 발전을 필요로 했고, 이를 위해서는 의료의 전문성을 높이고 의사의 권위를 확립하는 것이 필요했다. 이러한 논리를 가장 잘 정리한 사회학자가 파슨스(Parsons, 1951)였다. 그는 자신의 사회체계론을 설명하면서 의료체계의 기능과 역할을 핵심사례로 사용하고 있다. 그는 유형변수라는 독특한 기준을 사용하여 전근대 의료와 근대 의료의 특성을 비교하면서 의사는 보편주의나 가치중립과 같은 근대적 가치를 내면화한 근대성의 상징으로 간주한다. 이 견해를 따르면 의사는 고객이 아닌 의학지식의 필요에 의해서만 시술을 하고, 이러한 의사가 행사하는 권위는 사회구조적 필요에 의하여 주어진 것이기 때문에 모든 사회성원들은 이를 존경하고 받아들여야 할 의무가 주어지는 것이다.

아마도 파업투쟁 과정에서 의사들이 추구했던 '의권'은 바로 이러한 모습의 의사라고 생각된다. 그런데 의료에 관한 한 우리 사회는 아직 근대성의 문제를 제대로 해결하지 못하고 있다. 국가는 근대적 국민의료제도의 한 축인 '의료보장'을 충분히 실현하지 못하고 있다. 의료보험제도가 만들어진 지 이미 25년이 되었지만 국민들은 공적인 보험에서 총의료비의 50%만을 혜택받는다. 따라서 중하층이나 빈민층의 경우는 의료이용시 부담이 크다. 이에 대하여 의사들은 그러한 제도적 모순에서 생기는 일상적 문제를 국가가 아닌 자신들이 감당하고 있다고 주장한다. 예를 들어 수가가 낮고 본인부담이 높아 발생하는 치료수준의 저하에 대하여 환자들이 국가보다는 의사에게 탓을 돌린다는 것이다. 자신들은 국가가 의료에 대한 투자를 외면하는 상황에서 자본을 투자하여 병원을 세우고 악조건 속에서 국민건강을 위하여 일해 왔는데 왜 거기서 발생하는 문제의 원인을 자신들에게 돌리고 또 의약분업정책에서처럼 자신들을 도덕적으로 비난하고 일방적으로 희생을 강요하는가 하고 불만을 제기한 것이다. 즉 근대적 국민의료제도를 제대로 만들지 못한 국가에 우선적 책임이 있다는 것이다.

이들이 국가에 대해 제기하는 문제점은 일리가 있는 것으로 생각되지만 정작 중요한 문제는 의사들 또한 근대성을 충분히 실현하지 못하는 한계에 처해 있다는 점이다. 파슨스의 이론에서 나타난 것처럼 근대의료체계에서 의사에게는 사회통제자로서의 역할이 부여된다. 의사의 권위는 바로 사회통제 역할을 수행하기 위한 것이다. 그러나 한국 의사들은 이 부문에서 그 역할을 제대로 수행하지 못하고 있는 것 같다. 사회통제의 역할은 의료의 공공성 확립과 밀접한 관계가 있다. 의료가 공급자의 개인적 이익보다는 공적 도구로서 기능할 때 사회통제의 기능이 제대로 작동하기 마련이다. 남아선호에 의한 여아낙태 문제나 의료분쟁에서의 합리적인 내부적 해결절차를 마련하지 못하는 것 등을 생각해 볼 필요가 있다. 즉 의료시술이 '의학적' 필요에 의해서 이루어지고 그 과정에서의 합리성이 충분히 만들어지지 않고 있는 것이다. 이것은 의사들 내부에서 자율적 행동규범을 확립하지 못하고 의사개인의 이해관계에 의하여 의료시술을 하도록 방치함으로써 결국에는 사회적으로 의료의 통제기능을 제대로 수행할 수 없게 되는 것이다. 의사들은 이것을 국가에 의한 규제의 결과로 생각하지만 의사의 전문주의의 미발전에 의한 영향이 그에 못지않게 큰 것으로 보인다(의료문제의 구조에 대해서는 3장에서 다룰 것이다).

의사들이 추구했던 의권은 의료부문의 관리자로서의 의사의 권리와 지위를 높이고자 하는 시도로 생각할 수 있지만 그러한 특권을 얻기 위한 사회적 책임(즉 사회통제자로서의 역할)을 감내할 수 있는 기초적 여건을 만들지 않고 있는 것이다. 의사들은 자신들의 하락하는 지위를 국가의 잘못된 정책 탓으로 돌리며 비판하고 있다. 이러한 국가개입을 근본적으로 극복하기 위해서는 의료부문에 대한 자율통제의 여건을 스스로 만들어내야 하지만 지금까지의 의사들의 집단행동은 국가로부터 권리를 얻어내는 데 집중하였을 뿐이다. 즉 의사들 스스로 근대성의 벽을 넘어서지 못하고 있는 것이다.

3. 탈근대 : 이용자 중심의 의료

그러면 의료개혁을 추진했던 시민단체들은 어떤 가치를 지향하였는가? 시민단체들이 추구했던 의료개혁은 '이용자가 중심이 되는 의료'이다. 이것은 탈근대적인 속성을 갖고 있다. 근대의료는 의료전문직이 중심이 되어 모든 의료지식을 독점적으로 통제하고 환자는 여기에 종속되어 철저하게 수동적인 위치에 머무르게 된다. 또한 근대 의료가 시행되는 장소는 종합병원과 같이 환자의 대규모 수용과 환자행동에 대한 감시와 통제가 용이한 구조를 갖고 있다. 반면 탈근대 의료는 의사와 환자의 관계가 병렬적 또는 수평적인 동반관계로 변화한다. 의사의 역할은 더 이상 환자에 대한 절대적인 통제와 일방적인 권위행사에 있지 않고 환자와 같이 치료를 논의하고 환자를 교육하고 환자의 문제를 상담하는 데 있게 된다. 종합병원처럼 대규모로 집중된 관료제 구조의 치료시설보다는 보다 작은 규모로 개방적이고 환자의 출입이 상대적으로 자유로운 형태가 선호된다. 예를 들어 대규모의 정신병원보다는 지역사회 중심의 정신보건사업이 강조된다. 또한 의료시설 단독으로 서비스가 제공되기보다는 보건과 복지서비스가 통합되어 제공되는 경향도 발전하였다.

서구사회에서 이러한 변화가 발생한 데에는 여러 요인이 작용하였다. 우선 질병구조가 변화하였다. 근대사회의 질병은 전염성 질환으로 그 효과가 단기적이고, 그 구조가 확실한 특성을 갖는다. 즉 질병의 자연사가 진행되는 속도가 빠르고 따라서 질병으로 인한 생사의 판가름이 며칠 내에 신속하게 결정된다. 병균에 의한 전염으로 발병이 되기 때문에 이를 통제할 수 있는 치료약의 개발로 치료효과도 신속하게 결정되었다. 그러나 탈근대적 질병은 '불확실'(*uncertain*) 하다는 특성을 갖는다(Morris, 1998). 발생기전도 불확실하고, 나타나는 증상도 가변적이며, 인간의 행동습관이 개재되는 경우가 대부분으로, 치료수단도 마땅치 않고, 의학적 치료효과 역시 불분명하다. 더욱이 고혈압과 당뇨처럼 질병과정이 평생 동안 진행되기 때문에 근대의료의 경우처럼 신속한 치료를 통한 의학적 권위를 발휘하기 어려운 상황이 조성된다.

이러한 질병의 특성 때문에 환자들의 병에 대한 관념 또한 변화하게 되었다. 환자는 더 이상 의사의 치료를 수동적으로 따르는 것만으로는 치료효과를 기대하기 어렵게 된 것이다. 즉 환자의 몸을 의사가 전적으로 통제할 수 없고 환자 스스로 자신의 생활방식을 바꾸어 나가야만 건강을 유지할 수 있는 것이다. 이런 상황에서 병원에 장시간 입원해 있는 것은 별 의미가 없고, 오히려 지역사회에서 생활하면서 건강관리하는 것이 더 중요해지는 것이다. 의사의 역할은 환자의 주체적인 건강관리 행동을 옆에서 도와주고 필요한 경우에 전문적 상담에 응하는 것으로 변화하였다. 물론 이러한 변화가 현대의학에 대한 거부라는 극단적 방식을 취하는 것은 아니다. 환자들은 과거처럼 의사의 카리스마적인 권위에 복종하지 않고 보다 합리적인 또는 주체적인 선택을 하게 된 것으로 볼 수 있다. 환자들은 스스로 연대하여 치료정보를 교환하고, 특정 치료법이나 치료자를 나름대로 평가하며, 새로운 치료법을 모색하기도 한다. 이와 같은 자조집단(*self-care group*)의 광범위한 형성은 탈근대 의료의 중요한 모습으로 부각되고 있다(이에 대한 상세한 논의는 7장에서 진행할 것이다).

이러한 상황에서 의료의 목표가 점차 이용자의 만족을 극대화하는 방향으로 정립되고 있다. 즉 근대 의료에서는 양질의 의료 또는 치료법의 발전 자체가 목표였으며, 그러한 치료법들은 단지 질병을 죽이는 데에만 관심을 두었지 질병을 갖고 있는 몸 전체나 그 몸의 주체인 환자가 느끼는 경험이나 감정에는 그다지 관심을 두지 않았다. 그러나 이제 상황이 달라졌다. 의료의 목표는 얼마나 많은 주사나 약을 투입하는지, 또는 얼마나 세련된 수술을 하는지에 있는 것이 아니고 최종적인 결과(*outcome*)로서 환자가 얼마나 만족하였는지가 중요해진 것이다. 따라서 의사나 간호사는 의학적 처치나 간호학적 중재만으로 그들의 임무를 다한 것이 아니라 치료과정에서 환자들과 의사소통을 잘하고 환자가 느끼는 불안과 고통에 잘 대응했는지, 그리고 치료과정 하나하나가 의사의 일방적 선택과 적용이 아닌 환자가 충분히 이해하고 인식한 가운데 주체적으로 선택할 수 있도록 충분한 정보를 제공하고 교육했는가의 여부가 의사로서 또는 간호사로서 성공에 중요한 요건으로 등장하게 된 것이다.

이러한 점들을 고려할 때 한국에서 환자들은 의료의 근대성조차 확립되어 있지 못한 상황에 처한 가운데 탈근대 사회에서 유발되는 질병의 불확실성에 대처할 방안도 갖고 있지 못한 이중적 모순에 처해 있다고 볼 수 있다. 철저하게 공급자 중심으로 편성되어 있는 의료체계 속에서 환자들은 의사에 대한 복종만을 요구받으며, 과거보다 더 확대되고 연장된 질병에 대한 불안과 고통을 치유할 수 있는 어떠한 자조적인 네트워크도 갖고 있지 않다. 의사는 치료과정에서 환자와 치유적인 의사소통(*therapeutic communication*)을 하는 데 관심이 적으며, 치료과정에서 충분한 정보를 제공하지도 않는다. 의약분업이 실시될 때까지 환자들은 자신들에게 처방된 약이 어떤 약인지조차 알 수 없었다. 환자들은 어떤 병원, 어떤 의사가 자신의 질병치료에 가장 적합할 것인지에 대한 신뢰할 만한 정보를 어디에서도 얻을 수 없었다. 치료과정에서 발생하는 불만을 제소할 수 있는 제도적 절차도 없었다. 환자는 의료체계 내에서 그저 대상으로만 존재할 뿐이었다.

이런 상황에서 시민단체들이 의료이용자의 권리를 확보하고 의료이용자가 참여하는 의료정책 수립과 의료제도 운영을 의료개혁의 목표로 설정한 것은 매우 중요한 의미를 갖는다. 의약분업을 추진한 시민단체와 교수 등이 주축이 되어 구성했던 '의료개혁 시민연합'은 자신들의 주장을 담은 보고서를 《의약분업과 소비자 주권》라는 제목으로 발간하였다(의료개혁시민연합, 2000a). 의약분업 정책의 입안과정에서 중심 역할을 수행한 양봉민 교수는 동 보고서의 머리말에서 "의약분업은 약물 오남용 여지를 줄임으로써 국민건강증진에 기여한다는 본래적 취지 외에 국민의 알권리를 되찾는다는 의의가 있다"고 역설하였다. 또한 지금까지 의료분야에서 소비자의 권리가 제도적으로 표출될 수 있는 통로가 없었고 의료지식이나 기술에 대한 권리 역시 의사나 약사, 제약회사 등에만 집중되어 있었는데 의약분업의 실시로 전문가만이 아닌 일반 소비자들도 의료문제의 해결방안을 함께 모색하고 소비자로서의 알 권리를 찾는 계기가 마련되었다고 주장하였다(양봉민, 2000).

물론 의약분업이라는 하나의 정책이 성공적으로 실행된다고 하여도 이용자 중심의 의료체계를 달성하기에는 미흡했을 것이다. 시민단체들은 의약분업을 성공시켜 향후 의료개혁의 발판으로 삼고자 하였다. 그렇지만 시민단체들의 개혁추진은 그 개혁에 필연적으로 수반될 공급자들의 반발을 충분히 고려하지 못한 것 같다. 의료공급자들은 이용자 중심의 의료체계에 대한 인지적인 이해도 부족했고, 의료개혁이 가져올지 모르는 자신들의 권력기반 변화도 컸던 것으로 보인다. 그러나 시민단체들은 의사들의 독특한 인지구조와 정서적 요인을 과소평가하였다. 또한 그들이 제기할 수 있는 반발의 강도가 얼마나 강할 것인가에 대해서 예상하지 못했던 것 같다(의료개혁 추진과정은 4장에서 다룰 것이다).

4. 의료개혁의 물리적 토대

의사들은 믿기 어렵겠지만 개혁세력은 의료개혁의 청사진을 너무나도 멋지게 그려내었고, 그대로만 실행된다면 아마도 의사들이 원했던 '교과서적 진료'가 실현될 수 있었을지도 모른다. 그러나 그것이 가능하기 위해서 필요한 여러 가지 '부대조건'들에 대한 고려가 미흡했다. 특히 '의사들의 정서'라는 감성적인 요소에 대한 고려가 거의 전무했다. 의사들은 스스로 주장하기를 약가마진 문제를 두고 의사를 파렴치범으로 몰아 '직업적 자부심'을 훼손당한 것이 자발적 참여에 의한 봉기를 가능하게 만든 중요한 원인이었다고 한다. 의사의 정서라고 하는, 어찌 보면 매우 비합리적이고 감성적인 요인이 중요했다는 증거이다.

그러나 이러한 요소로 의사들의 반발을 모두 설명하기는 어렵다. 의사 개인의 입장에서는 의약분업 이후의 변화가 자신에게 미칠 이해득실이 분명하지 않았고 오히려 부정적인 방향으로 생각했다. 의약분업 이후 동네의사들은 환자가 줄어 모두 망할 것이라는 생각이 의사대란 과정에서 의사사회를 지배했던 것으로 보인다. 의사들은 약에 대한 조제권을 상실하는 데 반하여 약사들은 임의조제를 어떤 형태로든 계속할 것이고, 따라서 약을 좋아하는 국민들이 병원에 오기보다는 약국에서 쉽게 해결할 것이라고 예단했다. 2년이 지난 지금 의사들의 예상과는 달리 병원에 가는 환자는 증가했고, 약사들의 임의조제도 사실상 사라진 것으로 보인다. 문제는 왜 의사들이 정반대의 생각을 했고 이것을 거의 진실로 믿으면서 의료개혁에 반대했는가 하는 점이다. 달리 말하자면 개혁세력들이 의사대중의 잘못된 신념을 바꿀 만한 역량이 부족했다는 것이고 이것은 이상과 합리성의 추구만으로 의사대중이 설득되는 것은 아니라는 것을 여실히 보여준다.

개혁세력이 제시한 의료개혁 청사진의 기본목표는 '동네의사'(일차의료)를 의료체계의 중심이 되도록 바꾸는 것이었다. 그런데 역설적으로 동네의사들의 반발로 의료개혁은 어긋나기 시작했고 모든 의사들의 반발을 불렀다. 일부 의사들은 이러한 개혁이 '사회주의적인 것'이라고 비판했다. 그렇지만 의료개혁은 병원의 국·공립화나 무상의료의 제공과 같은 정말 사회주의적인 정책은 한 조목도 포함하고 있지 않았다. 오히려 치열한 시장경쟁이 의료자본에게만 이익이 되기 때문에 이를 억제하고 동네의사들이 생존할 수 있고 중심적인 역할을 할 수 있는 방안을 찾는 데 집중하고 있었다.

그런데 이러한 개혁세력의 의도가 정작 당사자인 의사대중에게는 거의 전달되지 못한 것으로 보인다. 의사들의 사고는 병원의 경계를 벗어나는 순간 정지하는 경향이 있다. 개혁세력의 의도가 전달되지 못한 것은 의사들의 관심이 일상적 의료행위에 대한 국가의 개입과 간섭에만 맞추어져 있었기 때문이다. 국가가 보험재정 절감에만 얽매여 일일이 의료행위에 가격을 매기고, 그것도 의사의 기대와는 달리 아주 낮은 수준에 고정시킬 뿐만 아니라, 급여청구를 심사하면서 '과감하게' 삭감하여 전문가적 판단을 무시하고 '교과서적 진료'가 불가능하도록 하는 것이 문제라고 생각했다. 파업기간중 한 전공의가 작성했던 '의료사회주의-의료자본주의론'은 의사들간에 선풍적인 인기를 끌었다. 여기서 의료행위를 규제하는 정부의 정책은 '사회주의'로 평가받았고, 이후 많은 의사들이 의약분업정책도 사회주의 정책이라고 주장했다. 의약분업은 조제권을 강제로 빼앗아가는 것이기 때문에 더욱 더 사회주의적인 정책으로 볼 수 있게 된다. 이러한 인식을 갖고 있는 의사들에게 구조적인 수준에서 대학병원과 의원, 의사와 약사의 역할을 재정립하는 모형을 제시하는 것은 말 그대로 너무나 먼 곳에 있는 이상일 뿐이다. 의사들의 일상에서 거대하게 자리잡고 있는 국가권력을 감소시키는 것이 의사들의 현실적인 요구였기 때문에 의약분업은 또 다른 국가개입과 의사에 대한 통제로만 인식되었던 것으로 보인다. 당장의 현실을 해결 못하는 의료개혁에 대하여 의사들은 의구심과 불신을 가졌고, 따라서 개혁세력의 의도는 거의 이해되지 못한 것으로 보인다(의사들의 전문주의의 특성은 5장에서 다룰 것이다).

여기서 알 수 있는 것은 개혁세력은 구조의 모순에, 의사대중은 일상의 모순에 관심을 갖고 있었다는 점이다. 그런데 구조와 일상이 전혀 다른 것일까? 일상 자체가 구조의 한 표현이 아닌가? 개혁세력도 일상의 문제를 너무 잘 인식하고 있었다. 이들은 그 대안으로 국민들은 의료보험료 인상에 동의하고, 정부는 수가를 정상화하고 급여혜택을 확대하며, 의사들은 환자에 대한 서비스 수준을 높이는 대타협을 주장했다. 이러한 주장은 의사들의 주장과 전혀 차이가 없다. 차이는 개혁세력이 의료보험제도의 개선만으로 의료문제의 해결이 되는 것이 아니라고 보는 것에서 비롯된다. 의사들은 의료보험제도에 관심이 집중되어 있었고, 이것의 우선적인 개선을 생각하고 있었다. 그러나 개혁세력들은 의료보험제도의 개선과 함께 의료체계의 구조개혁이 진행되지 않으면 안 된다고 강조했다. 동네의원이 어려움을 겪는 것은 의보수가가 낮기 때문만이 아니라 종합병원의 독과점 체제가 만들어지면서 환자의 흐름 자체가 바뀌어 종합병원에는 환자가 집중하고 중소병원이나 개인의원에는 공동화 현상이 나타나기 때문에 생기는 현상이다. 따라서 이것을 바꾸어주지 않는 한 수가개선은 일시적인 효과밖에 나지 않는 것이라고 개혁세력들은 판단한 것이다. 이러한 판단이 옳을 수도 있지만 문제는 재정부담의 증가나 보험료 인상에 대한 정치적 부담을 느끼는 정부는 보험제도의 개선에 소극적이었다는 상황적인 한계가 있었다. 따라서 개혁세력들은 의사의 지지를 얻으면서 개혁할 수 있는 조건을 갖지 못했다. 차선으로 선택한 의약분업제도의 실행이 의료체계의 구조적 모순을 어느 정도 해결하는 효과를 낼 수 있는 사안이었지만 결과적으로 의사의 반대에 직면하게 된 것이다.

의사파업은 의사들의 권력을 확인하는 계기가 되었다. 의사들은 의학지식과 의료생산수단을 장악하고 있고 또 환자들에 대한 절대적인 지배력을 확립하고 있기 때문에 권력적일 수 있다. 의사파업은 그러한 바탕 위에서 가능했던 것이다. 한국사회에서 의료담론이 제대로 구축되어 있지 못한 점도 의료권력을 재확립하는 데 크게 기여했다. 소수의 의료개혁세력 이외에 의료개혁의 의미를 이해하는 지식인이 거의 없었고, 따라서 의료개혁 시도가 크나큰 사회적 혼란과 갈등을 빚은 것과는 대조적으로 의약분업 논쟁은 사회적으로 매우 제한된 범위에서만 진행되었다. 온갖 사회문제에 발언을 마다하지 않는 인문사회계열 교수들, 문인이나 종교인들이 유독 의료에 관해서는 발언을 하지 못했다. 오히려 일부 진보적 지식인들은 정부가 의사를 핍박한다는 주장에 동조하기도 했고, 일부 가톨릭 사제들도 의약분업 정책을 비판하는 성명을 발표하기도 했다. 의료에 관한 한 담론이 절대적으로 부족한 현실에서 의료를 기술적인 문제로만 생각하는 경향이 있고, 따라서 '교과서적 진료'를 못하게 한다는 의사들의 주장은 많은 보수적 지식인들에게 공감을 얻을 수 있는 토양이 되는 것으로 보인다. 역으로 의료체계가 다분히 사회와 고립된 채 발전해 왔다는 점이 의사들이 배타적인 권력을 확립할 수 있는 토대로 작용하는 것으로 보인다.

그러나 역설적이게도 의사들을 단결하게 만들었던 요인은 사회적 고립감이었다. 약가마진 문제로 의사들이 의사를 제외한 모든 사회구성원으로부터 비난을 받는 것으로 생각한 의사들은 한편으로 단결하고 다른 한편으로 파업을 통하여 의사의 중요성을 부각시키는 극단적인 방법으로 자구책을 모색했다. 이러한 행동은 아무도 자신들의 '억울한' 사정을 이해하려 하지 않는다는 생각에서 더 이상 잃을 것이 없으니 끝까지 가보자는 파괴전략의 전형적 사례에 해당한다(Benson, 1975). 이것은 앞서 지적한 '의료권력'이라는 이미지와는 걸맞지 않는다. 왜 이런 모순이 발생하는 것일까? 앞서 설명한 것처럼 한국의 의료공급자들이 근대의 장벽을 넘지 못하고 있기 때문인 것으로 보인다. 언뜻 보면 한국의료는 서양의 병원과 다름없는 외양과 일상을 갖고 있다. 의사와 간호사들은 항시 바쁘게 움직이고 있고, 고급스런 의료장비와 시설을 사용하여 진료가 이루어지며, 부자들만이 아니라 중산층과 서민들도 의료이용을 하고 있다. 그런데 의사들의 의식은 중세 상인길드나 동업자조합의 수준을 넘어서지 못하고 있다. 의사들은 의학이라는 지식에 대한 집단적 통제력을 구사하는 지식공동체로 만들기보다는 개인적 영리를 지향하는 동업자 조합으로 만들었다. 따라서 의사들간에는 환자정보의 교환도, 직책과 역할의 구분도 정립되어 있지 않다. 개인수준에서 최선을 다하는 것으로 의사의 임무를 좁게 규정하고 있을 뿐 그에 대한 집단수준의 감시나 규제는 이루어지지 못한다. 의학과 의료의 집단과 조직수준의 합리성을 구현하지 못하고 개인적 이익에 의료담론이 쉽게 예속되어 버리는 전근대성을 의사들은 극복하지 못하고 있다. 이러한 상황에서 의료권력 역시 거의 전적으로 의료지식의 배타적 독점에 기인하는 것일 뿐 제도적인 합리성이나 정당성의 바탕이 취약하다. 의사들이 느끼는 사회적 고립감은 결국 의료담론이 사회적 제도적인 정당성을 충분히 확보해 나가지 못하고 개인적 영리적 동기에 예속됨으로써 발생하는 것이다(의사들의 집합행동에 대해서는 6장에서 다룰 것이다).

5. 제도환경의 변화

그렇다면 2000년의 의사대란은 어떻게 성격을 규정지을 수 있을까? 동도서기(東道西器)의 모순이 아닐까? 근대화문제를 놓고 고민하면서 조선의 유생들은 유교규범은 보존하고 서양의 과학기술은 받아들이자는 생각을 했었다. 그런데 도(道)와 기(器)는 서로 분리된 것이 아니다. 푸코의 말을 빌리자면 인체를 바라보는 새로운 관점(*gaze*)이 생기면서 의학기술이 발전하게 되었다고 한다. 여기서 도(근대성)와 기(의학기술)는 분리된 것이 아니라 필연적으로 결합되어 있는 전체로서 설정된다. 근대적인 의학적 관점은 단순한 지식이나 이념이 아니라 그 안에 시술형식과 의사-환자 관계 및 병원이라는 공간구조까지도 내포하게 된다. 의사들에게는 근대 합리적인 관점이 부족하다. 의학기술만을 중시하면서 이를 공급하기 위해서 필요한 제도와 재원을 의당 국가와 국민이 부담해야 하고, 그러면서도 동시에 일체의 간섭은 하지 말라는 주장을 하며 또한 의학기술을 사회의 통합과 통제를 위하여 사용해야 할 책임조차 충실하게 수행하지 않고 있다. 즉, 전근대적인 인식과 사고를 하면서 초근대적인 의학기술을 접목시키려 하고 있는 것이다. 의사들은 '교과서적 진료'가 가능하기를 요구했다. 그렇지만 교과서(*text*)는 단순히 기술의 소산이 아니라 근대성을 배태하고 있는 제도환경(*institutional environment*)의 소산이라는 점을 이해할 필요가 있다. 의사들 스스로 근대적 규범을 내면화하고 합리적 행동을 실행하려고 노력할 때 교과서는 새롭게 만들어질 수 있을 것이다.

의사들은 교과서대로 진료할 수 있는 권리를 달라고 요구했지만 새로운 제도환경에서는 그 교과서 자체를 바꿀 것을 요구한다. 의사들은 '진료'만을 생각하고 있고 진료 이외의 다른 것은 사소하게 생각하는 경향이 있다. 그러나 세상은 변하여 이제 그러한 진료도 과정이 투명해야 하고, 환자를 납득시켜야 하고, 또 만족을 가져다주지 못하면 좋은 의료일 수 없게 된 것이다. '친절'이라는 명제와 관련하여 의사들은 '진료하기도 바쁜데 친절까지 요구하는가'고 반문한다. 아니면 '그래도 친절하려고 노력한다'고 한다. 그런데 이제는 친절하게 설명하지 않으면 의사로서의 소임을 제대로 수행하지 못한 의사가 되고 있는 것이다. 의사들이 한때 부러워했던 미국 의료는 이제 '환자만족경영'이 정착되어 있는 듯하다. 의료기관의 전문경영인들은 의사를 포함한 병원 모든 직원들이 이 목적에 충실할 것을 경영목표로 정하고 실천한다. 그리고 그 결과는 외부의 평가기관에 의하여 평가되고 또 공개된다. 의료보험 구매자들은 그 결과를 참고하여 보험계약을 체결한다. 즉, 의료기관과 의사들은 환자만족을 시키지 못하면 이제 의료시장에서 도태될 수밖에 없게 된 것이다. 이러한 상황이 최고로 양질의 의료를 환자에게 제공해 주리라는 보장은 없다. 어떤 점에서는 의사들이 자율성을 갖고 진료를 주도하는 방식이 환자에게 '최고의 의료'를 제공했을 수도 있다. 중요한 것은 이제 사회가 다른 방식의 의료를 요구하고 있다는 것이고 의사들도 거기에 따라가지 않을 수 없게 되었다는 점이다.

'교과서적 진료'라는 말 속에는 현실 제도와 타협해 온 자신들에 대한 반성의 의미도 있다. 의사들은 필요 이상으로 약을 많이 처방해 온 그 동안의 관행이 단순히 경제적 이익 때문이 아니라 환자들의 기대와 요구에 부응했을 뿐이라고 말한다. 약을 좋아하는 국민들 때문에, 주사를 맞지 않으면 부족한 감을 느끼는 환자들의 기대를 저버리기 어려웠다는 것이다. 그것이 옳은 것이 아님을 의사들 스스로 잘 알고 있기 때문에 이제는 '교과서적 진료'를 하고 싶다는 것이다. 여기서 알 수 있는 것은 '주사' 역시 우리 사회에서 또 하나의 신화로 존재해 왔다는 점이다. 주사는 병균을 죽이는 화학물질이지만 한국사회에서 주사는 그 이상의 의미가 부여되어 왔고, 현대의학의 상징으로 기능하여 왔다. 따라서 주사를 맞지 않으면 치료를 받지 않은 것처럼 생각했다. 그러한 신화가 어떻게 만들어진 것인가는 별도로 따져보아야 하겠지만 의사와 환자가 공유하는 이 신화 속에서 의사들의 약 처방 관행은 유지되어 온 것이다.

그런데 주사와는 달리 새로 만들어지고 있는 제도환경은 의사가 아닌 소비자 또는 이용자 중심의 규범들이 강조되는 특징이 있다. 의사들이 겪고 있는 어려움과 혼란의 한 부분은 여기에서 기인하는 것처럼 보인다. 시민들이 의약분업의 지역별 협력회의에 참여할 수 있게 정책안이 만들어졌을 때 다수의 의사들이 보인 반응은 '주유소 아저씨'들과 어떻게 한자리에 앉을 수 있는가 하는 것이었다. 의사들의 반대로 그 제도는 실현되지 못했지만 의사들로서는 수용하기 쉽지 않은 이런 종류의 제도들이 앞으로 계속 나올 수밖에 없다. 그런데 의사들이 적응해 온 '주사의 신화'도 교과서를 벗어난 영역, 즉 과학이 아닌 문화의 영역이었듯이 새로운 제도환경 역시 하나의 문화이고 의사들이 적응해야 하는 현실 상황으로 서서히 다가오고 있다.

아직까지 한국사회는 미국만큼 새로운 제도환경이 확고하게 정착되지 않았다. 현대의학에 대한 비판이나 자조운동 또는 소비자의 권리 개념들이 많은 시민들에게 분명하게 인식되고 있지 않다. 그러나 과거와 비교해 볼 때 시민적 인식이 변화하고 있는 것은 분명하다. 이러한 상황이기 때문에 '의권'을 지향하는 의사들의 복고적 집합행동도 이 시점에서는 가능했다고 보인다. 만일 의식화된 시민들이 여러 도시에서 의사들의 파업에 항의하고 대항운동을 벌였다면 의사들의 집합행동은 전혀 다른 양상으로 전개되었을 것이다. 현재로서는 의사들 스스로 새로운 교과서를 써 가는 노력을 통하여 제도환경에 능동적으로 대처할 가능성은 낮아 보인다. 그런데 제도환경의 변화는 자원배분의 논리와 기준까지도 바꾸는 것이므로 장기적으로 의사들이 이러한 변화를 거부하기는 어려울 것이다. 이러한 변화가 의료자본의 성장으로 의료의 기업화가 가속화되면서 의사의 노동자화 현상의 일환으로 전개될지, 아니면 자조집단이나 환자의 조직화가 가속화되면서 이들에 의하여 의사가 선택되는 방식으로 진행될지 현재로서는 예측하기 어렵다. 의사들의 미래는 제도환경의 변화에 능동적으로 적응하고 선택하지 않으면 선택 당할 수밖에 없다.

제 2 장
의사파업과 의료권력

1. 파업을 보는 관점들

의사파업 사태는 당사자들이 여럿이고, 그들간의 이해관계도 복잡하며, 사건의 진행양상 또한 매우 극적으로 반전되었고 또 여러 가지 부수적 요인들이 개입되었기 때문에 매우 다면적인 양상을 띠고 있다. 따라서 하나의 분석틀로 이 현상들을 모두 잡아내는 것이 쉽지 않다. 의약분업과 의사파업에 대한 기존의 연구들이 갖는 한계를 분석하고 이 연구가 취할 관점의 출발점으로 제시하고자 한다.

첫째, 집단이기주의적 관점에서 의사-약사 간의 '밥그릇 싸움'으로 보는 시각이 있다. 언론이나 일반시민들 중에 이런 시각에서 파업사태를 보는 경우들이 많았다. 의약분업이 의사와 약사 간의 이해관계의 다툼에서 비롯된 것이기 때문에 이 시각이 근본적으로 틀린 것은 아니다. 그러나 의약분업 정책의 추진이 특별히 집단적 이해관계를 규정하기 어려운 시민단체에 의하여 이루어졌다는 점, 그리고 의사-약사 간에 분업실시에 대해서는 합의를 했었다는 점, 또한 사태악화 이후 의사들은 주로 정부를 상대로 하여 싸웠다는 점 등을 고려할 때 이 시각은 매우 협소하다는 것을 알 수 있다.

둘째, 정부실패론의 관점이 있다. 이 시각은 주로 의사들을 중심으로 제기된다. 사태의 원인이 주로 정부의 정책적 준비부족이나 강압적이고 획일적인 정책추진에 의하여 야기되었다고 본다(박형욱, 2001; 송호근, 2001a). 의료보험제도 운영에서 '비현실적 수가'를 모든 의사에게 강요한다든지, 또는 모든 의료기관을 강제로 요양기관으로 지정하여 자유로운 진료의 권한을 박탈하여 의사의 일방적 희생을 요구하는 '사회주의적'인 의료체제를 밀어붙였고, 또 의약분업 정책에서도 의사들의 전문적인 견해를 무시한 채 일방적인 정책집행을 시도했던 것이 모든 문제의 원인이라는 것이다. 이 시각의 기본적인 문제점은 의료문제에 대한 규정이 지나치게 편협하여 문제에 대한 합리적인 견해이기보다는 다분히 집단의 이해관계를 반영한 정치성을 표출하고 있다는 것이다. 정부의 의료정책이 갖고 있는 여러 문제점들은 인정할 수 있을지언정 의사들의 경제적 사회적 위기가 단순히 정부실패로 인한 것으로 보기는 어렵다. 오히려 의사들이 소유에 기반한 권력을 지나치게 강조하여 결국에는 의료시장에서 자본의 영향력에 예속됨으로써 위기를 초래한 측면을 애써 외면하고 있다. 동시에 이 시각은 시장 자체가 성립되기 위해서는 정부의 존재가 필수적이며 또한 복지국가를 지향하는 대부분의 국가에서 정부의 의료시장 개입이 보편화되어 있는 현실에 대하여도 외면을 하며 정부의 개입과 규제에 대한 극단적인 거부감을 갖는다는 점에서 비현실적인 극단적 자유주의 성향에 기초하고 있다고 할 수 있다.

셋째로 '시장실패론'이 있다. 이 시각은 한국의 의료가 대부분 민간의료기관에 의하여 의료서비스가 생산되고 있는 점에 주목하면서 시장의 무질서를 의료문제의 본질로 파악한다. 그리고 이러한 시장실패를 개선하기 위한 정부의 개입을 주장한다(김용익, 1998a; 새정치국민회의, 1998). 이 시각은 의료문제의 원인이 무엇인가 하는 진단에는 유리해 보이지만 의사의 대규모 파업사태 자체를 설명하는 데는 한계가 있는 것으로 보인다. 예를 들어 대부분의 의사가 파업에 동참할 수 있었던 요인 같은 것은 이 시각에서 충분한 설명을 하기 어렵다.

넷째로 정책과정이나 집합행동에 대한 사회학적·정책학적 설명이 있다. 정책학적 시각으로 보면 의약분업도 하나의 정책이기 때문에 정책의 입안이나 의제설정, 그리고 입법과정 및 집행과정에서 관련 이익집단들이 어떻게 개입하거나 또는 저항했고 이것이 정책내용과 실행방법에 어떤 영향을 미쳤는지를 분석할 수 있다(강경희, 2000; 홍승렬, 2001; 이상이, 2000). 또한 사회학적 시각에서 볼 때 의사들의 집단행동이 분석단위가 되어 이들이 왜 봉기했고, 어떻게 참여했으며, 어떤 자원을 동원하고 사용했는지, 그리고 어떤 사회세력들과 협력 또는 대립하면서 자신들의 목표를 추구해 나갔는지 분석하는 것이 가능하다.

이러한 연구들은 나름대로 정책학적 또는 사회학적 의의가 충분히 있을 것으로 생각된다. 그런데 이 연구들은 주제에 대한 접근이 제한적인 것으로 보인다. 예를 들어 의사파업 사태는 그 이전에 한국의료체계의 구조변화에 따른 의사의 지위하락 또는 위기 상황이 전제된다. 그러나 이 연구들은 이런 조건들을 '주어진 것'으로 일단 가정하고 분석한다. 또한 극소수의 의사를 제외한 모든 의사들이 파업에 동참할 수 있었던 배경에는 한국의료가 근대성을 충분히 확립하지 못했고 그럼으로써 의사들이 근대적 가치를 의료실천(*medical practice*)에서 실현할 수 없었던 점이 크게 작용했다. 의대 교수나 동네 개업의사가 객관적인 이해관계가 매우 다름에도 불구하고 단지 의사라는 공통점만을 근거로 파업에 동참할 수 있었다는 것은 의사들의 표현대로 '의권확립'을 위한 대의(大義)의 실천에 헌신했다기보다는 그들의 이해관계를 객관적으로 표출시키고 제도화할 수 있는 역량이 부족한 가운데 전근대적인 길드적 동류의식이 작동한 것으로 해석할 수 있는 것이다. 즉, 기존 사회과학적 분석들은 한국의료가 갖는 특수성에 대한 충분한 고려 없이 근대적인 합리적 행위자로서의 의사를 가정하는 경향이 있다.

2. 신제도론과 정치경제학

이러한 점을 고려할 때 의사파업 사태를 이해하기 위해서는 두 가지 측면에 대한 접근이 필요하다. 하나는 의료체제의 구조적 변화와 그에 따른 의사지위의 변화라는 측면이다. 1980~1990년대는 의료공급의 시장화가 확대되고 그에 따라 의료시장이 내부적으로 크게 구조 변화하는 시기이다. 그리고 그 결과로 의사들이 위기에 처하는 시기이다. 그럼에도 불구하고 의사들은 '시장원리의 작동'을 제약하는 정부정책을 비판했던 것이다. 이러한 역설적 상황을 심층적으로 이해할 때 의사파업 사태의 본질에 다가갈 수 있을 것이다. 이와 함께 한국의사의 특성에 대한 이해가 필요하다. 미국에서 의료전문주의는 시장지향성과 함께 반시장적인 특성을 함께 갖는다. 시장체계에 기초하여 의료가 공급되도록 하는 것을 선호한다는 점에서는 시장지향적이지만, 동시에 의료가 이윤지향적이지 않음을 사회적으로 설득시켜 의사의 특권적 지위를 인정받으려 한다는 점에서는 반시장적이다. 한국의료에서는 후자의 기능이 매우 약하다. 그리고 한국의료의 이러한 특성은 역사적으로 형성되었다(조병희, 1994). 이러한 역사적 유산이 의사들의 행태에 어떻게 영향을 주고 있는가 하는 점은 의사파업을 이해하는 데 있어서 매우 중요하다.

이런 점에서 신제도주의 관점에서 제도환경의 변화에 초점을 맞추어 의료체제 변화와 의사행동을 설명하려는 정기택(2002)의 시도는 매우 중요한 의미를 지닌 것이다. 과거에 정부와 의사의 암묵적 협력관계에 기초하여 의료정책이 이루어졌고 또 의사들은 그에 근거하여 규제적 정당성과 규범적 정당성을 확립할 수 있었다. 그러나 최근에 의료환경이 변하면서 정부는 의사회 같은 이익단체보다는 공익을 중시하는 시민단체들과 협력하여 정책을 펼치게 되었고 이에 따라 소비자주의와 같은 새로운 제도구성 논리들이 나타나면서 의사들은 정당성의 상실을 경험하게 된다. 이러한 변화들이 의사들의 집단행동을 통한 반발이나 탈제도화 경향을 촉발한다는 설명이다.

이러한 시각은 의료체제의 변화와 의사행동의 변화를 모두 설명할 수 있는 틀로써 매우 유용해 보인다. 그런데 이 시각에서는 의료조직군의 변화를 제도환경의 변화에서 찾는다. 그리고 제도환경의 변화는 여러 원인에 의하여 나타나는 것이기 때문에 그 기원을 '경제적인 요인'에 한정하지 않는다. 이러한 관점은 장점이면서 동시에 단점일 수 있다. 의료체계와 의사행동을 포괄적으로 설명할 수 있다는 장점이 있는 반면에 지나치게 사회적 정당성과 같은 문화적 요인에 주목함으로써 정치경제학에 의거한 '의료자본 형성과 의사의 프롤레타리아화'론(Derber, 1982; McKinlay and Arches, 1985)에서 제시한 바 있는 의료체계나 의사행동이 경제적 이해관계나 계급관계 등에 의하여 규정되는 측면의 중요성을 위축시키는 효과를 갖게 된다. 의사들의 '의권'에 대한 집착이 한편으로는 사회적 정당성 확보를 중요시했다는 증거일 수도 있지만 달리 생각하면 그들의 기득권을 유지하거나 재생산하기 위하여 노력하는 과정에서 단순히 명분으로 작용했을 수도 있는 것이다. 따라서 이 책에서는 신제도주의(정용덕, 1999)와 프롤레타리아화론을 특별히 선호하지 않고 필요할 경우 선택적으로 적용하여 사용하기로 한다. 물론 두 이론체계는 대립적이기 때문에 이러한 설명방식이 일관성의 유지 측면에서 분명한 한계를 가질 수도 있겠지만 현 시점에서 필요한 작업은 특정 사회현상에 대한 이론화 작업이기보다는 의사파업에 대한 심층적인 이해를 돕고 향후 의료개혁을 위한 전략수립에 도움을 주고자 하는 목적에서 시작된 것이기 때문에 나름대로 의의가 있다고 생각된다.

3. 의료권력

의사는 왜 권력적인가? 앞에서 열거한 의사파업에 대한 제 관점의 연장선에서 설명해 보면 다음과 같다. 우선 집단이기주의론에서는 집단갈등을 승리로 이끌 수 있는 여러 자원에 주목한다. 안종주(2002)는 그의 저서에서 한국 의사가 '힘이 센' 이유로 많은 투쟁자금을 낼 수 있는 경제력, 높은 사회적 명성과 영향력, 정책결정자들과의 사회적 네트워크, 집단의 규모가 큰 점, 강한 응집력을 들고 있다. 이 다섯 가지 요인들은 사회적으로 '힘이 약한' 집단과 구분되는 분명한 특성을 제시해 주는 장점이 있다. 일례로 의사파업과 비슷한 시기에 발생한 한 호텔 노동자들의 파업은 경찰력에 의하여 조기에 진압된 사례가 있다. 이들은 의사가 갖고 있는 경제력이나 정치적·사회적 영향력이 없고 힘이 약하기 때문에 그들의 집단행동은 쉽게 와해될 수밖에 없다. 그런데 이 요인들은 현 시점에서 의사를 권력적으로 만드는 요인임에는 분명하지만 이것들을 통해 의료권력에 대한 역사적이고 인과적 설명을 할 수는 없다. 의사가 처음부터 이런 요인들을 갖고 탄생했던 것은 아니다. 또한 이 관점은 집단간 갈등을 설명하는 데도 한계가 있다. 1992년 발생했던 약사와 한의사 간의 한약분쟁 당시 약사들은 수적으로나 경제력, 응집력에서 한의사들을 앞서고 있었다. 그러나 약사들은 한의사들과의 싸움에서 승리를 얻지는 못했다. 약사도 한약을 조제할 수 있다는 주장은 국민들에게 제대로 납득되지 못했고, 따라서 여론이 약사들에게 불리하게 작용했다. 즉, 객관적인 권력적 요인들과 함께 사회적 정당성의 확보 여부가 집단갈등에서 중요하게 작용하는 것이다.

정부실패론을 주장하는 의사들은 외견상으로는 의사들이 권력적임을 인정하지 않는 것으로 보인다. 자신들이 '생존위기'에 처했다는 주장은 투쟁 당시 명분으로 실상보다 부풀려졌다고 하더라도 적어도 경제력이 예전만 못하다고 생각하는 것 같고, 사회적으로도 신뢰를 얻지 못하고 있으며, 정부도 자신들 편이 아니고, 의사가 많아짐으로써 경쟁이 심화되고 가치가 떨어졌다는 생각을 하는 것으로 보인다. 즉 의사는 결코 권력적이지 않다는 것이다(조병희, 1994). 그렇지만 파업투쟁을 통해서 의사들이 단결함으로써 최소한의 권리를 확보할 수 있었다고 생각한다. 그런데 의사들은 '당위적으로' 의권을 주장했다. 의료계의 일부 논자들은 파업 당시 '천부의권설'을 주장하기도 했다. 질병을 치료하는 것은 의사의 당위적인 소명이고 이러한 치료행위가 제대로 이루어질 수 있도록 정부와 사회는 마땅히 뒷받침을 해주어야 한다는 것이다.

이러한 주장은 다분히 기능론적 사고에 근접하고 있다. 건강은 근대사회에서 보편적으로 중요한 가치이고 이를 실현할 수 있는 지식을 갖고 있는 의사는 사회적으로 중요한 기능을 수행하고 있기 때문에 사회는 마땅히 의사의 특권을 인정하고 존중해야 한다는 주장을 1950~1960년대 기능론자들이 주장한 바 있다. 그런데 기능론은 애당초 의사의 특권을 합리화하기 위한 이론으로 출현한 것이 아니라 근대사회의 사회구조의 특성을 포괄적으로 설명하기 위한 이론이었다. 이들은 전근대사회와는 다른 근대사회의 특성을 밝히려고 했고 이러한 근대성이 어떻게 제도화되고 있는가에 관심을 갖고 있었다.

기능론의 대표적 주자인 파슨스(Parsons, 1951)는 의사를 근대성을 실현하고 있는 대표적 사례로 간주하면서 자신의 기능주의를 설명하고자 했다. 그에 의하면 근대사회의 의사는 보편성(*universalism*; 환자에 대한 차별금지), 특정성(*specificity*; 의학적 목적에만 충실), 업적성(*achievement*; 성취에 의한 업적평가), 중립성(*neutrality*; 정서적 유대로부터의 거리)이라는 가치를 의료행위를 통하여 모범적으로 실천하는 주체라는 것이다. 그리고 그것은 의사 개개인에게 내면화되어 있음은 물론 집단수준에서 행동을 규제하고 가치를 실현할 수 있는 제도적 장치를 구현하고 있다는 것이다.

그런데 한국의사들의 경우에는 이러한 가치를 실현할 수 있는 제도적 장치가 매우 미흡하다. 한 예로 한 해에 출생아 수보다 많은 낙태가 이루어지고 있는 현실은 의료기술이 의학적 목적의 실현을 외면하고 있는 대표적인 사례의 하나이다. 그러나 한국의사들은 사회에서 남녀 성비 파괴의 문제를 심각하게 받아들이며 문제제기할 때까지 내부적으로 이러한 의료행위가 의학적으로 합당한 것인지를 논의한 적이 없다. 대부분의 의료행위는 의사 개개인의 도덕적 결단에 맡겨져 있고 집단 수준에서 개인의사의 행동을 감시하고 규제할 수 있는 자율적 장치를 갖고 있지 않다. 일부 의사들은 이에 대하여 환자가 원하기 때문에 어쩔 수 없다고 말한다. 그러나 근대성이라는 가치는 '환자의 부당한 유혹'을 넘어서서 의학적 가치를 실현하고 그를 통하여 사회질서를 유지하는 체제를 상정하고 있다. 한국의사들은 이런 점에서 볼 때 근대성을 실현하고 있지 못하며 그들의 특권에 대한 인정을 사회에 요구할 만한 조건을 충분히 갖추고 있지 못한 것이다.

시장실패론에서는 의사가 구축하고 있는 시장독점체제를 권력의 기반으로 생각한다. 의사 이외에 다른 누구도 의료행위를 할 수 없도록 면허제에 의하여 시장독점을 하고 있기 때문에 환자들은 의사에게 의존하지 않을 수 없다. 의사파업은 시장을 독점하고 있는 의사들의 권력적 지위를 잘 보여주었다. 다만 현재의 시장구조가 의사 모두에게 권위를 합리적으로 배분하지 못하고 의료자본 중심으로 권력이 집중되고 의사들은 오히려 탈권위화되는 상황이 벌어지고 있기 때문에 의료개혁을 통하여 이것을 바로잡을 필요가 있다고 본 것이다.

그런데 이 관점은 의료권력과 권위의 관계를 분명하게 구분하지 않는다. 특히 의료개혁이 성공할 때 의사가 진정으로 '의사답게' 역할을 수행하는 합리적 권위를 획득할 것인지가 분명하지 않다. 의사의 권위는 기본적으로 환자와의 관계에서 만들어진다. 그런데 환자가 소비자로서 충분히 의식화되어 있지 않거나 소비자로서의 권리를 실현할 수 있도록 집합적인 압력을 가할 수 있는 제도적 기반이 만들어지지 않는 한 환자는 의사의 전문적 지배로부터 자유롭지 못하다. 즉, 시장실패론은 시장을 독점하는 자본의 문제에 관심을 집중함으로써 의료권력의 경제적 기반에만 주목했을 뿐 의사와 환자관계나 의료에 대한 사회적 정당성과 같은 의료권력의 사회적 기반을 밝히는 데는 실패했다.

여기서 우리는 지식의 제도화에 주목하여 의료권력을 설명하는 사회학이론을 살펴볼 필요가 있다. 전통적으로 전문직 이론에서는 의학지식을 전문직 권력의 근거로 생각해 왔다. 의사가 전문적인 지식을 갖고 있고 또 그 지식이 인간의 생명을 다루는 지식이란 점에서 높은 사회적 지위를 갖게 된다는 점은 상식적으로도 쉽게 알 수 있다. 그런데 전문직 이론에서의 문제제기는 단순히 지식의 전문성이 권력을 부여한다는 것이 아니라 그 지식의 제도화 여부에 주목한다. 우리는 흔히 의학이 질병을 치료할 수 있는 지식이기 때문에 권력적이라고 생각한다. 이것은 합리성에 근거한 사고방식이다. 실제로 과거 전염병 시대에 의학은 거의 마술적인 효과를 발휘했었다. 특히 항생제의 발견으로 죽어가던 많은 사람들이 기적적으로 생환할 수 있었다. 그런데 현대의학은 고혈압이나 당뇨병과 같은 수많은 만성질환들을 제대로 치료하지 못하고 있다. 그럼에도 불구하고 의학은 계속 권위를 유지하고 있다. 이러한 역설을 어떻게 이해할 것인가? 치료할 수 있기 때문에 권력적이라는 설명은 분명한 한계를 지닌다.

여기서 우리는 지식으로서의 의학이 치료능력과 같은 합리적 요소 이외에 어떤 다른 요소들이 작용하여 제도화가 이루어지고 있음을 알 수 있다. 전문직 이론의 대가인 프라이드슨(Freidson, 2001)은 의학이 전문화(*specialization*)됨으로써 특별한 훈련을 받지 않은 사람들은 이에 접근할 수 없다는 '신념'과, 또 의학은 표준화되거나 상품화되기 어렵다는 '신념'이 전문주의(*professionalism*)의 바탕을 이루고 있다고 주장했다. 의학이 전문적이고 표준화할 수 없는 지식이라는 주장이 사실일 수도 있고 또는 실제 이상의 과장일 수도 있다. 그런데 중요한 것은 그러한 주장이 사회적으로 보편 타당한 진리로 받아들여지고 있다는 사실이다. 이러한 신념이 사회적으로 유지되는 한 의사들은 그들의 권위를 지킬 수 있게 된다. 의학의 전문성에 대한 신념이 진리로 받아들여질 때 의사들은 의료를 독점할 수 있는 권리를 인정받을 수 있고, 또 전문성의 수준이 떨어지는 다른 의료요원들을 지배하는 것도 합당한 권리로 인정받게 된다.

또한 의학이 표준화되기 어렵다는 신념이 진리로 받아들여질 때 의사들은 진료행위의 자율성을 누릴 수 있게 된다. 예를 들어 의료보험 진료비 청구에서 부당진료로 삭감하는 보험공단의 조치는 환자의 특수성과 이에 대처하는 의사의 자율적 판단과 처치를 부정하는 행위로 의사들은 항의할 수 있게 된다. 또한 한국에서는 전문성을 공인받는 한의학에서의 첩약조제가 서양에서는 '건강식품'으로 간주되어 전문성을 인정받지 못하는 현실도 전문성에 대한 사회적 인식과 제도화의 차이에서 비롯되는 것으로 볼 수 있다.

그런데 전통적인 전문직 이론은 미시적 수준에서의 전문직 권력을 설명하는 데는 유용하지만 거시적 수준에서 의사들이 어떻게 의료체계를 장악하고 권력을 행사하는지에 대해서는 설명력이 약하다. 의사 개인은 의학지식을 갖춤으로써 환자에 대하여 권력적일 수 있지만 그렇다고 이런 특성이 반드시 의사 전체가 의료체계에서 권력적일 수 있음을 보장하지는 않는다. 여기서 조직수준의 분석이 요구된다. 조직의 관점을 적용해 보면 전체의사를 하나의 조직으로 간주할 수 있다. 일반적으로 조직의 생존과 조직특성을 좌우하는 요인은 내적으로는 기술적 정교함이고 외적으로는 환경조건에 잘 부합할 수 있도록 하는 적응능력이다. 기술적 전문성을 높임으로써 의사들은 일차적으로 생존에 성공할 수 있다. 과거 중세시대에 의사나 대장장이나 모두 장인적 지위를 갖고 있었다. 근대화 과정에서 대장장이는 기술적 전문성을 제고하지 못하고 노동자로 지위가 전락했지만 의사는 기술전문성을 높이는데 성공함으로써 전문직으로 지위를 상승시킬 수 있었다. 대장장이들은 자신들의 기술을 일종의 예술적 기예(*artist craft*)로 간주하면서 철저하게 개인화시키고 비밀스럽게 보호하려 했다. 그렇지만 이들의 노력은 근대자본주의의 흐름에 압도되면서 자본가·경영자들에 의하여 과학적·공학적으로 분석되고 객관화되어 누구라도 약간의 교육만 받으면 쉽게 습득할 수 있는 것으로 변질되었다. 그와 함께 이들의 지위도 하락했다. 반면 의사들은 근대자본주의의 흐름에 성공적으로 적응했다. 이들은 근대적 대학제도를 받아들이면서 의학을 과학화시킴으로써 기술적 발전의 기반을 마련함과 동시에 시대적 조류에 부합하는 명분을 확립할 수 있었다. 즉 전문화 이론이 제시하는 것은 의료권력은 치료능력 자체에 있는 것이 아니라 그것을 어떻게 정교한 조직구조를 만들어 제도화시키는가에 달려 있다는 것이다(Rueschemeyer, 1986).

4. 의료권력의 제도적 기초

의료권력의 제도적 기초를 파악하기 위하여 개인, 조직, 제도의 세 가지 분석적 차원과 세 차원을 엮어주는 합리성·효율성의 관점과 인지적·문화적 관점을 생각할 수 있다. 직업집단으로서의 의사는 하나의 조직으로 간주할 수 있다. 의사집단 내부에는 성원의 자격을 엄격하게 규제하여 조직의 경계를 확보하고 있고, 공통적으로 추구하는 목표도 있고, 업무수행에 필요한 역할과 행위규범 같은 행동통제 기전이 존재하며, 내부적인 분업체계를 유지하고 있으며, 핵심기술을 갖고 있고, 독특한 집단문화를 갖고 있다는 점에서 하나의 조직으로 보아도 무방하다.

합리적 조직으로서의 의사집단의 생존(또는 권력)에 긴요한 조건은 의사 개개인이 갖추고 있는 기술적 전문성과 우호적인 제도환경 조건, 그리고 권력을 안정적으로 창출할 수 있는 조직구조를 들 수 있다. 의사가 권력적일 수 있는 것은 일차적으로 의학의 탁월한 치료능력 덕분이다. 전문지식으로 무장한 의사 개개인은 그런 지식을 갖지 못한 환자에게 절대적인 권력을 행사할 수 있다. 그런데 의사들의 '의권쟁취' 주장에서 볼 수 있듯이 지식의 보유만으로는 충분히 권력적일 수 없다. 정치권력 또는 정부에 의한 특권의 보호는 이들에게 매우 긴요한 조건이 된다. 일례로 파업과정에서 의사들은 자신들에게 비우호적이었던 정부와 시민단체에 대하여 극도의 적대감을 표출한 바 있다. 그런데 중요한 점은 정부의 작은 정책변화에 의사들이 심대한 위기감을 느끼게 된다는 것은 의사집단의 조직구조가 의외로 취약하다는 것을 암시해 준다. 여기서 조직구조라 함은 단순히 의사들의 정치조직인 의사회의 문제만을 말하는 것이 아니다. 그보다는 임상가로서의 의사들의 일상을 배열해 주고 의사들간의 사회적 관계를 정립해 주는 조직체계를 의미한다.

정치경제학적 관점에서 표현한다면 이것은 의료생산체계가 된다. 여기서는 생산기반의 소유와 통제는 자본가들의 권력의 핵심이 된다. 그런데 중세의 장인생산과는 달리 근대적 공장에서의 생산은 장인기술자 개인의 노동으로만 이루어지기보다는 기술을 객관화한 거대한 공장조직에서 이루어지기 마련이다. 의료의 경우에 있어서도 생산기반을 소유하는 것은 일차적으로 권력의 기반이 될 수 있다. 이런 점에서 대부분의 병원을 소유하고 있는 의사들은 권력적이게 된다. 그러나 작은 진료소 수준의 병원이 아닌 큰 병원의 경우에는 필연적으로 조직이 발생하게 되고 조직을 효율적으로 통제함으로써 권력적일 수 있게 된다. 조직을 단순히 소유한 자본가보다는 조직을 관리하고 경영하는 전문경영자가 중요해지는 것은 이 때문이다.

그런데 서양의 의학사에는 의사들이 작은 진료소가 아닌 규모 있는 병원을 소유하는 전통은 없었다. 단순히 말하자면 의사는 의학지식을 갖고 치료하는 사람이지 생산기반을 소유하고 경영하는 자본가는 아니었다. 오히려 의사들은 이윤추구를 지향하는 기업가와는 다르게 자신들의 사회적 역할을 규정하고 '인도주의의 실천'이라는 제도적 규범과 일치시켜 정당성을 획득함으로써 권위를 인정받을 수 있었다. 여기서 의사는 자본가와는 다른 특성을 갖추면서 어떤 점에서는 자본가보다 더 강력한 권력을 구축할 수 있게 된다. 자본가의 경우에는 자기소유의 공장이나 기업에 한정하여 관심을 쏟게 되고 따라서 타 기업과는 경쟁관계에 서게 된다. 그런데 의사들은 소유하지 않고도 (병원) 조직을 지배할 수 있는 토대를 만들었다. 이것은 의사들이 특정 (병원) 조직을 넘어서서 의사로서의 사회적 역할과 행동을 집단적으로 통제할 수 있는 사회적 관계를 구축하는 데 성공했기 때문이다. 이 과정은 독특한 분업체계에 연관되어 있다.

의료의 기술수준이 저급했을 때에는 과학에 기초하고 있는 의학이라는 점만으로도 의사들은 다른 시술자들을 시장에서 몰아내고 독점을 이룰 수 있을 만큼 강력한 권력을 행사할 수 있었다. 그렇지만 일단 독점이 확립된 이후에도 권력적 지위를 재생산해야 하는 문제는 계속 발생했다. 기술수준의 고도화는 필연적으로 분업(*division of labor*)을 유발한다(Willis, 1994). 과거로 올라갈수록 그리고 기술수준이 단순할수록 질병의 치료업무는 단일적 직업집단에 의하여 수행되었다. 그러나 근대에 이르러 의료직은 분화되어 의사 이외에도 간호사, 약사, 의료기사 등으로 분화되었다. 의사들은 간호사나 약사와 의료기사들의 업무를 효과적으로 통제할 때에만 권력적 지위가 가능했다. 이러한 분업체계는 의사들로 하여금 의료 업무에서 단순 반복적이고 기술수준이 낮은 분야는 새롭게 양성된 다른 직종에게 위임하고 자신들은 더욱 '순수하고' 높은 기술수준을 요하는 업무에만 몰두함으로써 '자연스럽게' 다른 직종들을 지배할 수 있는 체계를 만들어낸다. 경우에 따라서는 기존의 직업집단과의 상당한 갈등을 거친 후에야 지배구조가 확립되었다. 산부인과 의사들이 산파들과 겪었던 갈등이 그 예이다. 의사들은 기술적 전문성을 무기로 하여 사회를 설득하고 결국에는 전통적 산파집단을 무력화시키게 된다.

우리가 병원에 가면 의사를 만나기 위해서는 접수창구의 일반 행정직원들을 거쳐서 진료과의 간호사를 만나 접수를 한 이후에나 의사를 만날 수 있다거나, 진료과정에서도 의료기사들이나 약사들과 더 많은 시간을 보내야 한다. 정작 의사와 만날 수 있는 시간은 매우 적다. 의사를 만나기까지 수많은 단계와 하위요원들을 만나야 하는 조직체계는 바로 의사를 권력적이게 만드는 중요한 기반이 된다.

그렇지만 분업은 여기에 한정되는 것이 아니고 의사집단 내부에서도 진행된다. 의학지식의 발전으로 과거에는 전과의(*general practitioner*)라는 형태로 모든 질환을 진료하던 의사들이 이제는 내과, 외과, 산부인과, 소아과 등과 같은 분과화를 이루었고 나아가서 내과분야가 소화기내과, 심장내과, 순환기내과와 같은 식으로 더욱 세부 전문화되고 있다. 의사 내부의 분업이 의사와 간호사의 분업에서처럼 집단간 지배-종속구조로 발전하지 않기 위해서는 의사들간의 유기적 협력체계의 구축이 필수적이게 된다. 의사 개개인은 전문분야가 다를 뿐이고 그들 전체가 하나의 조직체계로 발전하지 않으면 의사 내부에서도 계층화나 지배종속 관계가 발전할 가능성이 크다. 즉 의사들간에 분업이 진행되면서도 이들이 서로 평등한 관계를 유지해야만 전체 의사가 의료체계를 지배할 수 있게 된다. 그러기 위해서는 의사들은 상호 대체적 관계가 아닌 보완적 관계에 있어야 한다. 만일 갑이라는 환자가 A와 B 두 의사 모두에게 갈 수 있지만 A에게 가지 않고 B에게 갈 경우 두 의사 사이에는 필연적으로 시장적 경쟁관계에 들어가게 된다. 의사 내부의 전문분과화는 단순히 기술적 발전의 소산일 수도 있지만 동시에 의사들의 업무내용을 다르게 만들어 서로 환자유치 경쟁을 하지 않도록 만드는 효과도 갖는다. A와 B가 서로 다른 진료를 제공한다면 환자는 의사를 선택할 수 없게 되는 것이다.

최종적으로 발전된 의사 내부의 분업체계는 개별의사가 수행하는 역할과 업무를 다양하게 그리고 다차원적이게 만들고, 이들간에 서로 환자를 주고받는 유기적인 결합체계를 만든 것이다. 이러한 의사 내부의 분업구조는 개별 병원의 경계나 이해관계를 넘어서 의사집단의 독특한 의료실천의 규범과 문화를 구축해 놓은 것이다. 이러한 분업구조는 의사가 병원을 직접 소유하거나 고용되지 않은 상태에서 출장의사(*physician-attending system*)로서 자신의 환자를 병원에 데리고 가서 병원시설과 인력을 이용하여 진료할 수 있는 구조와 긴밀하게 결합되어 있다. 병원에 고용되지 않았기 때문에 의사들은 의학적 실천에만 관심을 가질 수 있고, 그럼으로써 환자에게 의학적으로 최선을 다하는 모습을 보여줄 수 있었다. 동시에 누가 병원의 출장권을 얻을 수 있는가의 여부는 의사사회에서의 명망과 실력에 의하여 좌우되기 때문에 의사사회가 제시하는 규범을 준수하고 동료들과 환자의뢰나 정보교환과 같은 업무상 교류를 게을리할 수 없게 된다. 의사들 내부에 강력한 분업구조와 네트워크가 형성되어 있다는 것은 환자들에 대한 지배력도 의미한다. 의사가 개별적으로 존재하기보다는 전체적으로 연결된 상태로 존재하기 때문에 환자들은 의료체계로의 진입을 제한받게 된다. 자신의 주치의를 통해서만 다른 분야 전문의들에게 의뢰되어 진료받을 수 있기 때문에 환자들은 최초의 의사는 선택할 수 있겠지만 그 이후의 진료과정은 자의로 선택하는 것이 어렵게 된다. 반면 의사들은 자신의 환자를 체계적으로 관리할 수 있고 안정적인 의사-환자관계 구축이나 환자흐름에 대한 통제를 할 수 있게 된다.

제도수준에서 중요한 요소는 국가와 시장이다. 미국의 경우에 국가가 직접 서비스를 제공하기보다는 시장을 통한 의료서비스 공급을 간접 지원하는 형태로 의료체계가 발전하여 왔다. 따라서 1960년대까지 국가는 병원의 건립이나 의학연구를 지원하는 것 이상으로 의료에 개입하지는 않았다(Starr, 1982). 이런 상황에서 의사들은 시장체계에 적응하여 시장을 독점하고 독점을 재생산할 수 있는 분업구조와 사회적 관계를 구축할 수 있었다. 그렇지만 의사들은 적어도 표면적으로는 의료가 시장원리가 아니라 의학적 필요성에 의하여 제공되어야 한다는 이상을 실천하는 존재인 것처럼 포장하는 이데올로기의 구축에도 성공했다. 때문에 의사는 환자들에게 이윤 때문이 아니라 치료를 위하여 환자에게 최선을 다하는 존재로 간주되고 사회적 신뢰와 존경을 획득하게 되었다. 이데올로기는 허위나 가공의 것이기보다는 실재하는 요소에 특별한 의미와 가치를 부여하여 의료를 특정한 시선으로 바라보게 만드는 것이다. 기본적으로는 시장원리에 의하여 작동하는 의료체계임에도 불구하고 사회적으로는 그런 측면보다는 시장원리에 연연하지 않는 모습의 의사라는 이미지를 만든 것이다.

제도환경이 안정되어 있는 경우에는 조직은 내부적으로 기술적 요건을 발전시킴으로써 권력기반을 유지할 수 있다. 그러나 제도환경이 불안정한 경우에는 사정이 달라진다. 환경에 적응하여 생존기회를 확보하는 것이 더 중요해지기 때문이다. 시기적으로 보면 1970년대부터 의료의 시장환경이 급격하게 변화했다(Robinson, 1999). 의료기술이 발전하면서 의료는 점차 고부가가치 산업으로 변모하게 되었다. 그에 따라 의료비가 급격하게 증가하기 시작했다. 의료시장은 이제 의료기술(장비)을 생산하는 일반기업과 특허약품을 생산하는 제약기업, 그리고 의료보험을 관장하는 보험회사 등이 각축하는 시장으로 변모했다. 이런 상황은 1960년대까지 정부나 종교재단 또는 공공재단에 의하여 운영되는 공공병원(*nonprofit hospitals*)과 이를 실제로 지배하는 의사집단으로 대표되는 의료체계와는 크게 다른 모습이었다. 의료시장이 자본에 의하여 재편되는 상황이 도래한 것이다. 그리고 그 방향은 의료권력을 크게 제약하는 쪽으로 진행되었다. 먼저 공급부문에서 전통적인 병원의 틀을 벗어나는 다양한 의료조직들이 등장했다. 신장투석을 전문으로 하는 신장센터, 예약 없이 언제든 방문 가능한 외래진료 전문센터, 가정간호센터 등이 그 예이다. 그리고 기존의 병원들과 새로운 의료조직들은 수평적으로 그리고 수직적으로 통합되는 추세를 보이고 있다. 이러한 변화과정에서 알 수 있는 것은 병원이 더 이상 의사에 의한 의료실천의 장으로서만 존재하는 것이 아니라 경영효율성을 추구하는 자본주의 원리가 실현되는 장으로 변모하고 있다는 사실이다. 경영효율성이 우선시될 경우 이것은 그 동안 일체의 외부적 간섭을 거부해 왔던 의사집단의 의료실천에 있어서의 자율성을 제약하는 방향으로 작용할 가능성이 크다. 정보통신기술의 발전은 이미 의료실천을 표준화할 수 있는 가능성을 제시해 주고 있다. 정책적 측면에서도 의료의 질 관리(*Quality Assurance* 또는 *Quality Improvement*) 라는 형태로 표준화된 임상진료지침이 마련되어 시술의 표준에 따라 진료하도록 의사들에게 요구하고 있다(해리건, 1999). 의사가 지배하고 있던 병원의 경계를 벗어나는 다양한 의료조직이 등장한다는 것, 지금까지 의사들이 유지해 왔던 수평·수직적 분업 대신에 수평·수직적 통합을 통하여 의료자원의 효율적 관리가 우선시된다는 것, 시술에 대한 폭넓은 자율성 대신에 표준화가 진행되고 있다는 것 등 새로운 공급구조는 결코 의사들에게 유리한 상황전개가 아니었다.

수요부문에서의 변화도 이와 못지않다. 과거에 환자는 개별화되어 있었다. 그런데 시장구조의 변화로 환자들이 소비자로서 집단화되기 시작했다. 기업이 종업원들을 위한 의료보험을 구매하면서 보다 값싸고 질 좋은 의료서비스 제공계획(*plan*) 을 요구하게 되자 보험회사들도 의료기관과 의사들에게 상응하는 압력을 행사하게 된 것이다. 보험과 의료기관이 통합된 형태인 HMO에서는 이제 고객만족을 최우선으로 하는 경영자들이 우대를 받게 되었다. 이것은 역으로 지금까지 고객의 관점보다는 전문가의 관점을 우선시해 온 의사들에게는 대단한 인식의 전환을 요구하는 것이다(Zuckerman, 2000).

정치경제학적 전망은 이러한 변화과정을 의사의 프롤레타리아화라고 표현한다. 의학지식을 무기로 병원과 환자를 통제할 수 있었던 의사들이 이제는 자본과 경영에 예속되어 점차 자율성을 상실하고 있음을 의미한다. 그러면 1960년대까지 확고한 권력기반을 구축한 것으로 보였던 의사들이 왜 권력을 상실하는 과정에 들어서게 되었는가? 그것은 시장에 의존하여 성장해 왔던 의료전문주의의 한계로 인한 것으로 보인다. 시장규모가 작았던 단계, 즉 의료시장이 창출해 내는 이윤이 크지 않았던 때에는 의료는 자선의 대상으로 간주되었을 뿐이었다. 그러나 의료기술의 발전으로 시장규모가 커지게 되자 의료는 '돈을 벌 수 있는 산업'으로 변모했고 그에 따라 거대자본이 개입하면서 시장구조의 재편은 불가피하게 발생했다. '의료실천'에만 전문가이던 의사들은 이러한 변화를 통제할 만한 능력을 갖지 못했던 것이다.

이상의 논의를 합하면 의사가 권력적일 수 있는 것은 의료생산체제에 대한 조직 차원의 지배력을 확보하고 있는가와 제도환경으로부터 정당성을 확보하고 있는가의 여부에 달려 있다(Meyer and Rowan, 1977; DiMaggio and Powell, 1991). 미국 의사가 권력적이었던 것은 의료체계 내에 의사 중심의 광범위한 분업구조를 확립했었고, 그것이 소유와 분리된 형태로 진행됨으로써 제도환경으로부터 전문가주의에 대한 정당성을 획득했던 점에 기인한다. 미국 의사가 권력을 상실하게 된 것은 의료의 시장화가 가속화되면서 자본에 의한 지배가 강화되고 그 과정에서 의료기관간 수직수평통합이 이루어지면서 경영효율성을 중시하는 체계로 변화되었기 때문이다. 또한 사회적으로도 소비자만족경영이나 의료비 절감이 설득력을 갖게 되면서 양질의 의료만을 추구해온 의료전문주의는 정당성의 위기를 겪을 수밖에 없게 된 것이다.

그러면 한국 의사들의 경우는 어떠한가? 한국 의사들은 의료기관을 직접 소유하고 경영함으로써 의료생산체제를 독점적으로 지배하는 구조를 갖고 있다. 의사들의 권력은 기본적으로 의료와 자본이 결합된 독특한 지배구조에 기초하고 있다(조병희, 1999). 그러나 이러한 구조는 의사 스스로 자본의 지배에 얽매이는 분명한 한계를 갖는다. 이러한 구조하에서 의사들은 '양질의 의료'나 '서비스 정신'을 구현하기 어렵고 그것은 사회로부터 의료지배의 정당성을 획득하는 데 어려움을 겪게 만든다. 보다 중요한 문제는 모든 의료기관이 소유권에 따라 경계가 구분되고 그러한 경계구분을 넘어서 의사로서의 연대를 형성할 수 있는 조직 차원의 유기적 협력구조를 실현하기 어렵게 되어 있다. 서로 경쟁하는 의료기관들이 자신의 환자를 다른 병원에 넘겨주려 하지 않기 마련이다. 따라서 환자를 주고받음으로써 형성될 수 있는 의사간의 연대와 협력은 애당초 불가능하게 되어 있다. 따라서 의사들은 의료기술발전에 따르는 의료부문 내의 사회적 분업을 통제하는 데 있어서 제한적일 수밖에 없다.

대학병원 내부에서는 분업체계가 유지되지만 전체 의료체계에서는 그렇지 못하다. 수평적 분업의 경우에는 전문분과에 따른 역할구분이 상당 정도 유지되고 있다. 이제 환자들도 자신의 증상에 따라 외과의사나 내과의사를 구분하여 선택하고 있다. 그렇지만 수직적 분업에서는 그 역할관계가 상당히 모호하다. 대학병원 중소병원 개인의원 간에는 유기적인 분업체계보다는 치열한 시장경쟁 관계가 만들어져 있다. 또한 개인의원들간에는 대학병원에서처럼 전문분과간 협력체계가 만들어져 있지 못하다. 이들은 가능한 한 많은 환자를 유치하려고 하기 때문에 자신의 전공분야를 넘어서 진료내용을 확대시킨다. 정형외과를 전공한 의사라도 그 분야 환자만을 진료하기보다는 인접분야로까지 진료범위를 확대하는 경우들이 많다. 즉 전문화되기보다는 역으로 일반의화하는 경향까지 있다.

의사들이 의료기관의 경계를 넘어서서 유기적 연대를 형성할 수 없게 됨에 따라 의료체계는 전문주의가 지배하는 체계로 발전하기보다는 자본이 지배하는 체계로 발전하여 왔다. 그리고 그 자본이 의사 개인이 통제할 수 없을 정도로 규모가 커짐에 따라서 의사들 스스로 그에 예속되고 자본의 이해관계에 따라서 의료체계가 분화되고 시장경쟁력이 약한 개원의사들은 점차로 의료시장에서 주변화하는 현상을 보이게 되었다. 개업의 중심의 의료권력이 병원자본 중심의 의료권력 체제로 변화하고 있는 것이다. 여기에다 의사들은 정당성의 위기까지 겪고 있다. 1장에서 설명한 것처럼 시민사회가 성장하고 환자들의 의료에 대한 요구와 기대가 까다로워졌지만 한국의사들이 견지하는 의료담론은 이것을 이해하거나 수용하지 못하고 있다. 따라서 의사들은 사회적으로 고립되는 형국에 처해 있는 것이다. 이런 측면에서 생각하면 개업한 의사들을 중심으로 의권을 되찾겠다는 주장은 시장구조의 변화나 제도환경의 변화에 능동적으로 적응하고 변신하려는 적극적인 운동이었다기보다는 변화하는 사회현실을 되돌리려는 퇴행적인 시도였다고 할 수 있다. 그럼에도 불구하고 의사들이 성공적으로 투쟁을 전개해 나갈 수 있었던 이유는 그들이 수십 년에 걸쳐 만들어 놓은 일상에서의 권위주의적 지배가 아직은 초기단계에 있는 이용자 중심의 의료담론보다 강했기 때문인 것으로 볼 수 있다.

제 3 장
의료보험과 의료권력의 형성

의사들의 파업사태는 직접적으로는 의약분업 정책에 대한 반발에서 비롯되었다. 그러나 사정을 조금만 들여다보면 의사들의 불만은 근원적으로 의료보험제도에 있음을 알 수 있다. 의료보험제도와 관련하여 의사들의 정부에 대한 불만은 다음과 같이 요약된다(대한의사협회, 〈2000. 7. 25 성명서〉).

① 의료보험을 시작하면서 의사들이 구축해 온 의료자원을 아무런 대가없이 징발하여 사회주의 의료를 강요해 왔다.
② 의료보험과정에서 처음에 계약제로 되었던 요양기관과의 계약제, 강제지정에서 당연적용 등으로 하여 의사의 헌법에 보장된 직업수행의 자유를 제한해 왔다.
③ 의료보험제도에 대한 강제력을 이용하여 의사들을 예비도둑놈으로 몰아 자존심을 훼손했다.
④ 의료보험수가(진료수가)를 제·개정하면서 객관적이고 근거 있는 기준을 정하지 못하고 자의적으로 판단하여 왔다.
⑤ 저수가 및 규제일변도의 통제정책으로 일관하여 동네 병의원을 고사상태에 빠뜨리고 기본진료를 위축시키거나 왜곡을 심화시키고 있다.
⑥ 공공투자 없이 민간투자에 전적으로 의존하여 의료에 관한 한 무임

승차로서 일관해 왔다.

여기서 핵심사항은 의료보험 수가가 싸다는 것과 강제로 보험환자를 진료하도록 한다는 것이다. 의료보험의 저수가 정책이 의료행위에 대한 정당한 보상을 하지 않음으로써 한편으로는 의사들의 사기를 저하시키고, 다른 한편 의료의 재생산을 어렵게 만들었다는 것이다. 그래서 의사들이 약가마진과 같은 편법적인 방식으로라도 의료공급을 계속할 수밖에 없었는데 이제 와서 그로 인한 시장 무질서나 혼란을 의사들의 책임으로 간주하는 것은 잘못이라는 것이다. 이런 상황에서 보험환자 대신 자비환자만을 진료할 수도 없도록 제도적으로 강제하고 있으니 이것은 '사회주의적인 정책'이라고 주장했다. 의사들이 주장한 의권쟁취는 의사답게 일하고 정당한 보수를 받을 수 있는 의료제도를 만들자는 주장이다. 의사들의 생각에 의료보험제도는 의권확립을 가로막는 원흉이 되었고 이를 운영하는 정부는 투쟁의 상대로 설정되었다.

1977년에 도입된 의료보험제도는 조합제방식에서 통합방식으로 관리운영체계가 변화한 것 외에는 그 근간이 크게 변화하지 않은 채 지금까지 유지되고 있다. 일반인들로서는 의사들이 어떻게 지난 25년간이나 '사회주의적인' 의료보험제도를 수용하여 왔고, 왜곡된 수가체계에서 생존해 왔는지 이해하기 어려울 것이다. 1980년대 내내 진행된 '민주화투쟁' 과정에서 유독 의료계만이 조용하게 지나갔던 점도 의사들이 '국가에 의하여 일방적으로 희생되어 왔다'는 주장에 의문을 갖게 한다. 더욱이 그렇게 희생당해 온 의사들이 어떻게 1980년대와 90년대 내내 자본투자를 계속하여 민간병원 시설들을 확대해 왔는지도 의문이다.

의료보험제도는 비단 의사들의 생존방식에만 한정하여 의미가 있는 것이 아니다. 의료보험제도는 의료권력의 성장과 구조변화에도 밀접한 관계가 있다. 역사적으로 의료보험은 당시의 의료문제 해결책으로 도입되었고, 그 결과 국민뿐만 아니라 의사들도 상당한 긍정적 결과를 얻을 수 있었다. 의료보험 문제는 단순히 의료경제의 문제만이 아니라 의료에 있어서 사회적 관계를 구조화시키는 데 있어서도 적지 않은 영향을 미쳤다. 의사들은 의료보험을 통하여 발전할 수 있었고 또 의료권력을 구축할 수 있었다. 일단 의료권력이 구축된 이후에 의료보험제도는 의사들에게 점차 긍정적 효과보다는 부정적인 효과를 발휘하게 되었다. 즉, 의료보험의 기본설계도에 걸맞지 않게 의료계가 급성장함으로써 의료보험의 운영 자체도 어려워졌고, 의료계는 그러한 제도를 발전의 장애물로 여기게 되었다. 따라서 의료보험이 사회적으로나 정치적으로 어떤 구조하에 있으며 이런 구조들이 의사들의 생존 및 의료의 사회적 관계에 어떻게 연관되어 있는가를 살펴볼 때 의료보험 문제에 대한 체계적 이해가 가능할 것으로 생각된다.

1. 의료보험의 역사적 성격

의료보험은 1977년 박정희의 유신정부에 의하여 '의료보험'이라는 이름으로 도입되었다. 처음에는 종업원 500인 이상의 대기업 종사자만을 대상으로 실시되었다. 후에 공무원과 교원 및 중소기업 근로자까지 확대되었으며, 1989년까지는 농어민과 도시 자영업자까지 포괄하여 전국민이 혜택을 받게 되었다. 국민연금이나 실업수당 같은 여타의 사회보장제도는 1990년대 중반 이후에야 실시되었지만 유독 의료보험만은 비교적 일찍 실시되었음을 알 수 있다.

의료보험제도의 도입원인과 관련해서 북한과 체제경쟁을 벌이던 유신정부가 북한의 무상교육, 무상의료 선전에 대응하기 위하여 실시했다는 설, 유신으로 정치적 정당성의 위기를 겪던 박정희 정부가 위기해소를 위한 당근으로 실시하게 되었다는 설, 그리고 중화학공업정책을 본격적으로 실시하면서 노동자들의 건강상태 악화가 초래되었고,

따라서 건강한 노동력 확보를 위한 방안으로 실시했다는 설까지 다양한 설명이 제시되고 있다(이두호 외, 1992: 254~268; 보건과 사회연구회, 1989; 김영모 외, 1991: 42~45).

이러한 설명들은 모두 나름대로 설득력을 지니고 있다. 그런데 여기서 주목해 볼 필요가 있는 점은 서구와는 다른 의료보험의 도입과정이다. 서구에서의 의료보험의 역사는 이미 19세기부터 노동운동과 관련되어 시작된다(림링거, 1992). 당시 노동자들은 스스로 자조적 형태의 상호부조기금 같은 것을 갖고 있었다. 이후 노사관계가 정착되면서 의료보험(*healthcare benefits*)은 중요한 노사협상의 대상이 되었다. 2차대전을 전후하여 복지국가가 만들어지면서 국가의 개입이 증대했고 의료보험은 점차 국가가 관리하는 형태로 변화했다. 국가의 개입이 미진했던 미국의 경우에는 아직도 기업이 종업원들에게 의료보험을 제공하는 중요한 주체로 남아 있다. 미국의 경우 의료보험을 갖고 있지 못한 국민이 약 15% 정도 되는데 이들은 대체로 조직화된 노동에 포함되지 못하는 주변부의 사람들이거나 영세 자영업자들로 생각된다. 국가의 개입이 증대한다고 하여도 노사관계의 양상에 따라 보험제도는 영향을 받기 마련이기 때문에 의료보험 논쟁은 필연적으로 노사관계에 대한 분석을 필요로 한다.

반면 한국에서는 노동이 제대로 조직화되기 이전에 국가가 주도하여 의료보험제도를 도입했다. 의료보험제도는 1963년에 박정희 정부에 의하여 처음으로 입법되었다. 서구처럼 노동조합이 활성화되어 있지 못한 상황에서 노동자들이 의료보험 실시에 대한 요구를 제기하지는 못했다. 그보다는 소수의 사회복지 전문가들과 군사정부 관계자들의 '상호교감'으로 군사정부의 정책으로 결정되었다고 한다(이두호 외, 1992: 257). 따라서 박정희 정부는 이미 이때에 빈곤과 질병 등으로부터 벗어나 복지사회를 건설한다는 정책목표를 천명했지만 실제로는 경제개발을 최우선으로 추진했기 때문에 복지정책은 언제나 최하 순위의 정책목표였다. 그 결과 의료보험법도 강제성을 가진 진정한 사회보험으로 실행되기보다는 임의가입을 원칙으로 했기 때문에 1977년도에 본격 실시될 때까지는 시범사업 수준에 머물렀다(같은 책, 258).

의료보험이 처음 실시되었던 1977년에도 국가가 전적으로 주도하던 사정은 변함이 없었다. 당시는 유신정부에 의하여 일체의 노동운동이 불온시되었고 탄압받던 시절이었다. 유신정부는 정치적 정당성을 확립하지 못하고 국민들의 저항에 직면해 있었다. 일명 긴급조치라는 초헌법적인 강압통치로 일체의 국민적 불만과 저항을 막아내고 있었다. 또한 중화학 공업이 본격적으로 추진되었고 수출 위주의 경제체제가 10년 이상 지속되면서 저임금과 장시간 노동이 보편화되었다. 따라서 그에 따른 산재나 노동력의 마모도 심각해지고 있었다. 이런 시점에서 의료보험제도가 도입되었던 점은 거시적으로 생각하면 마모된 노동력을 회복시켜 건강한 노동력을 공급하여 자본주의의 발전을 도모하려 했다는 식의 정치경제학 해석이 불가능한 것은 아닐 것이다. 그렇지만 서구와는 달리 노동자 개인만이 아닌 가족 전체를 대상으로 했고, 또 상대적으로 임금과 노동조건이 양호한 종업원 수 500인 이상의 대기업 먼저 실시했다는 점에서 볼 때 이론적 설득력이 부족하다. 그보다는 유신정부의 정치적 위기를 타개하기 위한 목적에서 의료보험을 실시하게 되었다고 보는 것이 더 설득력이 있다. 보험료 부담능력이 있는 중산층 회사원들을 대상으로 의료보험을 실시함으로써 국가는 그만큼 부담을 적게 할 수 있었고 또 이들의 정치적 지지를 얻고자 하는 목적도 있었을 것으로 보인다.

의료보험 도입과정이나 이후 보험적용의 확대과정에서 노동조합은 별로 한 일이 없었다. 모든 것은 국가가 계획하고 실행했을 뿐이다. 의료보험은 1989년까지 불과 12년 만에 전국민에게 적용되었다. 이렇게 단기간에 전국민에게 의료보험을 적용하게 된 사례는 세계적으로 유례가 드물다. 이것은 1980년대에 의료보험을 적용받는 사업장 근로자와 그렇지 못한 국민들 사이의 위화감이 정치적으로 큰 부담이 되었고, 정치적 정당성이 취약했던 전두환 · 노태우 정부는 '조기에' 전국민으로 보험적용을 확대하는 정책을 취하게 되었다. 여기서 조기확대라는 표현은 보험확대에 따른 재정적 · 행정적 준비가 충실하게 마련되지 않은 채 정치적으로 결정이 이루어졌다는 의미이다. 의료보험의 확대는 분명히 국민의 복지에 이바지하는 것이다. 그런데 어떤 의료를 어떤 방식으로 제공할 것이고 또 그 비용은 누가 얼마나 부담할 것인가 하는 문제는 고도의 정치적인 사안이다. 국민들은 노사관계가 발전되어 있지 않아 의료보험 실시를 집단적으로 요구할 만큼 조직화되어 있지도 않았고, 인지적 측면에서도 원하는 의료의 내용과 방법을 요구할 만한 수준에 있지 못했다. 이러한 상황에서 정부는 의료보험에 관한 주요 내용을 독자적으로 결정했고 그 방향은 정부와 기업의 부담을 적게 하는 것이었다.

유신정부의 의료보험 도입이나 이후 정부의 의료보험 확대과정은 그 내용을 볼 때 계급적 양보나 사회보장 이념의 충실한 실현이기보다는 정치적 위기타개의 성격이 강하다. '성장제일주의'의 이데올로기를 유지하면서 정부는 의료를 비생산적 부문으로 인식했고, 따라서 의료로 인한 정부의 부담을 최소화하는 방향으로 의료보험제도를 정착시켰다. 이를 위하여 의료수가는 낮게, 그리고 급여의 범위는 좁게 설정하여 보험자가 부담해야 할 의료비의 총규모를 가능한 한 적게 만들었다. 여기에다 환자 본인이 의료를 이용할 때 직접 부담해야 할 몫(본인부담금)을 크게 만들어 의료이용을 제한하는 장벽도 만들었다. 이러한 의료보험의 설계도는 의료보장이라는 측면에서 보면 제한된 질병에 대하여 제한된 급여만을 제공해 주는 부족한 것이었지만 병원이용 자체가 절대적인 수준에서 미미했던 대다수 국민들에게는 병원이용을 일단 가능하게 만들었기 때문에 대단한 환영을 받게 되었다. 개인이 직접 지불하는 의료비가 1975년에 전체 국민의료비의 80.7%였는데 1985년에는 63.1%로 감소했다(문옥륜, 1992: 28). 그런데 사회보험의 원리나 이념을 이해하지 못한 국민들은 보험료를 전기료나 수도료와 같은 '준조세'로 인식했고, 따라서 보험료를 더 부담하더라도 질 좋은 서비스를 받는 것보다는 보험료를 적게 부담하고 의료이용할 때 더 내는 것을 선호했다(김영모 외, 1991: 460~493; 보건복지부, 2001).

그런데 여기서 주목해 보아야 할 측면은 의료비 부담을 가능한 한 축소시키려는 정부의 정책은 의료부문의 성장을 제약하는 방향으로 작용하는 것이 논리적인 귀결인데 실제로는 1980년대 이후 의료계는 급성장했다는 점이다. 1970년대까지는 대부분의 의료기관이 개인의원이었고 종합병원은 흔치 않았다. 그러나 1980년대 이후 우리는 동네에서 크고 작은 병원을 쉽게 접할 수 있게 되었고, 또 그 병원들이 선진국 병원들 못지 않은 갖가지 고급 의료장비들을 구축하고 있는 것을 볼 수 있다. 80병상 이상의 종합병원은 1975년에 불과 37개소였는데 1980년에는 82개소, 1995년에는 266개소로 증가했다. 아울러 전체 병상에서 차지하는 비중도 1980년의 31.3%에서 1995년에는 49.4%로 증가했다(보건복지부, 1996). 더 중요한 점은 이들 병원이 대부분 민간의 자본으로 설립된 병원들이라는 점이다(양봉민, 1997). 결국 의료보험제도는 의료체계가 민간주도형으로 발전하는 데 크게 기여했다(문옥륜, 1991: 28). 의료보험이 도입되기 이전인 1975년에 전체 병원의 34.5%를 차지하던 공공병원 수는 1990년에는 12.1%로 낮아졌다. 국가는 의료보험 도입으로 민간의료기관의 발전을 도모함으로써 의료생산자의 역할을 스스로 감축시켰다. 의사들은 의료보험 도입으로 새로운 시장기회를 얻고 급속한 성장의 발판으로 삼았다. 결국 의사들은 거의 모든 의료기관을 소유하고 운영하게 되었을 뿐 아니라 의료부문의 확대재생산을 주도함으로써 강력한 의료권력을 얻을 수 있었다.

2. 의료비의 정치경제학

의료보험을 도입하면서 정부는 의료비 부담을 축소하기 위하여 의료수가를 당시 관행수가의 70% 수준에서 정했다고 한다. 이런 상황에서 의료계는 어떻게 성장할 수 있었을까? 지금과는 달리 의료보험이 도입되던 당시에 의사들은 의료보험 수가에 큰 관심이 없었다. 1980년대 중반까지만 하여도 의료보험 혜택을 받는 사람이 상대적으로 소수였기 때문에 병원과 의사들은 보험환자를 진료하면서 받는 수가가 기대보다 낮았지만 이를 일반 환자로부터 충당할 수 있었기 때문에 큰 불만을 제기하지 않았다. 그러나 1989년 이후 모든 국민이 의료보험 적용을 받게 되면서 상황이 급변하게 된다. 이제 더 이상 부족한 수입을 보충할 일반 환자가 없어지게 된 것이다. 병원과 의사들은 이때부터 보험의 규제를 벗어날 수 있는 방안을 개발하게 된다. 특진비, 병실료 차액, 리베이트, 과잉진료와 검사 등 여러 가지 문제들이 불거지기 시작했다. 환자들을 필요 이상으로 자주 병원에 오게 만드는 방법도 사용되었다.

정부는 의료보험제도를 도입하고 관리하면서 보험적용 대상인구의 확대나 보험료 수납에만 관심을 두었지 의료공급체계에 대한 규제의 필요성은 생각하지 않았다. 의료공급의 90%를 민간 의료기관들이 제공하고 있고, 공공병원 역시 민간병원 못지않게 의료공급을 수익사업처럼 하고 있어 의료의 사적 성격이 매우 강한 공급구조 하에서 의료의 일부만 의료보험의 대상으로 지정하고 수가를 규제하자 민간기관들은 의료의 범위를 넓히고 제공방식을 변화시켜 수익을 창출해 온 것이다. 의료보험이 적용되는 범위가 협소하다 보니 의사와 병원은 손쉽게 보험적용이 되지 않는 비보험 분야를 개발하거나 진료방식을 변화시켜 그 비용을 환자들에게 직접 부담시키는 방식으로 저수가의 모순 속에서 생존할 수 있었다.

> 보험제도에 정면으로 부딪히지 않고 보험제도를 우회하거나 그 제도 바깥에서 생존의 근거를 찾는 생존전략이 전국민의료보험 도입 후에도 의사들의 주된 생존전략이었다. 대형병원의 보험제도 우회방법은 고가 첨단장치를 위주로 한 비보험진료, 병실료 차액, 약가수입 등을 통해 이루어졌다.… 1차 의료기관의 생존전략은 고가첨단장비 위주의 진료는 애초에 불가능하였다. 1차 의료기관은 그야말로 원시적으로 대응하였다. 약가수입도 약가수입이지만 그 외에 동원할 것이라고는 개원의와 직원의 노동력 외에는 없는 1차 의료기관으로서는 노동시간의 연장과 노동강도로 부족한 수입을 메울 수밖에 없었다(우석균, 2000).

그런데 여기서 의료비가 작동하는 구조를 좀더 면밀하게 살펴볼 필요가 있다. 통상 의료보험이 전체 의료비의 50% 정도만을 부담하고 있는 것으로 밝혀져 있다(의료개혁위원회, 1997). 나머지는 국민들이 의료 이용하면서 직접 지불하게 된다. 의사들의 주장처럼 정부는 전체 의료의 절반에 대하여 강력하게 통제를 해왔다. 그러나 나머지 절반은 의사들에게 일임하는 형태로 보아도 무방하다. 물론 실제 의료현장에서는 두 부분이 연결되어 있기 때문에 국가가 통제하는 부분을 정확하게 계량해 내기는 어렵다. 그렇지만 의사들이 서비스를 제공하고 환자에게서 직접 치료비를 받는 부분이 크다는 것은 의사의 노력 여하에 따라 보다 많은 보상이 돌아올 수 있는 구조가 만들어져 있다고 볼 수 있다. 의사들의 전문과목이나 경력 등 개인적 특성에 따라 보험이 적용되는 비율이나 환자 수 등이 다르기 때문에 의사들간에 차이는 있겠지만 전체적으로 볼 때 의료보험제도 하에서 의사들이 일방적으로 희생만 받아왔다는 것은 분명 과장된 주장이다.

의료공급자들은 공적으로 부담하는 50%에만 주목하면서 이 문제를

'낮은 수가'에 연결시켜 강조한다. 그렇지만 정작 중요한 것은 나머지 50% 때문에 의사와 병원이 사적 이윤을 추구할 수 있다는 사실이다. 만일 의료행위가 모두 의료보험에 의하여 보상되고 또한 수가가 낮은 수준에서 유지되었다면 병원과 의사들은 이미 오래 전에 파산했을 수도 있다. 그러나 정부는 보험이 적용되지 않는 영역을 폭넓게 허용함으로써 의료기관의 생존을 보장해 왔다. 더욱이 모든 의료기관을 의료보험제도에 소속되도록 묶어 경쟁까지 제한함으로써 의료비는 의사들이 기대하는 '원가' 이상으로만 작동할 뿐 경쟁이나 경영합리화에 의하여 자발적으로 '원가' 이하로 내릴 수도 없도록 했다. 즉, 의료보험제도는 의사들의 불만이 일부 있기는 하지만 의사들의 집단적 생존이 가능하도록 정부가 뒷받침하고 있다는 점에서 정부와 의사는 공생관계에 있었다고 할 수 있다.

의료보험제도가 공급자 위주의 시장확대에 기여하는 또 다른 방식은 의료비 지불제도이다. 의사는 진료를 하고 그 대가를 보험공단에 요청하는데 보험공단은 의사의 행위 하나하나에 가격을 매겨 진료한 만큼 보상을 제공하는 '행위별 수가제'를 사용했다. 이 제도는 언뜻 보면 의사가 실제 일한 것에 대하여만 보상하므로 의사의 성취동기를 부추기는 합리적인 제도로 생각된다. 그런데 의료는 전문적인 분야라 일반인들은 서비스의 질과 양의 적절성에 대한 판단을 하기 어렵다. 따라서 의사들은 사적 이익을 위하여 질적 수준을 낮추거나 불필요하게 많은 양의 의료서비스를 제공할 수도 있다. 의약분업 이전에 문제가 되었던 '밀가루 약' 논란이나 과잉검사 등이 이 범주에 속하는 문제들이다. 그런데 행위별 수가제도는 질과 양의 적절성보다는 진료량을 기준하여 보상하기 때문에 이러한 문제들을 막을 수 없는 것이다. 의료수가가 낮다고 느끼는 의사들은 이런 방식으로라도 생존하려 했기 때문에 결국 의료보험제도는 의료의 질적 낙후를 초래하게 만든 것이다. 행위별 수가제도는 또한 전문과별 차이를 왜곡시키는 역할을 했다. 외과계열의 진료행위 가격이 다른 과목보다 낮게 책정됨으로써 외과 개원의들이 수술을 기피하거나 또는 전문의과정 지원을 기피하는 현상이 빚어진 것이다. 행위별 수가제는 결국 의사와 국가의 관계에서 국가규제가 의사의 최소한의 자율성을 부정하고 생존을 어렵게 만드는 것으로 의사들에게 비추어지게 되었다.

그렇지만 의사와 국가의 관계에서의 갈등이 반드시 수가에 대한 규제만으로 발생된 것으로 볼 수는 없다. 의료보험의 도입과 생활수준의 향상으로 의료시장이 확대되면서 의사들은 의료를 더욱 기술화, 자본화시켜 부가가치를 높여왔다. 고가 의료장비를 도입하여 활용하는 것이 의료보험의 규제를 벗어나는 길이기도 했고, 다른 한편 상업적 거래관계로 피폐화된 의사-환자 관계 속에서 환자들의 관심을 끌어들이는 길이기도 했다. 신뢰관계가 낮은 상황에서 의사들은 의사소통을 강화하는 어려운 방식보다는 여러 가지 현란한 장비를 사용하여 검사하는 것이 신뢰를 담보하는 길이 되어버린 것이다(조병희, 1999).

그런데 고가장비의 사용이 증가할수록 의사들은 고가장비에 종속되는 현상이 발생했다. 고가장비는 많은 자본투자를 요구한다. 그래서 자본동원력이 높은 큰 병원일수록 시장경쟁력이 크다. 이러한 과정이 십수 년 계속되자 큰 병원이 시장을 지배하게 되었고, 작은 병원과 개인병원은 위축되는 시장의 재편과정을 가속화시켰다. 큰 병원의 의사들은 수익을 올리라는 병원경영진의 압박에 시달리게 되었고, 개인병원 의사들은 작은 클리닉이라도 차리려면 수억 원의 투자가 필요한 상황에서 엄청난 금융비용의 부담을 느끼게 된 것이다. 의료보험제도는 이러한 공급구조의 문제들을 개선할 수 있는 장치를 갖고 있지 못하다. 고가장비에 의한 진료는 보험재정에 부담이 되기 때문에 급여에서 제외시켜 버렸을 뿐이다. 그러나 의사들은 이러한 공급구조 자체가 가져오는 문제점을 드러내려 하지 않는다. 그것은 수십 년간 유지해 온 자신들의 생활방식이었기 때문이다. 그리고 오로지 문제를 정부의 수가규제에 맞추어 정부를 공박한 것이다.

역사적으로 한국의 의사들은 한국사회의 사회경제적 조건이나 국가 또는 국민의 부담능력을 고려한 시술방식을 개발하기보다는 선진 의학기술을 그대로 도입하여 고가장비에 의한 검사나 투약에 의존하는 고비용 구조의 의료시술 방식을 정착시켰다(Cho, 1988). 이러한 방식은 표면적으로는 의사들에게 매우 유리한 것처럼 보이지만 반드시 그렇지만도 않다. 의료보험제도 도입 이전에는 고가의 의료비를 지불할 수 없는 상당수의 국민들이 의료서비스로부터 소외되었고, 의사들 역시 의료비를 지불할 수 있는 환자의 부족으로 그들이 배우고 시술할 수 있는 역량을 발휘하기 어려웠다. 의료보험 도입 이후 의사들은 한동안 시장확대에 힘입어 자신들의 역량을 발휘할 수 있는 기회를 가졌지만 이제 의사들 스스로 만들어 온 생산방식의 모순에 압도된 것이다. 의료보험제도가 확립된 이후에는 의료소외계층은 명목적으로는 사라졌지만 의사는 새로운 형태의 부담을 지게 되었다. 의사들은 의료의 재생산을 위해서는 새로운 고가장비를 구입하기 위한 계속적인 자본투자가 있어야 하지만 이를 개인적으로 감당하기 어려워졌다. 따라서 이를 감당할 수 있는 종합병원에 취업을 하든지 아니면 '3분 진료'로 상징되듯이 하루에 100명 전후의 환자까지도 진료하면서 생존하는 수밖에 없었다. 그들의 수입구조도 비급여 항목 진료나 약가마진 같은 비정상적 방식에 크게 의존함으로써 경제적 실리의 감소는 물론 사회적 위신의 상실을 동시에 초래했다. 환자들은 법으로 정해진 보험료나 본인부담금 이외에 추가로 진료비를 지불하면서도 진료시간이 3~4분밖에 안될 정도로 양질의 서비스를 받기가 어려웠다.

즉, 의사들이 겪는 어려움은 저수가 제도만이 아니라 의사들이 추구해 온 무한한 시장경쟁구조가 결합하면서 발생된 것으로 볼 수 있다. 따라서 정부의 저수가 정책이 의료시장 질서의 왜곡을 불렀다는 의사들의 주장은 부분적으로만 사실로 볼 수 있다.

> 개원의들이 현재의 어려운 상황에 놓이게 된 원인은 저수가제도 하나만이 아니다. 그것은 대형병원부터 중소병원, 1차 의료기관, 약국까지 총체적인 무정부적 경쟁, 무한전쟁을 벌이게 만들고 있는 우리나라 의료서비스 제공체계의 문제가 또 하나의 주요한 원인이다. … 현재 우리나라 1차 의료기관은 자신이 관할해야 할 외래환자 중 4분의 1만을 관할하고 있는 것이 대체적인 현실이다(우석균, 2000).[1)]

이러한 상황에서 의사들은 생산방식을 근본적으로 재구성하는 성찰적 노력을 하기보다는 기존에 그들이 고수해 온 발전전략을 더욱 강화했다. 즉, 의료공급자들은 보험의 규제를 피하여 의료를 더욱 고급화시키는 방향으로 자본투자를 하여 고가의 진단장비를 도입하거나, 병상을 증설하고, 필요 이상으로 질병치료를 '의료화'시키고 있다. 이에 따라 MRI 등 고급 진단장비를 대부분의 병원들이 갖추게 되었고, 병원신설이 급증하여 이제는 세계적 수준을 넘어 과잉상태에 들어가고 있다. 현재 인구 10만 명당 급성기 병상은 490개로 세계보건기구(WHO) 권고치 300병상을 크게 초과하고 있다. 이윤지향성이 의료시술의 방향을 바꾸는 일은 너무나 빈번하다. 예를 들어 의사사회에서 이른바 'minor'과로 낮게 평가되던 안과가 '라식수술'이란 첨단기법을 도입하면서 일약 의사들이 가장 선호하는 전공의 하나로 부상했고, 치핵(치질) 수술이 1990년에 연간 약 2만 건에 불과하던 것이 10년 후인 2000년에는 12만 5천 건을 시술하여 입원환자 중 가장 많은 사례를 차지하였다(국민건강보험공단, 2001).

---

1) 전체 의료기관과 약국이 외래환자를 각각 절반씩 나누어 진료하고 있고, 의료기관 중에서는 종합병원과 의원이 절반씩 나누어 진료하기 때문이다.

3. 의료자본과 제약자본

자본재를 중심으로 한 시장경쟁에서 자본투자 능력이 큰 종합병원이 개인의원보다 우위에 서게 되는 것은 당연한 이치이다. 의사들이 겪는 어려움은 과거보다 의사의 수가 많아진 데도 원인이 있지만 그보다는 종합병원이 막대한 자본력을 바탕으로 고급 의료장비와 기술을 도입하여 환자를 흡수함으로써 개인의원들이 환자를 잃고 영세화되고 있는 것이 보다 근본적인 문제임을 말해 주고 있다. 개업의사들의 영세화는 종합병원의 발전과 깊게 관련되어 있다. 양자가 기능적으로 보완되는 관계이기보다는 상당부분 대체제적인 성격을 갖고 경쟁하기 때문에 경쟁력이 떨어지는 동네의원들의 몰락은 필연적이었다고 볼 수 있다. 이것은 종합병원과 개인의원이 기능적으로 연계되고 상호보완 관계에 있는 서구의 경우와는 근본적으로 다른 조건이다. 1970년대까지 의료계는 개인의원이 의료공급의 주 원천이었다. 개인의원은 외래환자뿐 아니라 입원실까지 갖추고 입원환자 진료까지 담당하는 작은 종합병원이었다. 그런데 1980년대 이후 종합병원이 발전하면서 이 병원들은 서구와는 달리 입원환자는 물론 외래환자 진료까지 하게 되었다. 이 과정에서 개인의원들은 점차 외래환자 진료만을 담당하게 되었고 외래환자를 두고 종합병원과 경쟁하게 되었다. 그러나 자본력을 갖추기 어려운 개인의원들은 경쟁력을 상실하고 영세화되는 과정을 겪게 되었다.

물론 이러한 시장구조의 변화는 의료공급을 민간자본에 의존하고 있었던 데 그 근본적인 원인이 있다. 개인의원에서 종합병원으로 의료공급의 중심축이 이동하는 과정에서 의료체계 내에서 종합병원의 역할이나 기능을 합리적으로 재정립하려는 국가적인 노력이 거의 없었다. 의료기관의 기능을 1, 2, 3차 기관으로 나누어 상급진료를 원할 때 반드시 하급기관의 진료를 받고 진료의뢰서를 지참하도록 하는 의료전달체계 정책도 의료기관의 비협조와 편법적 운영으로 무력화되었다. 시장의 변화를 시장논리에 거의 맡겨 두었기 때문에 종합병원은 가능한 한 모든 수익창출 수단을 확보하려 했다. 따라서 외래진료 기능이 '자연스럽게' 유지됨으로써 개인의원과 종합병원은 치열한 시장경쟁을 벌이게 되었다. 종합병원들은 나아가 전공의 정원책정 권한을 보유하면서 저임의 의사노동력(전공의와 전임의)을 확보하여 수익을 올렸으며, 이것이 결과적으로 모든 의사를 전문의로 훈련시키게 됨으로써 불필요하게 고급화된 의료를 공급하게 만들었다. 종합병원들은 의과대학 부속병원이 될 경우에 사회적 위상강화나 여러 가지 유리한 점들이 있어, 의과대학을 설립하는 주체가 되었던 경우도 많다. 이것이 다시 의사공급을 증가시켜 의료위기를 부르는 한 원인으로 작용했다. 또한 여기서 훈련받은 전문의들이 중소병원과 개인의원에 근무하면서 고급의 진료기술을 보편적인 의료로 정착시켜 나갔다. 이러한 여러 측면을 고려할 때 종합병원, 특히 대학병원은 한국 의료계에서 의료제국(*health empire*)의 위치에 있는 것으로 볼 수 있다. 의료계 내부적으로는 의사들이 조직화되어 있지 못했기 때문에, 그리고 사회적으로는 종합병원이 개인의원에 비하여 양질의 의료를 제공하는 것으로 생각되었기 때문에 내외의 억제세력이 없이 종합병원은 순탄하게 성장할 수 있었다(조병희, 1997).

의료체계를 왜곡시킨 또 다른 세력은 제약자본이다. 제약회사는 1960년대부터 성장하기 시작하여 의료인들이 '약 중심의 의료체계'를 만들게 하는 데 결정적으로 기여했다. 우리나라의 의약품 유통질서가 문란하다는 것은 잘 알려져 있다. 의료기관과 제약회사 간에 의약품 납품을 둘러싸고 여러 형태의 부조리가 발생했고, 빈번한 사법적 제재를 받았다. 시민단체인 참여연대에서 1998년에 의약품의 실거래가와 의보약가 사이에 큰 차이가 있고(이 부분이 '약가마진'이 된다), 그로 인하여 의료보험에서 의료기관에 과다하게 지불되는 금액이 1조 2천 8백억 원에 달한다는 추계를 공표했다(참여연대, 1998). 제약회사(또는 약품도매상)가 병원에 납품할 때 법적으로 의보약가에 기준하여 거래를 진행해야 하는 규제를 회피하고 병원에 비공식적인 보상을 하여 거래를 성사시키는 관행이 존재했다. 이 거래관행에는 할증, 할인, 리베이트, 랜딩비, 각종 보조금과 기여금 제공[2] 등 여러 가지가 있다(정우진 등, 1998). 참여연대의 추산에 의하면 약품의 평균 할증률이 114%이며, 경우에 따라서는 600%에 달했다.

왜 이러한 비정상적인 약품 유통시장이 형성된 것일까? 이러한 모순은 병원과 제약산업 양자의 모순이 결합되어 나타난 것으로 볼 수 있다. 약의 공급처인 제약산업은 종업원 500인 이상의 기업은 전체 제약기업의 6.8%에 불과하고, 100인 이상의 기업도 32.3%에 불과할 정도로 중소제약회사가 절대적으로 많고, 생산방식도 외국에서 원료의약품을 도입하여 가공하는 수준에 머무르고 있으며, 따라서 신약의 개발보다는 신약의 특허기간이 끝나서 자유롭게 만들 수 있는 복제약의 판매에 매달리게 되는 근본적인 한계점을 가졌다. 이것은 정부가 그 동안 국내 제약회사 보호정책을 사용하면서 제약기업이 신약개발을 통한 국제시장에서의 경쟁력을 축적하지 못하고 국내판매에만 치중한 결과로 보인다. 더욱이 정부는 의료보험의 약가를 결정하는 과정에서 제약회사의 가격책정을 거의 그대로 수용했고, 이 보험약가는 통상적으로 제조원가보다 턱없이 높게 책정되었다. 따라서 보험약가와 실제의 시장가격 사이에는 적지 않은 차액이 존재했고, 이것이 약가마진의 형태로 의료기관을 대상으로 한 마케팅에 사용되었다. 복제약〔이른바 카피

2) '할증'은 일정금액의 약품을 구매하면서 덤으로 약을 더 많이 주는 것이고, 할인은 약품공급가격을 낮추어서 제공하는 행위이다. 리베이트와 랜딩비는 약을 납품해 주는 대가로 일정한 반대급부를 제공하는 것이고, 기타 의국 운영비나 학회참석 보조금, 회식보조금 등 다양한 형태의 반대급부가 제약회사에서 의료기관에 제공되었다.

(*copy*) 약이라고 한다]은 제조비가 적게 들고, 약가차액이 커서 병원이 요구하는 약가마진을 충분히 제공할 수 있었다(김용익, 1998b).

이에 대응하여 의료기관들도 약을 많이 사용하여 수익을 올리는 시술방식이 정착되었다. 의원급 의료기관의 경우 전문과목에 따라 차이가 있지만 평균 약 30%의 수입이 약가마진으로 충당되었다고 한다(전철수, 1999). 병원급 의료기관의 경우에도 일반적으로는 상급 진료기관으로 갈수록 진료의 난이도가 높아져서 총진료비 중 약제비의 비중은 낮아지고 의사의 기술료가 증가하는 것이 세계적인 추세이지만 우리나라 병원들은 상급 진료기관으로 갈수록 약제비 비중이 더 높은 추세를 보였다(이규식, 1993). 이것은 그만큼 과다한 투약을 하고 있음을 발하며, 여기에는 약 사용을 통한 수익증대라는 병원들의 이해관계가 작용하는 것으로 추정할 수 있다.

그런데 문제는 단순히 약품유통과 관련된 경제요인의 불합리성에 있는 것만은 아니다. 약가마진이라는 고리는 결국 제약자본이 의사들을 통제하는 수단이 되고 있다는 점이 중요하다. 의사들은 약의 선택권을 행사하고 또 그것을 사용하여 상당한 경제적 이익을 봄으로써 제약회사에 대하여 자신들이 우월한 위치에 있다고 생각할지도 모르지만 이것은 오히려 제약회사가 특정 의약품을 의사들에게 강요하고 있고, 약가마진 때문에 의사들은 의학적 판단에 따른 자유로운 약품선택을 크게 제약받게 되는 것으로 볼 수 있다.[3] 나아가 병원이나 약국은 약효의 우수성보다는 마진이 높은 의약품을 사용함으로써 환자들의 의약품 선택의 기회를 제약하게 되며, 의사와 약사들은 가급적 투약을 많이

3) 식품의약품 안전청에서 한국에서 유통되는 약품의 약효동등성을 검증한 결과와 병원에서 의사들이 통상적으로 많이 사용하던 약품을 비교한 결과 29.6%가 적정효과에 미치지 못하거나 애당초 약효동등성 실험을 요청하지 않은 것으로 밝혀졌다(동아일보, 2000.6.18). 이것은 의료계에서 약효가 아닌 수익성을 근거로 약품선택을 하는 경우가 적지 않음을 보여준다.

할수록 보다 많은 보상이 돌아오기 때문에 과잉투약을 하게 되는 문제가 발생하는 것이다(김용익, 1998b).

의료자본과 제약자본의 횡포가 지속된 데에는 의사들이 여기에 대항하기보다는 기회를 자신들에게 유리하게 이용해 왔고, 정부가 이러한 모순을 방치해 왔다는 점에 기인한다. 정부의 잘못 못지않게 그러한 모순 속에서 개별적으로 안주하며 전문가적 특권을 남용해 온 의사들의 책임이 분명히 있다. 그런데 더욱 중요한 문제는 국가, 의약자본, 의사가 내부적으로는 갈등구조일 수밖에 없는 상황에서 현실적으로는 공생하는 구조를 갖고 있었다는 점이다. 종합병원은 의료시장에서 자본력을 바탕으로 환자를 독식하면서 개업의사들에게는 직접적인 손실을 강요하고 있고, 병원의사들에게는 보다 상업적 이윤이 남는 진료행위를 강요함으로써 진료권을 훼손시키고 있다. 그럼에도 불구하고 의사파업 사태에서 보는 것처럼 의사들은 병원과 공동운명체인 것처럼 생각하는 경향이 있고, 종합병원의 횡포를 고발하거나 개혁하려는 요구는 거의 없었다.[4] 국가는 민간 의료계에 의료생산을 거의 전적으로 위임함으로써 재정의 부담을 덜 수 있었기 때문에 의료체계의 모순이 심화되는 문제에 관심을 갖지 않았다. 국가 입장에서 중요한 과제는 의료비의 절감이고, 이를 위해서는 종합병원의 과잉성장을 규제하고 1차의료 부문의 기능을 확대해야 하는데 이를 외면하고 개업의사들의 편법진료를 묵인함으로써 공생하는 태도를 취해 온 것이다.

이러한 의료체계가 갖는 중요한 문제는 두 가지이다. 하나는 국민의

---

4) 윤태호(2000)는 의사파업 사태의 성격을 상실되는 계급·계층적 기반을 회복하기 위한 프티 부르주아지의 저항, 총자본과 개별 의료자본의 갈등, 의료의 사회화에 대한 의료자본의 저항, 의사라는 프티 부르주아지의 분해에 대한 저항으로 규정했다. 즉, 병원의 성장에 따라 의사들의 계층적 지위가 하락함으로써 의료계 내의 갈등이 심화되어 있지만 의사파업이라는 상황조건에서 일시적으로 그들간의 동질성과 연대성을 회복하려 한다는 것이다. 그러나 파업종료와 함께 급속한 계층분화를 할 것으로 보고 있다.

입장에서 볼 때 의료보험의 보장성이 매우 낮다는 것이다. 국민들이 수혜받는 의료의 절반만이 보험으로 보상되므로 본인이 직접 부담하는 몫이 커서 중질환의 경우에는 감당하기 어렵다.[5] 또 다른 측면은 공급자들의 이윤추구를 위한 행동을 규제하기 어려워 의료자원이 더욱 더 비용유발적인 방향으로 발전하고 있다는 점이다.

4. 의료재정의 위기

의료기관들은 앞다투어 고가장비를 도입하여 수입을 높이려 했기 때문에 의료시장은 빠른 속도로 의료자본이 지배하는 형태로 변화했고, 그럴수록 전체 의료비는 급속하게 증가하여 보험료의 수입은 이를 따라가기 어려워짐에 따라 재정적자가 필연적으로 발생하게 된 것이다. 여기에다 국민들의 의료이용 역시 1990년대 중반부터 급격하게 증가하기 시작했다. 의료의 공급과 수요 두 측면에서 모두 문제가 발생했고 그 최종적인 결과로 의료재정의 위기가 초래되었다. 의사들 또한 변화하는 시장구조에서 위축되기 시작했다. 병원자본이 발전하게 되자 개원의사들은 점차 쇠락할 수밖에 없었고 이들은 그 원인을 의료보험의 저수가로 돌렸다. 국민들 또한 보험료를 납부하면서도 서비스의 수준은 낮고 본인부담금은 높은 의료현실에 불만을 가졌기 때문에 보험료 인상에 반발했다. 의사들의 반발을 무마하기 위하여 의료수가 인상이 불가피했지만 그에 상응할 만큼 보험료 인상을 하기 어려웠기 때문에

5) 본인부담금은 빈부를 가리지 않고 동일한 액수를 지불해야 하기 때문에 저소득자에게 상대적으로 큰 부담을 주는 소득 역진적인 성격이 있다. 더욱이 본인부담금의 상한이 없어서 일부 중질환의 경우에는 본인부담금이 수천만 원을 넘는 경우도 많다. 1998~1999년의 1년 사이에 1천만 원 이상의 고액 진료비가 청구된 진료건수는 5만 건을 넘고 있다(최병호, 2000).

재정위기는 필연적으로 다가왔던 것이다.

의료비의 증가와 재정적자는 선진국들이 대부분 10여 년 이상 경험하고 있는 문제이다. 그런데 서구와는 달리 우리나라의 경우는 공급을 억제할 수 있는 기제를 제도적으로 거의 갖추고 있지 못하다(김창엽, 1999; 양봉민, 1999). 의사는 대부분 일반의보다 전문의로 교육받고 있고, 1차의료보다는 종합병원 중심의 의료공급체계를 갖고 있다. 의료인력과 시설이 고급화되어 있는 것이다. 또한 의료비 지불방식도 행위별수가제를 채택하고 있어 의료행위를 많이 제공할수록 더 많은 수입을 얻을 수 있다. 그렇기 때문에 의사들은 '과잉진료'의 유혹에 노출되어 있다. 하지만 의료기관과 의사들의 직업윤리를 감시 감독할 수 있는 제도적 기반이 존재하지 않다. 이러한 상황에서 의료비는 계속 상승할 수밖에 없다.

물론 의료비 상승이 의료계의 행태만으로 인한 것은 아니다. 의료요구도가 높은 노인인구가 빠르게 증가하고 있다거나 여러 의료기관을 전전하는 일부 국민들의 행태 등도 의료비 상승의 원인이 된다. 의약분업으로 과거에 약국에서 약을 사먹던 고혈압 환자나 당뇨환자들이 이제 약을 얻기 위하여 반드시 병원진료를 받게 된 것도 의료비 증가의 원인이 된다. 그럼에도 불구하고 의료공급 구조의 문제를 지적하는 것은 전문성이 강조되는 의료의 특성상 소비자의 합리적 선택이 어렵고 공급자가 유발하는 효과가 매우 크기 때문이다. 즉, 의료공급을 억제하지 않고서는 의료비 문제를 해결하기 어렵다고 할 수 있다. 그리고 공급자 중심의 의료서비스 제공체계가 국민건강 수준의 향상에 기여하는 효과도 의문시된다. 세계보건기구가 2000년에 발표한 자료를 보면 세계 191개 국가 중에서 한국인의 건강수준은 51위, 보건체계의 성취도는 58위였다. 더욱 중요한 것은 보건의료체계가 건강에 미치는 영향은 107위였다. 이것은 세계 20위권의 경제수준과 매우 동떨어진 모습을 보여주는 동시에 한국의 의료체계가 갖고 있는 문제점을 함축하고 있다고 할 수 있다. 미국의 경우 세계에서 가장 많은 돈을 의료비로 지출한다. 그런데 미국인의 건강수준은 선진국 중에서 꼴찌에 속한다. 값비싼 의료비의 지출이 건강을 보장하지는 못한다는 것을 보여준다.

의료보험제도 문제와 관련하여 의료계에서는 보다 많은 재원을 투입하여 의료비의 규모를 키우는 것만이 해결책이라는 입장을 취하고 있다. 의사파업 사태의 와중에서 의료계에서는 국민들이 의료비 부담은 적게 하면서 선진국 수준의 서비스를 요구한다고 불만을 토로한 적이 있다. 틀린 말은 아니다. 국내총생산(GDP) 중에서 국민의료비의 비중을 보면 유럽국가들이 대부분 8~10% 수준이다. 그런데 우리는 5% 수준이기 때문에 국민들이 더 부담해야 옳다는 말이 성립된다. 그러나 국민의료비 중 가계지출(의료를 이용하면서 의사에게 직접 지불하는 몫) 비중을 보면 선진국은 10~20% 수준이다. 그런데 우리는 40%를 넘고 있다. 따라서 현재의 의료보험 재정구조를 그대로 두고 선진국 수준으로 국민의료비를 올리게 되면 그로 인한 가계부담은 엄청날 것임이 분명하다. 가계의 부담증가는 노동자들의 임금인상 요구로 이어질 것이기 때문에 정부나 기업에서는 쉽게 선택할 수 없는 과제이다. 따라서 저보험료-저수가-저급여는 정부와 기업, 국민, 의료계 간의 일종의 힘의 균형과도 같은 것이었다. 그렇지만 그것이 결코 3자가 만족하는 힘의 균형은 아니었고, 정부의 권위주의적 통제력에 의하여 반강제적으로 유지되어 온 것이었다. 여기서 어느 한 축에 균열이 생기면 의료보험제도 자체의 위기는 불가피하다. 이 점을 생각할 때 현재의 재정위기는 정부 스스로 지금까지 유지해 온 저보험료-저수가-저급여의 체계를 깨뜨리는 데서 발생한 것이다. 의사들의 반발에 밀린 정부는 1년 남짓 사이에 5번에 걸쳐 무려 49%의 의료수가 인상을 했다. 보험료와 급여내용에는 큰 변화가 없었다. 즉, 수입은 그대로인데 지출만 늘이다 보니 재정위기는 불가피했다.

5. 의료의 사회적 관계

사회학적 측면에서 볼 때 의료는 기본적으로 의사와 환자의 사회적 관계로 구성된다. 의료는 어느 사회에서나 공익적 성격을 지니며, 그것은 의사에 대한 특별한 직업윤리를 요구하면서도 원만한 의사-환자 관계에 기초한 의사의 권위를 인정하면서 공익성을 실현하고 있다. 계급론적 시각은 의사를 의료기술로서 자본의 이익을 대변하는 대리인 정도로 폄하한다(Navarro, 1976). 의사의 진료로 환자가 건강을 회복하는 것이 노동능력을 회복하는 것으로 규정되기 때문이다. 그러나 현실에서의 의사의 모든 진료행위를 이렇게 규정하기에는 무리가 있다. 오히려 의사를 자본과 노동의 이해관계에서 상대적으로 자유로우면서 독자적 이익을 추구하는 집단으로 보는 것이 설명력이 높다. 서구에서처럼 의료가 노사관계 갈등에서 주요한 현안과제로 작용하던 현실에서는 의사의 진료행위가 과연 자본이나 노동 어느 쪽의 이익에 기여하는가를 따져볼 수도 있겠으나 한국에서와 같이 사회적으로 거의 방치되었던 의료영역에 대하여 동일한 논리를 적용하는 것은 쉽지 않다.

한국에서 의사와 의료는 계급관계에 기대어 발전하기보다는 독자적인 소생산자 집단으로 발전했다. 그런데 의료보험제도가 도입되기 이전까지는 대다수 국민들이 의료이용을 하기 어려운 상태였기 때문에 특별히 의사-환자 관계가 발전하지 못했다. 만일 의료시장이 자생적으로 성장했다면 의사와 환자는 나름대로의 관계형성을 했을 것이다. 그런데 국가가 주도하여 의료보험제도를 도입했고 이에 의하여 의료시장이 확대되고 의료이용이 보편화되었다. 그에 따라 의료의 사회적 관계는 의사와 환자를 기본 축으로 하면서 만들어지기보다는 국가와 의사, 국가와 국민을 중심으로 형성되었고, 의사와 환자관계는 이에 종속되는 양상을 보였다.

〈그림 1〉 의료보험제도 이후의 국가, 의사, 환자 관계

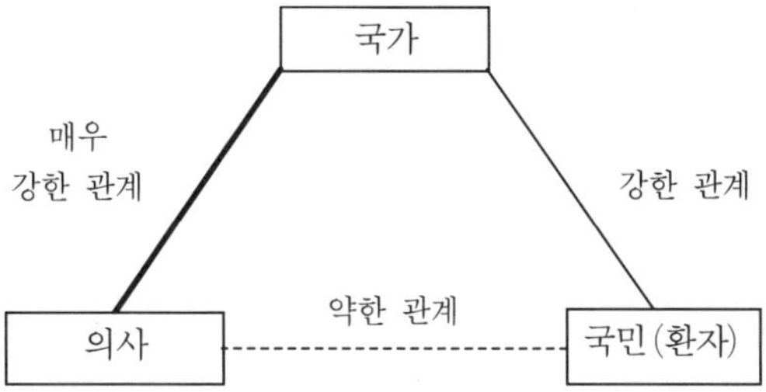

의사는 자신의 진료행위에 대한 보상을 마음대로 환자에게 부담시키지 못하고 국가가 정한 기준대로만 부과할 수 있게 되자 의사의 관심은 자연히 국가와의 협상을 통해 보상수준을 높이는 쪽으로 기울게 되었다. 만일 전액 자비환자라면 의사들은 환자들의 만족 여부에 보다 많은 신경을 쓸 수밖에 없을 것이다. 환자들에게 더 좋은 서비스를 제공한다 해도 더 많은 보상이 돌아오는 것도 아니기 때문에 의사-환자관계의 구축보다는 정부와의 협상에 더 많은 신경을 쓰게 되는 것이다.

환자들은 의료이용이 수월하게 되면서 더 이상 한 명의 의사에게 매달리고 복종하지 않게 되었다. 보험료를 내는 만큼 의료이용은 당연한 권리가 되었고, 따라서 보다 좋은 의사를 찾아 여러 병원을 전전하거나 큰 병원을 찾는 경향이 나타났다. 그 결과 의사에 대한 불만은 다른 의사, 다른 병원을 찾는 것으로 해소되기 때문에 의사와의 긴밀한 관계 구축은 시급한 과제가 되지 못했다. 오히려 국민들의 관심은 보험료를 얼마나 내는가에 모아졌고, 이를 해결하도록 국가에 집단적으로 요구하게 되었다. 의료보험 통합운동에 농민을 비롯한 많은 국민들이 적극적으로 참여했던 데서 그 단면을 엿볼 수 있다. 반면 보다 양질의 의료와 소비자 권리를 지향했던 의약분업에 대한 국민들의 참여와 지지는 저조하였다.

역으로 의사들은 의약분업과 관련한 논란과정에서 '국민들이 얼마나 의사들의 주장에 관심을 기울이지 않는지'를 알고서 참혹할 정도의 소외감을 갖게 되었다. 그것은 일차적으로 의사들이 그 동안 보여주었던 권위주의적 행태에서 비롯되는 것이기도 하지만 그러한 점을 감안하더라도 환자로부터 권위를 인정받지 못하는 의사의 존재는 결국 의료의 질을 파괴시킨다는 점에서 재정파탄 이상의 악영향을 미칠 것이 분명하다. 의권을 확립하겠다는 의사들의 주장은 일견 의사중심적이라는 비판을 받고 있지만 동시에 의사들이 환자를 위하여 제대로 된 의료를 제공할 수 있는 권리를 인정해 달라는 요구는 과거와는 분명히 다른 측면도 있다. 문제는 의사들의 그러한 외침이 현재의 상황에서는 너무 공허하게 들린다는 것이다. 현재의 의료보험제도 하에서는 의사와 환자가 너무나 멀리 떨어져 있다. 의사들은 외면적으로는 국민건강을 외치고 있지만 실제로는 정부와의 협상에만 매달렸다. 그런데 국민들이 더 많은 부담을 해도 좋다고 느낄 만큼 시술방식을 개선하는 데는 소극적이다. 그런 상황에서 정부가 보험료 인상 등 국민부담을 증가시킬 수 있는 정책집행은 어려울 수밖에 없다.

6. 민간의료보험

이런 상황에서 의료계의 지지를 얻으면서 하나의 해결책으로 제시된 것이 민간보험이다. 지금도 민간보험은 존재한다. 각종의 암보험 같은 상품들이 그것이다. 그런데 민간보험회사는 환자에 대한 정보를 갖고 있지 못하다. 따라서 가입자의 건강수준 여부와 관계없이 병이 나면 일정액만을 보상해 주는 방식을 취하고 있다. 우리나라 국민 전체에 대한 질병 및 진료정보를 갖고 있지 못하기 때문에 이를 근거로 보다 정확한 보험료의 산출과 지불제도를 만들지 못하고 있는 것이다. 민간보험을 도입한다는 것은 민간보험회사가 건강보험공단과 자료를 공유하고 현재의 의료보험이 제공하지 못하는 서비스에 대한 부가적 급여를 제공하겠다는 것이다. 의사들은 이에 대하여 큰 관심과 지지를 보냈다. 그것은 민간보험회사와 자유계약에 의하여 기대하는 만큼의 수가를 얻을 수 있을 것으로 기대하기 때문이다. 의료분야에 대한 정부의 투자가 획기적으로 개선될 가능성이 높지 않은 상황에서 이것은 가능한 대안일 수도 있겠다. 또한 생활수준의 향상으로 의료욕구도 다양화되고 있는 현실에서 중산층 이상 소비자들의 기대욕구를 충족시켜 줄 수도 있다(정기택, 2000). 이에 대하여 건강연대 등에서는 현재의 의료보험제도가 급여수준이 매우 취약한 현실에서 민간보험이 도입되면 정부는 개선노력을 소홀하게 할 것이 분명하고, 따라서 소수 중산층에게만 혜택이 돌아가는 의료의 계층화가 발생할 것이라 주장한다. 더욱이 민간보험이 모든 의사에게 기회가 돌아가기보다는 시장경쟁력이 우월한 일부 의사와 병원에게만 해당되는 사안일 것이기 때문에 전체의사들에게 결코 유리한 제도가 아니라고 주장한다(조홍준, 2000). 민간보험에 가입할 수 있는 사람이 소수이듯이 의사사회 역시 계층화 현상이 심각해지고 있기 때문에 민간보험으로 혜택받을 수 있는 의사는 소수라는 것이다. 민간보험은 의료의 기본구조에 대한 변화를 유발하는 제도가 아니다. 우리는 지금까지 의료보험제도의 도입 이후 의료의 경제적·사회적 측면에서 어떤 문제들이 누적되어 왔는가를 살펴보았다. 민간보험은 국민들간의 계층화를 심화시키고, 기존의 비효율적 의료공급 구조를 더욱 악화시킬 가능성이 높다. 이념적으로도 의료보험제도를 발전시켜 왔던 국민적 통합성이라는 가치를 훼손할 가능성도 높다.

여기서 우리는 어떤 방향의 선택을 할 것인가? 필자로서는 의료의 공급구조를 바꾸는 것이 가장 중요한 과제라고 생각한다. 지금까지는 의사 개인이 의료공급에 필요한 재원을 만들어 병원을 짓고 의료서비스를 제공하는 형식이 기본을 이루었다. 그러나 이제 그것을 의사 개인이 감당하기 어려워졌고 점차 의사는 자본에 예속되거나 아니면 무리한 차입으로 경영난에 내몰리게 되었다. 다른 한편 국민들은 의료공급과 관련하여 어떠한 책임이나 역할도 갖지 않았다. 따라서 그 운영과정에도 참여할 수 없었다. 한편으로 의사들의 권위주의적 행태에 불만을 가지면서도 국민들은 그것을 개선하기 위한 노력을 할 수 있는 계기가 주어지지 않은 것이다. 따라서 큰 방향은 의사들에게는 자본투자의 부담을 덜어주고, 국민들은 의료제도의 운영에 참여함으로써 책임과 함께 환자의 주권을 확립할 수 있게 하는 것이 바람직한 방향이라고 생각한다.

여기서 안성지역 의료생활협동조합의 사례는 중요한 시사점이 된다.[6] 주민들이 협동조합을 구성하여 진료소를 확보하고 의사를 고용하여 진료를 맡기는 것이다. 진료소의 주인이 주민들이기 때문에 의사는 주민들이 원하는 방향의 서비스를 제공할 수 있게 된다. 의사는 경영의 부담에서 벗어날 수 있고 전문가로서의 자기 역할에 충실할 수 있는 기반이 마련되는 것이다. 물론 생협운동이 모든 것을 해결할 수는 없다. 그러나 취약한 1차의료 부문을 바로잡는 것이 불필요한 종합병원 이용을 막고, 또 의료의 과도한 자본화 현상과 의사-환자 관계를 개선하는 길이 될 수 있다. 정부와 의료계는 지금과 같은 의료체계로는 의료계의 산적한 문제들을 해결할 방도가 요원하다는 점을 깨닫고 지금과는 완전히 다른 모습의 병원과 의사의 역할을 제시하고 국민들의 참여를 이끌어낼 수 있는 방안을 모색해야 할 것이다.

---

6) http://www.medcoop.or.kr/bbs_news/bbsList.html.

제 4 장
의료개혁의 추진

김대중 정부 하에서 의약분업 정책은 정부출범 초기부터 추진되었다. 그런데 그 과정은 잘 알려진 것처럼 극적 반전을 계속했다. 처음에 정부가 추진하다 여당(국민회의)으로, 그 다음에는 시민단체로 주도권이 변화했다. 의사들의 반발이 발생한 다음에는 의사들에게 주도권이 넘어갔다. 의사들 내부에서도 처음에는 개원의사들을 중심으로 한 의쟁투가 주도권을 행사하다 후반부에는 전공의들이 상황을 주도하게 되었다. 이러한 변화과정에 따라 의약분업의 정책내용도 따라서 변화했다. 의약분업정책의 성격도 처음에는 통상적인 의료정책으로 출발했다가 시민단체가 개입하면서부터 개혁정책으로 바뀌었고, 의사들이 주도하면서부터는 개혁적 성격의 요소들이 다시 탈락하는 변화를 겪게 되었다. 이것은 의약분업이 정부나 시민단체에 의하여 사전에 정교하게 준비된 사안이 아니었음을 상징적으로 보여준다. 이 장에서는 개혁세력은 어떻게 의약분업을 추진했고 성공과 실패를 겪게 되었는지 살펴보도록 하자.

〈표 4-1〉 의약분업사태 전개

전개 과정	시기와 주요사건	대립구도	쟁 점
시동기	• 1997~1999. 3 -의약분업 추진위 결성 (1998. 5) -참여연대 약가마진 발표 (1998. 11) -의약분업 1년 연기 (3. 9)	• 정부, 국민회의 정책추진 • 의사회-약사회 대립	• 의약분업 원칙 실시시기, 실시방법
협력기	• 1999. 3~1999. 12. -3자 합의안 도출 (5. 10) -실거래가 상환제 실시 (11. 15) -약사법 개정안 국회통과 (12/17)	• 시민단체 주도 • 병원에 대한 시민단체, 의사, 약사의 연합전선 구축	• 의약분업 원칙 합의 • 세부사항 협의
갈등전기	• 1999. 12~2000. 6 -의사회최초집회 (11. 30) -의쟁투 결성 (1. 8) -여의도 집회 (2. 17) -집단휴진 (4. 4~6) -1차 파업 (6. 20~26)	• 시민단체와 의료계 (개업의사 주도) 대립 • 자연발생적 봉기	• 의권쟁취 • 임의조제, 대체조제 • 의료보험수가
갈등후기	• 2000. 7~2000. 11 -의약분업 실시 (7. 1) -전공의 전면파업 (7. 29) -복지부 장관교체 (8. 7) -대정부요구안 발표 (8. 31) -정부-의사 협상안 합의 (11. 11)	• 정부와 의료계 (전공의 주도) 간 대립 • 조직적 저항과 홍보	• 임의조제, 대체조제 • 의료개혁

* 홍경표, 2000 및 전공의 비대위, 2000 근거로 작성.

1. 의료개혁세력의 형성

사회의 한 부문에 문제가 있다고 하여 그것이 곧바로 사회문제가 되지는 않는다. 따라서 사회구성원들이 의료부문의 문제를 사회적으로 인식하는 과정이 필요하다. 예를 들어 한국사회에서 항생제 남용으로 인한 내성이 세계 최고수준이라는 보고들은 이미 오래 전에 알려져 있던 문제이지만 의약분업 사태가 있기 이전까지 사회적 관심을 받지는 못했다. 1990년대 이후 의료계에는 응급의료 문제, 의료보험 문제, 의료분쟁 문제 등 여러 문제들이 발생했고, 보건학계에서는 이러한 문제들이 국지적인 문제가 아닌 의료체계 전반의 구성이 비효율적이기 때문에 발생한 위기상황이며 의료개혁이 필요하다고 주장했다(신영수, 1997; 한달선, 1998; 조병희, 1999). 그렇지만 의료문제가 사회적으로 여론화되지는 못했다. 의료문제의 당사자의 하나인 의사회는 낮은 의료보험 수가로 인한 불만이 많았지만 이들은 정부를 상대로 수가인상 요구만을 했을 뿐 조직력이나 정책대안을 제시할 만한 능력이 취약하여 이를 여론화시키지 못했다. 정부 내에서 의료문제를 담당하는 보건복지부는 의료개혁의 필요성을 인식하고 있었고, 이에 따라 1994년과 1996년에 각각 의료개혁위원회와 같은 특별기구를 만들어 개혁을 시도했다. 그러나 의료개혁을 위한 재정투자를 꺼리는 경제정책 부서의 반대로 별다른 성과없이 무산되었다(조병희, 1998). 따라서 시민단체가 의료개혁에 나서게 된 것은 정부 주도의 의료개혁이 매우 미진했던 점에서 그 배경조건을 찾을 수 있다.

1998년 당시 의료개혁이 시민사회적인 의제로 설정되기에는 두 가지 어려움이 있었다. 1990년대 후반에 시민단체들은 그 영향력이 매우 확대된 상태였지만 의료문제에 대한 이해가 부족했고, 반면 의료문제의 한 당사자인 의료계는 문제를 인식하고는 있었지만 이를 사회문제화시키고 사회적으로 해결하는 방식을 알지도 못했고 그러한 조직역량을 갖고 있지도 못했다. 이러한 상황에서 양자를 연계시켜 문제를 해결하려고 나선 집단이 '인도주의실천의사협의회'(인의협)를 중심으로 한 건강연대 등 의료운동권이다. 이들은 시민단체 쪽에는 의료문제의 중요성을 인식시키는 노력을 했고, 의료계에는 개혁에 동참하도록 권유하는 작업을 진행시켰는데 그 결과물이 〈5·10 합의안〉이었다.

1980년대 정치민주화 운동에 참여했던 의사들을 중심으로 1987년에 결성된 인의협은 개별화되어 현실에 안주하던 기성 의사들과는 달리 1993년부터 내부토론 등을 통하여 한편으로는 의료에 대한 국민들의 불만과 불신을 초래하는 의사들의 행태에 대하여 반성하고, 다른 한편 의료제도의 모순을 개혁하기 위한 방안을 마련하려고 했다(인의협, 1994). 이들은 초창기에는 자본주의 사회 속에서의 의료의 성격과 그로 인한 모순과 같은 다분히 정치적 함의를 갖는 산업재해나 직업병 같은 문제들에 관심을 보였다. 그러나 인의협은 1990년대 초반 일정하게 노선의 변화를 겪으면서 국가보건정책에 대한 개입을 통한 의료부문 개혁에 관심을 갖게 되었다(신상도, 1999). 인의협 이외에도 유사한 성격의 치과의사 모임(건강사회를 위한 치과의사회), 약사들의 모임(건강사회를 위한 약사회)과 한의사회 모임(참된의료 실현을 위한 청년한의사회) 등이 비슷한 시기에 결성되었다.

의료운동단체들의 개혁시도가 처음으로 구체화되었던 것은 의료보험조합의 통합운동이었다. 의보통합 논쟁은 의료와 관련하여 처음으로 제기된 사회적 논쟁이었다. 또한 이 논쟁은 1980년 전두환 정부 시절에 시작하여 무려 20년간에 걸쳐 진행되었다. 이 논쟁의 핵심은 지역간 계층간 보험료 납부에 있어서의 형평성 문제였다. 의보통합 이전에는 국민들은 직장 또는 지역별로 구성된 227개 조합에 가입되어 있었다. 보험수가는 정부가 개입하여 단일적 체계로 정해졌지만 보험료 수입은 각 조합의 사정에 따라 독자적으로 정해졌다. 그러다 보니 다른 지역이나 직장에 소속된 사람들간에는 동일한 소득수준이라고 하더라도 보험료의 수준이 천차만별이었다.[1] 특히 농촌지역은 노인인구 비중이 높아 의료이용은 많고, 반면 농업이라는 산업의 특성상 소득수준은 낮아 의료비 부담이 상대적으로 크며, 더욱이 군 단위로 구성되는 조합은 대상인구 규모가 작기 때문에 위험의 분산이 이루어지지 않았다. 이러한 조건들 때문에 농촌지역 조합들은 매년 높은 수준으로 보험료를 인상했고, 농민들은 이 문제에 대한 해결책으로 재정상태가 좋은 직장조합과 재정을 통합하여 운영할 것을 정부에 집단적으로 요구하게 된 것이다. 이 문제를 둘러싸고 경제인단체, 의료공급자단체, 보건복지부, 보험자, 노동운동단체, 농민단체들이 이해관계가 엇갈리면서 논쟁에 참여했다(김연명, 2000). 보건학계와 사회복지학계 학자들도 의견이 대립되었다. 의보통합은 특히 조직통합에 따르는 보험조합 직원들간의 이해관계와 부담증가를 우려하는 직장조합의 반발 및 경영자들의 반대 때문에 수월하게 진행될 수 없는 사안이었다. 정부 또한 의보조직이 통합되었을 경우 보험료 결정과 징수 및 보험운영에서 중앙정부의 책임이 커지는 문제를 우려했다. 이 때문에 노태우 대통령은 '여소야대' 상황의 국회에서 통과된 통합의료보험법안을 거부권을 행사하여 무력화했다.

인의협을 비롯한 의료운동단체들은 1994년 4월에 '의료보험통합일원화와 보험적용 확대를 위한 연대회의'를 구성하여 "조합방식 의료보험제도를 통합일원화하고, 보험적용을 대폭 확대하여 국민부담을 경감시키며, 공평한 보험료 부담으로 사회적 형평성을 실현한다"는 목적을 설정했다. 그리고 사회운동단체들간의 조직적 연대에 의한 운동방식을

1) 예를 들어 의보통합 이전에는 동일한 소득과 재산을 가진 지역가입자가 서울 강남구에서는 의료보험료로 매월 32,000원을 납부했는데 서울 강서구로 가면 52,200원, 성남시 중원구에서는 42,000원, 군산시에서는 48,700원을 납부해야 했다(차흥봉 외, 1998).

추구하여 노동·농민·여성·시민사회단체 등 77개 단체와 6개 지역연대회의가 참여했다. 그리고 운동의 목적도 현상적이고 개별화된 사안에 대한 대증적 접근이 아닌 주요 의료제도와 정책의 근본틀을 바꾸려는 시도를 하게 되었다. 이들의 노력은 김대중 정부에 들어와서 결실을 보았다. 김대중 정부 초기에 노사정위원회가 활발하게 움직일 때 의보통합은 비교적 쉽게 노사정간의 합의를 거쳐 목적을 달성하게 된다.

의보통합은 사회운동방식으로 의료정책을 바꾼 최초의 사안으로서 의미가 크다. 그러나 의보통합은 의료보험의 관리운영체제를 바꾼 것에 불과하기 때문에 그것이 의료문제 일반에 미치는 영향은 크지 않았다. 의료운동권 단체들은 '의보의 통합일원화'와 '의보확대적용'이라는 두 가지 과제를 운동의 목표로 설정했다. 그러나 의보통합으로 농민이나 저소득 근로자의 보험료가 낮아지고 또 보험료의 계층간 형평성 문제를 부분적으로 해결했으나 진료비의 억제, 진료비 지불체계, 의료공급구조의 개혁 등은 거의 해결할 수 없었다. 그럼에도 불구하고 의보통합운동은 정부와 관련 의료공급자 단체들과의 공생관계에서 만들어져 오던 의료정책의 결정방식을 완전히 바꿔버렸다는 중요한 의미가 있다. 이에 힘입어 이들은 본격적인 의료부문 개혁을 시도하게 된다.

인의협은 의료체계의 구조적인 개혁에 관심이 있었다. 예를 들어 국가가 국민건강을 몇 년 이내에 어느 수준으로 끌어올린다는 식의 구체적 정책목표를 세우고 이를 달성하기 위한 정부 내 조직과 재정을 정비하는 일, 의료전달체계의 확립으로 의료기관들의 역할과 기능을 재정비하는 일, 의약분업으로 의사와 약사의 역할을 재정립하는 일, 공공의료기관의 역할재정립 문제 등이 그 예이다. 이러한 문제들은 과도한 시장경쟁으로 빚어진 의료체계의 질서를 바로잡고 효율성을 높이는 해결책들이다(김용익, 1998a). 그런데 앞장에서도 논의했지만 의료문제의 핵심은 의료보험제도를 개혁하는 것이었다. 특히 모든 의료서비스가 보험적용이 되고 이용자들의 본인 부담의 정도를 낮추는 것이 시급한 과제였다.[2] 그런데 의보통합 추진과정에서 나타났듯이 보장성 확대를 위한 정책은 정부의 복지정책이 근본적으로 변화되지 않는 한 어려운 과제였다. 김대중 정부는 이전 정부들이 유지해 온 '잔여적 복지'의 기본 틀을 벗어난 정부가 아니었던 것이다. 그러나 개혁세력이 선택할 수 있는 구조개혁의 여지는 넓지 않았다. 이런 상황에서 가능한 선택은 추가적인 재정부담을 적게 하면서도 공급구조의 변화를 촉발할 수 있는 사안이 되는데 이 과정에서 의약분업정책이 선택된 것으로 보인다. 의약분업은 1994년도에 약사법을 개정하면서 1999년 7월 이전에 실시할 것을 부칙에 명시했고 또 김대중 정부의 집권공약 및 대통령직 인수위원회의 100대 국정과제에 포함되었기 때문에 정부로서도 반드시 실시해야 하는 부담을 지고 있는 사안이었다.

의약분업 정책은 처음에는 정부(복지부) 주도로 추진되었다. 1998년 4월 대통령의 지시에 따라 5월에 복지부가 주관하는 '의약분업 추진협의회'를 구성했고, 8월의 4차 회의까지 열려 정부 차원의 추진계획을 마련하여 각계 대표들의 토론을 거치는 형태로 정책안이 만들어지기 시작했다(김용익, 1998c). 당시 시민단체들은 의료문제에 대한 체계적 인식이 부족했고, 따라서 의약분업과 같은 전문적 사안에 대한 자기입장을 분명하게 설정하기가 힘들었다. 시민단체들도 이 위원회에 대표들이 참여하고 있었지만 이것은 시민단체의 독자적인 의견을 대변한다기보다는 시민단체에 참여하고 있는 전문가들이 개인적으로 활동하는 양상이었다. 이러한 상황에서 정부는 김영삼 정부 시절 의료개혁위원회가 입안했던 정책안을 중심으로 의견을 수렴해 나갔다.

의료개혁위원회 안은 항생제 등 제한된 범위의 약을 대상으로 실시

2) 이 문제는 의료운동권만이 아니라 국제적인 관심사이기도 했다. 외환위기사태 이후 세계은행 구조조정 차관 협상 당시 세계은행 측에서는 보건의료부문에서의 개혁과제로 과도한 본인부담률을 낮추고 수가구조를 포괄수가제나 총액예산제로 바꿀 것을 요구한 바 있다.

하다가 그 범위를 넓히는 단계적 분업을 실시하고, 의사와 약사 간의 분업을 실시하고, 약국이 있는 병원은 사실상 분업대상에서 제외하며, 분업대상 의약품 속에 주사제를 제외하고, 대체조제를 금지하는 것 등을 골자로 하고 있었다(의료개혁위원회, 1997). 이 분업안은 의료계의 입장을 보다 많이 반영한 것으로 약사들의 반발을 가져왔으며, 정권의 종료와 함께 시행되지 못했다(권경희, 2000). 김대중 정부 하의 '분업추진협의회'는 역시 병원을 의약분업에서 제외하는 등 의료개혁위원회의 안과 유사한 내용의 분업안(4차 분추협안, 8·24 합의)을 만들었다. 이때까지만 하여도 의약분업은 보건복지부에서 일상적으로 추진하던 다른 의료정책과 다를 바 없는 '보통의 정책'이었다. 당시 정부에서 의약분업 정책입안의 책임자였던 최선정 복지부 차관은 8·24 합의 이후 의료계와 약계가 모두 반대하는 상황에서 시민단체가 상황을 주도하게 되면서 의약분업의 내용도 변화하고 성격도 바뀌게 되었다고 회고했다(《중앙일보》, 2002. 10. 14). 이후 의약분업의 추진주체와 상황에 따라 의약분업의 내용은 상당히 변화하게 되었다.

8·24 분추협안 결정을 전후하여 분추협에 참여했던 양봉민, 김용익 교수와 인의협, 경실련 등이 분추협 안에 반대의사를 갖고 의료개혁을 추진할 세력을 형성했다. 시민단체들은 인의협의 협력을 얻으면서 의약분업과 의료개혁에 대한 공부를 해나갔고, 그 결과 1998년 9월에 정부 주도의 의약분업추진협의회가 마련한 정책안에 대한 반대성명을 발표하게 된다. 이 성명서는 의료전달체계가 미비한 상황에서 병원이 의약분업에서 제외되면 환자의 병원집중이 심화될 것이고, 주사제 제외로 인한 오남용의 악화, 약에 의한 이윤추구 근절방안의 미비 등을 이유로 이 안의 문제점을 지적한다. 이 성명서에는 경실련, 소비자문제를 연구하는 시민의 모임, 한국소비자연맹, YMCA 등과 일부 분추협 위원들이 참여했다(인의협, 2000). 이 성명서는 시민단체들의 의료개혁 추진의 시발점과도 같은 것이었다. 즉, 시민단체들은 단순히 의약

분업의 내용만이 아니라 의료체계의 여러 문제들과 구조적 해결의 필요성을 인지하게 되었다. 이 성명서는 의료전달체계의 모순이나 병원자본의 문제, 제약산업과 약품시장의 문제 등을 종합적으로 이해하지 않고서는 동의하기 어려운 내용들을 담고 있었다. 이 성명서 발표를 기점으로 시민단체들은 의약분업 문제에 적극적으로 나서게 된다.

그러나 인의협이라는 외부조직의 권유만으로 시민단체들이 의료개혁 활동에 나선 것으로 볼 수는 없다. 시민단체의 내부적인 필요성이 외부적 요인과 결합하면서 상황이 진행된 것으로 보인다. 의약분업 문제는 통상적인 시민단체의 업무대상과는 일정한 차이가 있는 사안이었

〈표 4-2〉 의약분업안의 변화과정

항목	의료개혁 위원회	의약분업 추진협의회	국민회의	시민대책위	2000. 7 시행당시 제도
실시단계	3단계 시행	동시시행	동시시행	동시시행	동시시행
대상기관	병원 제외	병원 제외	모든 기관	모든 기관	모든 기관
대상 의약품	항생제 등부터 단계적 포함	주사제 제외	주사제 포함	주사제 포함	일부 주사제 제외
처방방식	상품 및 일반명 처방	상품 및 일반명 처방	상품 및 일반명 처방	상품 및 일반명 처방	상품 및 일반명 처방
대체조제 불가표시	대체조제 불가	생동성 시험 통과약 대체 조제 허용	대체조제 전면허용	환자동의 하에 전면 허용	환자동의 하에 전면 허용
일반 의약품			소분판매 금지 포장판매	소분판매 금지 포장판매	소분판매 금지 포장판매
의약품 분류	전문 (49.4%)	전문 (50.9%)	전문 (57.7%)	전문 (56.3%)	전문 (56.3%)

출처: 김용익, 1999.

다. 일반적으로 시민단체들이 개입하는 문제들은 정부나 기업을 상대로 하는 것들이었고 내용에 있어서도 공공의 이익이나 시민의 권리를 분명하게 규정할 수 있고 사회적 호응을 쉽게 이끌어낼 수 있는 사안들이었다. 그러나 의약분업은 그 정책목표가 약물 오남용 감소를 통한 건강증진과 같이 다분히 추상적인 과제일 뿐만 아니라 그 대상이 정부라기보다는 의사나 약사 같은 시민사회의 일원이라는 점에서 큰 차이가 있다. 같은 의료문제임에도 의보통합의 경우에는 통합을 통하여 보험료 납부에서의 형평성을 얻는다는 분명하고 가시적인 목표가 있었고, 또 정부의 정책방향과 의지가 중요한 관건이었기 때문에 의보통합운동은 주로 정부를 상대로 하여 전개되었다(김연명, 2000). 반면 의약분업은 시민단체의 정책목표나 대상의 측면에서 과거와는 크게 다른 과제로 볼 수 있다. 따라서 시민단체들의 의약분업 추진은 단순한 업무의 확장이 아니라 새로운 영역의 개척이라는 의미가 있다. 즉, 정부와 재벌을 상대로 '민의를 대변'함으로써 성장해 온 시민단체들이 이제 그 관심영역을 시민사회 내부로까지 확대하게 되었고, 시민사회 내부에서의 '공공영역의 활성화'를 위하여 이익집단의 비공익적 행위와도 대결하게 된 것이다(조희연, 2001).

그렇지만 시민단체의 의료문제 개입은 정부나 재벌을 상대로 한 싸움과는 중요한 차이가 있다. 시민단체는 '민의의 대변'과 같은 소비자주의(*consumerism*)의 입장을 갖게 된다. 이러한 입장은 의사들의 전문가주의(*professionalism*)와 일정하게 대립된다. 그런데 정치권력이나 경제권력의 남용에 따른 시민의 권리의 제약이나 피해는 매우 가시적이지만 의료권력의 피해는 의료의 전문성 때문에 쉽게 파악되기 어렵다. 예를 들어 부패무능 정치인을 규정하는 것은 상대적으로 수월하고 또 시민적 지지를 얻기는 쉽지만 의료문제나 의사들을 대상으로 개혁운동의 대상을 선별해 내는 것은 상대적으로 어려울 수밖에 없다. 이 때문에 '정치인 퇴출운동'에서는 시민사회의 광범위한 지지가 나타났지만 의약분업과 관련해서는 그와 같은 지지를 얻기 어려웠던 것으로 볼 수 있다. 시민단체들은 의약분업을 추진하면서 시민사회 내부의 공공영역의 활성화라는 새로운 시도를 하게 되었지만 의료문제의 특성에 대한 이해와 대비는 충분하지 않았다. 이러한 점은 시민단체들이 의약분업을 통하여 소비자 권익을 향상시키려고 시도했지만 의사들의 '의권' 주장에 밀려 정책목표를 충분히 달성하지 못하게 하는 요인이 된 것으로 보인다. 그러나 의료분야에서 소비자 또는 시민의 권리를 확보할 수 있도록 의료제도를 개혁하겠다는 시도는 한국 의료역사에서 처음 있었던 일이고, 또한 의사 및 약사라는 전문가 집단에 맞서 시민사회 내의 공공영역을 활성화한다는 의미에서 큰 실험이었다고 할 수 있다.

2. 의약분업의 쟁점

사실 의약분업은 이미 1963년에 약사법에 명기가 되었던 사안으로 그 필요성은 오래 전부터 인지되었고 여러 번의 추진이 있었지만 의사와 약사 및 제약회사와 병원들의 이해관계 조정이 어려워 실패한 사안이었다. 김대중 정부의 의약분업 추진도 1998년 하반기에 들어서 의사와 약사의 합의를 얻는 데 실패함으로써 좌초위기에 처했다. 1998년 말의 상황을 보면 의료계에서는 '완전의약분업' 실시와 연기론으로 의견이 나뉘어 있었으나 점차 의협 집행부를 중심으로 연기론 쪽으로 기울게 된다(김용익, 1998c). 의사들은 약을 직접 조제함으로써 약가마진을 얻을 수 있었고, 약사들은 임의조제를 함으로써 1차 진료자의 역할을 수행하는 강력한 권한을 유지할 수 있었기 때문에 의약분업 논의는 언제나 겉돌 수밖에 없었다. 서로 '완전한' 의약분업이라는 형태로 극단적인 권리주장을 하여 논의가 지속되기 어려웠던 것이다. '완전' 의약분업은 한편으로는 선명한 원칙을 강조하는 듯이 보이지만 다른 한편 현실과 관행을 옹호하기 위한 보수성이 작용하고 있는 것이다. 따라서 의사회와 약사회는 국회에 분업실시 연기를 청원하여 의약분업이 가능한 한 실시되지 않기를 원했다. 여기서 의약분업에서 의사와 약사의 주장이 어떻게 대립되었는지 살펴보기로 하자.

1) 기관분업과 직능분업

의약분업의 대상에 어떤 의료기관을 포함시키고 어떤 방법으로 실시할 것인지를 두고 의사회, 약사회, 병원협회의 이해관계는 첨예하게 대립되었다. 의약분업은 일반적으로 진단·처방과 조제·투약을 분리하는 것으로서 진단·처방은 의사가, 조제·투약은 약사가 전담하는 제도로서의 의미를 갖는다. 우리나라에서 개인의원은 대부분 약사가 근무하지 않고 있었기 때문에 의약분업을 실시하면 각기 담당하던 업무만 조정하면 되었다. 그런데 문제가 된 것은 약사가 근무하는 병원이었다. 병원협회에서는 병원 내에 전임약사가 근무하는 약국이 설치되어 있기 때문에 병원에서는 이미 의약분업을 실시하고 있다는 주장을 했다. 1997년의 의료개혁위원회가 제시한 방안도 이 주장에 근접한 것으로 병원은 외래환자에게 선택권(원내약국 또는 원외약국 중 선택)을 주도록 하고 있다. 반면 약사들은 병원에 고용된 약사가 자율성이 보장되지 않기 때문에 실질적인 의약분업이 되지 않고, 따라서 의료기관과 약국 간의 기관분업이 되어야 한다고 주장했다. 개업의사를 대변한 의사회는 만일 병원이 분업대상에서 제외되면 의원과 약국을 이중으로 찾아야 하는 불편을 감내하지 못하는 환자들이 더욱 종합병원으로 집중하게 될 것으로 보고 이에 반대했다.

이 문제는 병원근무 약사의 존재를 어떻게 볼 것인가의 여부와 환자의 편의성, 그리고 의료전달체계상의 문제점 등이 복합적으로 얽혀 있다. 병원약국의 약사가 의사의 처방전을 분석하고 그 오류를 밝혀 내거나, 의사와 협의하면서 환자의 상태를 살피고 환자에게 적합한 투약방식 등을 결정하는 등 임상약사로서의 기능을 충분히 수행하고 있다면 병원에서는 이미 의약분업이 실시되고 있다고 볼 수 있다. 그러나 의사를 중심으로 운영되고 있는 한국의 병원 실정에서 약사는 의사의 처방에 따른 단순조제 이상의 전문적 기능을 수행한다고 보기 어렵기 때문에 약사들의 주장도 설득력을 갖는다. 그렇지만 병원의 외래약국을 폐쇄할 경우 인근 약국들이 매일 수천 건의 처방전을 처리할 능력을 갖추고 있지 못하다거나, 병원과 약국의 두 곳을 방문해야 하는 환자들이 불편함을 참지 못하고 투약을 포기할 수도 있다. 그리고, 또한 의료전달체계를 확립하여 1차 기관의 경영난을 해결해야지 의약분업으로 이 문제에 대처하는 것은 모순이라는 지적이 있다(박재용, 2000).

선진국의 경우에는 종합병원은 대개 입원환자만을 치료하기 때문에 이런 문제가 없다. 즉, 논란의 배경에는 외래환자를 두고 의료기관간 그리고 의료기관과 약국 간에 치열한 경쟁이 있기 때문에 기관분업으로 하느냐 아니면 직능분업으로 하느냐에 따라 이들의 이해관계가 변화될 수 있다는 점이 중요하게 작용했던 것으로 보인다.

2) 전문약·일반약 분류와 주사제의 분업포함 여부

의약분업은 의사에게 처방을, 약사에게 조제를 전담시키는 제도이다. 그런데 모든 약을 의사의 처방에 의해서만 구입할 수 있도록 하면 소비자들의 불편과 부담이 너무 커진다. 따라서 약의 오남용 우려가 큰 약만을 전문의약품으로 지정하여 의사의 진단을 받은 후 구입하도록 하고 나머지는 일반약으로 분류했다. 의사는 전문약이 많을수록, 약사는 일반약이 많을수록 보다 많은 환자를 얻을 수 있기 때문에 약의 분류를 두고 의견이 대립되었다.

그 중 주사제는 특별한 관심대상이었다. 주사제는 먹는 약(경구용

의약품)보다 효과가 빨리 나타나지만 그만큼 신체에 주는 부담이 크고 부작용이 우려되기 때문에 선진국에서는 응급상황이 아닌 한 사용을 억제하고 있다. 하지만 우리나라에서는 감기 등 일반 질환에도 주사제 사용이 일반화되어 있다. 주사제 사용을 억제할 필요가 있다는 데 대하여는 의사들도 동의를 하지만 주사제를 선호하는 국민들의 의식과 주사제를 분업할 경우 환자들이 주사를 맞기 위해서는 약국 → 병의원 → 약국으로 세 번을 다녀야 하는 불편이 크기 때문에 의사들이 자율적으로 제한할 것을 주장했다(이규덕, 2000). 반면 약사들은 주사제가 오남용의 폐단이 큰 대표적인 의약품이기 때문에 의약분업의 목적을 실현하기 위해서는 반드시 분업에 포함해야 한다고 주장했다.

3) 임의조제와 대체조제

의약분업에서는 처방권을 의사에게 전담시킨다. 따라서 그동안 허용되던 약사의 임의조제가 금지된다. 그런데 의사들은 약사의 임의조

〈표 4-3〉 의사와 약사의 의견대립 사항

항 목	의사회	약사회
실시시기	단계별 실시	전면 동시실시
대상기관	모든 의료기관과 약국 (병원협회는 병원제외)	모든 의료기관과 약국
약품분류	처방약, 비처방약, 슈퍼약	전문 및 일반의약품
주사제 포함여부	제외	포함
대체조제 허용범위	의사의 대체조제 허용에 의해서만 가능	일반명 처방에 의한 광범위한 대체조제 허용
일반의약품 판매	30알(또는 7일치) 판매	자유판매
약사의 조제기록부 작성	의무적 작성	의무부과 반대

제 가능성이 남아 있다고 주장하면서 보다 엄격한 규제를 요구했다. 의사의 주장은 약사법이 일반의약품 중에서 개별포장이 되어 있는 약품을 낱개로 절단하여 여러 가지를 혼합하여 판매할 수 있도록 허용하는 것이 임의조제라고 주장한다. 예를 들어 10알 단위로 포일(*foil*) 포장되어 있는 진통제나 해열제 등을 한 알씩 절단하여 감기환자에게 판매하는 것이 임의조제라는 것이다. 의사들은 이 과정에서 약사가 환자의 상태를 묻게 될 것이기 때문에 '문진행위'에 해당하며 의사의 진료권을 침해한다고 주장한다. 또한 의사들은 약사들이 이 과정에서 항생제 등을 섞어서 판매하지나 않을까 하는 의구심을 갖고 있는 것으로 생각된다. 따라서 의사들은 이를 방지하기 위하여 판매단위를 최소 30알로 정할 것을 주장했다. 이에 대하여 약사들은 일반의약품은 약의 오남용으로 인한 폐해가 적은 의약품으로 약사에 의한 자유로운 판매가 허용된 것인데 의사들이 이에 대하여 과도한 규제를 가하려는 것으로 본다. 일반의약품도 약의 효능이나 부작용에 관하여 약사가 복약지도를 하거나 약의 선택을 도와주는 것이 본래의 직무인데 의사들이 이런 전문적 직능을 이해하기보다는 이를 임의조제의 관점에서만 파악하는 것으로 생각한다.

의사의 처방전 작성을 일반명으로 할 것인지 아니면 상품명으로 할 것인지의 여부도 의견이 대립되었다. 일반명 처방을 하면 약사들이 여러 회사의 약 중에서 선택을 할 수 있다. 반면 상품명 처방일 경우에는 통상 약사들의 이러한 처분권이 제약된다. 일반적으로 의사들은 특정회사의 특정약품을 선호한다. 의사들은 동일한 화학성분을 갖는 약도 제조회사에 따라 효능이 차이가 있기 때문에 상품명 처방이 필요하고 약사의 대체조제는 금지되어야 한다고 주장한다. 반면 약사들은 약품 제조과정에서 약효에 대한 성능을 시험하고 정부가 인정했기 때문에 의사들의 상품명 처방행위는 객관적인 근거가 부족하며, 일반명 처방과 대체조제가 폭넓게 허용되어야 한다고 생각한다.

이외에도 의약분업을 단계적으로 실시할지 아니면 처음부터 전면적으로 실시할지, 시범사업을 할 것인지의 여부 등 여러 가지 과제를 두고 의사와 약사 및 병원협회는 의견이 갈렸다. 그런데 정작 의사회와 약사회는 대립되는 주장을 비타협적으로 고수했기 때문에 이들간의 합의를 얻어내는 것은 거의 불가능했다. 결과적으로 이들의 경직된 태도는 자신들의 주장이 관철되지 않는 형태의 의약분업이 실시되는 것보다는 의견대립을 지속하여 의약분업을 연기 내지는 무산시키는 결과를 가져올 수밖에 없었다. 의사회가 1998년 11월에 실시한 회원의식조사 결과를 보면 응답회원의 67.2%가 의약분업제도에 반대하고 있었고, 그 이유로 국민불편이 증대되고(29.8%), 의약품 오남용 개선에 도움이 안되며(24.6%), 현 제도에서 의료기관 이용에 별 불편이 없다는 점(15.3%)을 들고 있었다. 또한 1999년 7월에 실시하도록 되어 있던 법 조항에 대하여 법에서 정한 대로 실시하자는 의견은 6.0%에 불과했고 대부분은 연기 또는 실시하지 말 것을 주장했다(대한의사협회, 1998). 의사의 대다수가 의약분업을 반대하고 있는 상황에서 의사회 지도부 역시 이를 따를 수밖에 없었던 것으로 보인다.

이러한 상황에서 인의협은 상황의 반전이 필요했고 여기서 '약가마진' 문제를 거론하게 된다. 인의협은 약가마진 실태를 내부적으로 조사하여 약가마진의 전체규모가 1조 2천억 원으로 전체 의료보험 재정의 10%를 상회하는 큰 규모라는 사실을 참여연대를 통하여 발표했다. 이것은 의사회의 분업실시 연기청원이 비정상적인 수입구조를 유지하기 위한 것이 아닌가 하는 의구심을 사회적으로 불러일으켰다. 약가마진의 공개가 가져온 사회적 파문 때문에 국회도 의사회와 약사회의 연기청원을 일방적으로 수용하기는 어려웠다. 여기서 당시 집권여당이던 새정치국민회의 정책위원회가 주도하여 의사회와 약사회의 합의를 시도했다. 인의협은 국민회의 정책위원회를 통하여 기존의 정부안과는 다른 모형의 의약분업안을 제시했지만 두 집단간의 합의를 이끌어내지는 못했다. 정부안과의 차이는 다음과 같다. 이 안은 이후 시민단체 주도의 협상안 마련의 중요한 기초가 된다.

① 병원을 분업대상에 포함하고 외래약국을 폐지
② 약효동등성 확보를 조건으로 대체조제를 광범위하게 허용
③ 의약품을 재분류하여 전문의약품 확대
④ 분업 대상의약품에 주사제 포함
⑤ 약사의 일반의약품 판매시 소분판매를 금지하되, PTP 및 foil 포장은 예외로 함

국민회의의 노력도 실패한 후 국회는 결국 1999년 2월 말에 의약분업 실시를 1년 연기하되 2개월 이내에 시민단체와 합의할 것과, 합의가 안되면 정부안대로 의약분업을 실시한다고 의결했다. 이러한 국회의 의결에 의하여 경실련 등 시민단체가 의약분업 추진의 주도권을 갖게 되었다.

국회의결에 따라 경실련, 참여연대, 녹색소비자연대, YMCA, 한국소비자연맹 등 5개 단체를 중심으로 '시민대책위'가 만들어졌다. 시민대책위는 인의협과 건약(건강사회실현을 위한 약사회)이 결국은 의사와 약사의 이익을 대변할 수밖에 없다는 이유를 들어 이들을 제외시켰고 '자문'의 자격으로만 참여시켰다. 이것은 이 시점부터는 시민단체들이 나름대로 의약분업의 성격과 의미에 대한 독자적인 판단을 할 수 있게 되었음을 의미하며, 동시에 인의협이 추진하던 전략과 일정한 차이를 두려고 했던 것으로 생각된다.[3] 그러나 인의협과 건약의 일부 핵심 성

3) 의약분업 초안을 보면 인의협의 안과 시민대책위의 안이 기본골격에서는 동일하지만 세세한 부분에서 차이가 있다(인의협, 2000). 예를 들어 대체조제 문제에서 인의협은 의사의 동의하에 대체조제를 허용하지만 시민대책위에서는 의사동의 부분이 빠져 있다. 이것은 시민대책위가 의사보다는 시민의 이익을 보다 고려한 조치라고 생각된다.

원들이 참여연대에서 활동하고 있었기 때문에 인의협과 건약이 실질적으로 배제된 것으로 보기는 어렵다.

그런데 당시의 분위기는 인의협은 시민단체를 주도적으로 참여시키면 어떤 해결을 기대할 수 있을 것으로 보았지만 의사회와 약사회의 대립을 지켜보아 온 정치권이나 시민단체들은 그러한 기대를 크게 하지 않았다. 따라서 시민단체 내부에서는 의약분업을 자신들의 과제로 받아들일지 말지를 토론할 정도였다. 시민단체 내부에서는 의약분업에 대한 이견이나 반대가 있기보다는 사안의 성격상 안될 것이라는 비관적 전망이 우세했는데 '시민단체의 속성'상 해보는 것이 중요하다는 것으로 결론이 나면서 중재역할을 맡게 되었다. 그리고 2개월 후 5·10 합의안을 만들어내는 성과를 얻었다. 그 내용은 국민회의안과 큰 차이는 없었다. 앞서의 쟁점과 관련하여 살펴보면 분업에는 병원이 포함되어 외래약국이 없어지는 기관분업의 형태로 결정되었고, 약품의 분류는 전문약을 더 많이 포함하는 것으로 재분류하기로 했으며, 주사제를 분업대상에 포함했고, 임의조제 방지를 위하여 일반의약품은 포장단위로만 판매하기로 했다. 약품처방은 상품명과 일반명 모두 사용할 수 있되 환자의 동의를 얻으면 대체조제가 가능하도록 했다.

그러나 5·10 합의의 보다 중요한 측면은 소비자의 권리를 제도화하려 했던 점이다. 의사와 약사 간에는 앞서 설명한 것처럼 의약분업의 대상과 실시방법을 두고 의견이 대립됐지만 시민단체들은 이를 중재하는 과정에서 한편으로는 시민과 소비자의 이익을 중심으로 의견을 조정하는 방법을 취했고 다른 한편 제도의 운영에 시민이 참여하고 소비자의 알권리를 제도화하는 데 주력했다. 대표적 내용은 다음과 같다.

① 환자의 알 권리 확보: 지금까지 의사와 약사들은 처방, 조제하는 약의 내용이나 효능과 부작용 등을 환자들에게 제대로 알려주지 않았다. 따라서 처방을 공개하고 환자몫의 처방전을 발행토록 한

것은 알 권리 확보의 의미가 크다.

② 환자의 선택에 의한 대체조제의 활성화: 이전까지 의사들은 대체조제 자체를 반대했고 약사들은 전면적인 허용을 요구했다. 여기서 동등한 약효가 있는 것이라면 환자가 보다 싼 약을 선택할 수 있도록 하여 경제적 부담을 적게 하도록 했다.

③ 제도운영에 참여: 지역별로 의약분업협력위원회를 구성하여 의사와 약사 이외에 주민대표가 참석하여 약품선정이나 제도운영 등에 소비자로서의 의견을 제시할 수 있도록 했다. 이러한 위원회는 전국적으로 조직되는 것이었기 때문에 소비자 참여의 새로운 장을 열 수 있는 획기적인 조치였다.

④ 의료기관의 경영 투명성 제고: 수가인상에 동의하는 대신 병원들이 경영투명성을 확보하고 이를 공표함으로써 소비자의 알 권리를 충족시키고 의료기관 선택에 도움을 줄 수 있도록 했다.

3. 시민단체의 조직과 전략

의약분업과 같은 난제가 이와 같이 신속하게 합의에 이를 수 있었던 것은 시민단체의 조직과 전략에 기인하는 것으로 생각된다. 첫째로 시민단체의 유연한 조직구조가 갖는 장점이 작용하였다. 시민단체들은 정부나 기업처럼 정교한 규칙과 절차에 따라 기계처럼 움직이는 조직체계를 갖추고 있지는 않다. 의약분업 추진에서 중심적 역할을 수행했던 경실련이나 참여연대는 내부적으로 각종의 위원회와 '센터'를 중심으로 활동하고 있다. 그리고 그 상층부에 상임집행위원회나 운영위원회, 사무총장과 대표가 있다. 조직 내의 의사결정은 각 위원회나 센터를 중심으로 이루어지는 분산적 구조를 갖고 있다. 각 위원회는 교수 등 전문가들과 '간사'로 지칭되는 활동가들로 구성된다. 이들은 정기적 비정기적 회합을 통하여 상황을 분석하고 활동방향을 정하게 되는데 이들의 의사결정은 운영위원회 등 상층부에 의하여 일정하게 조정 통제되지만 대체로 이들의 의견이 존중되는 것이 일반적이다(양현모, 2000). 이러한 조직구조는 시민단체들이 장기적인 전략에 근거하여 활동하기보다는 변화하는 정치사회 상황에 즉시적으로 대응하는 방식의 활동에 주력하기 때문에 '선택'된 것으로 보인다. 시민단체 활동의 또 다른 중요한 측면은 단일 조직에 의하여 활동이 이루어지기보다는 조직간 연대에 의하여 추진된다는 점이다. 특히 경실련과 참여연대는 민노총이나 전국연합 등과 함께 시민단체 연대활동의 중심을 구성하고 있다(권태환 · 이재열, 2001). 사안에 따라 수십 내지 수백 개의 시민단체들이 연대하여 활동하는 것은 흔한 일이다.

이런 조직구조에서 시민단체 대표간의 합의구조는 정책추진을 신속하게 하는 중요한 장치가 되었다. 시민대책위에 참여한 시민단체 대표들은 실장이나 부실장급의 중견간부들이었는데 이들은 대부분 학생운동이나 사회운동의 경험을 갖고 있었기 때문에 기본적 가치관의 지향점이 유사했다. 이것은 시민단체 실무자들이 대부분 '과거의 운동동지의 권유'로 시민단체에 가입하게 된다는 분석(송호근, 2001b)과 일치한다. 이들은 소속 시민단체로부터 상당한 자율성을 갖고 시민대책위 회의에 참석했기 때문에 이들간에 합의가 이루어지면 신속하게 다음 사안으로 넘어갈 수 있는 의사결정구조를 갖고 있었다. 여기서 한국소비자연맹의 경우가 예외적인 성격을 갖는 단체인데 의약분업 추진세력들은 소비자운동의 대부격인 한국소비자연맹의 참여가 정당성 확보 차원에서 필요했고, 그 동안 중산층을 위한 소비자 운동에 전념하던 이 단체 실무자들을 설득하여 참여시킨다.

둘째로 이들이 취한 전략에서의 특징이 작용했다. 정치권에서는 구체적인 실행방안을 놓고 어디에서인가 선을 그어 합의를 하려고 했지만 의사회나 약사회가 맞서는 부분에서는 합의가 이루어질 수 없었다. 그런데 시민대책위에서는 합의할 수 있는 부분(주로 원칙적인 부분)만

합의하고 합의가 안 되는 부분(주로 전문적 판단이 필요한 부분)은 연구단체 등에 의뢰하여 기준을 제시하도록 함으로써 쉽게 합의에 이를 수 있었다. 예를 들어 전문의약품의 범주를 어떻게 할 것인가에 대하여 관련 학계에 이를 위임한 것이다.[4] 의약분업 실시의 당위성은 의약계 모두 동의하던 사안이었기 때문에 큰 원칙을 중심으로 합의안을 만들려 한 전략은 수월하게 성공할 수 있었다. 그러나 이러한 전략은 이후 의사회가 임의조제 규제방안을 두고 매우 세세한 기술적 문제들을 제기할 때 시민단체들이 대응하기 어렵게 만들었다.

셋째로 의사회와 약사회의 입장 차이가 작용했다. 의사회는 상대적으로 강경한 입장을 취했고, 약사회는 상대적으로 수용적인 자세를 취했다. 이러한 입장 차이는 약사회가 갖는 독특한 경험에서 비롯된다. 약사회는 한약분쟁 당시 많은 회원과 조직자원을 갖고 있었으면서도 정부의 강경한 대응에 굴복한 경험을 갖고 있었다. 따라서 약사회는 정부가 의약분업 추진을 강행할 때 반발할 경우 조직의 피해를 예상하고 상대적으로 수용적인 태도를 보였던 것으로 생각된다. 따라서 약사회는 의사회보다 한발 앞서서 시민단체안에 찬동함으로써 전체적인 합의유도에 기여하게 된다.

넷째로 의료계의 시민단체에 대한 기대가 작용했다. 1990년대 들어 의료계는 의료보험 수가인상을 계속적으로 요구하지만 경제부처의 반대로 원하는 만큼의 기대를 충족할 수 없었다. 재경부는 시민단체가 합의를 하지 않으면 수가인상을 인정하지 않는 자세를 취하고 있었기 때문에 의료계로서는 점점 영향력이 증대하는 시민단체와 일정한 우호적 관계를 만들어 놓을 필요가 있었다. 즉, 의료계는 대외적인 압력으로 할 수 없이 합의를 했다기보다는 나름대로의 정세분석에 기초한 합

---

4) 이에 대해서는 의사회, 약사회, 시민단체간의 5·10 합의문과 부속문서를 참고하라(시민대책위, 1999a, b).

리적 선택을 했다고 보는 것이 타당하다.

다섯째, 의료개혁을 위한 보다 원대한 전략이 작용했다. 인의협의 의료개혁의 기본전략의 하나는 의료시장에서 종합병원을 중심으로 한 의료자본이 영향력이 계속 증가하는 것을 가장 큰 문제로 파악했다. 이로 인하여 중소병원과 개인의원의 역할을 상실하고 피폐해지는 것을 바로잡기 위해서는 종합병원의 영향력을 축소하고 개인의원을 활성화시키는 전략이 필요했다(김창엽, 2000). 의약분업 내용에서 병원협회의 기대와는 달리 종합병원 외래환자들에 대해서도 의약분업을 강제로 실시하게 함으로써 개원의사들이 상대적으로 이익을 보도록 한 것이 이러한 전략적 판단에서 비롯된 것으로 보인다. 이러한 전략적 판단은 시민단체 실무자들에게 공감을 얻었고, 의약분업을 추진하는 과정에서 종합병원의 외래환자들도 의약분업 대상에 포함시켜야 한다는 주장으로 나타났다.

당시로서는 병원과 의사의 이해관계를 분리하여 생각한다는 것이 대개의 의사들에게는 생각해 보지도 못한 일이었다. 의사들은 병원을 공동운명체로 생각하는 경향이 강했다. 개업의사들이 환자를 흡수해 가는 병원에 대하여 불만이 있었지만 이들은 그러한 불만을 넘어서 '의사'라는 신분에서 동일체감을 형성하고 있었다. 의약분업 이후 생긴 큰 변화의 하나는 의사들이 병원을 분리해서 보게 된 점이다. 대개의 임상의사들이 의약분업에 대하여 관심이 없는 시절에 의사회 역시 원론적 수준에서만 의약분업에 찬성할 뿐 이를 구체적으로 실현시킬 의지는 보이고 있지 않았다. 이런 상황에서 인의협은 변화하고 있는 사회적 상황을 인지하며 의약분업에 적극적으로 대응하는 태도를 보인 일부 개원의 협의회와 협력하면서 의협이 의약분업 원칙에 합의하도록 유도했다. 그리고 그 전략의 일환으로 종합병원을 견제하면서 병원 중심의 의료체제에서 1차의료가 중심이 되는 체제를 구축하고자 했다. 이러한 점들 때문에 의사회는 합의를 하지만 병원협회는 끝까지 합의

를 거부하게 된다.[5)]

그러나 병협의 반대가 5·10 합의에 의한 의약분업 실행준비라는 대세에 큰 영향을 주지는 못했다. 정부는 '의약분업실행위원회'를 구성하여 세부사항의 논의와 준비작업에 들어갔다. 다른 한편 시민단체들은 5·10 합의의 성공에 힘입어 시민주도로 지속적인 의료개혁을 추진하려는 시도를 했다. 이 과정에서 각 시민단체의 의료문제 전문가들로 구성된 '의료개혁시민연합'이라는 의료운동 전문단체가 만들어지기도 했고, 병원협회와는 '경영투명성과 시민의 알 권리'를 확보하기 위한 협상이 진행되어 회계준칙 엄격 적용, 경영정보 공개, 진료비 내역 공개, 신용카드 사용, 병원서비스 평가제 등이 합의되었다(보건복지부, 1999). 이것은 시민대표가 참여하는 지역의약분업협력위원회 제도의 신설 및 환자몫의 처방전 발행 등과 더불어 시민적 권리를 제도화하는 중요한 장치였다.

4. 협력관계에서 갈등관계로

그런데 의사회 내부에서는 의사회 지도부와는 다른 움직임이 형성되고 있었다. 주로 40세 전후의 개업의사들을 중심으로 한 '민주의사회'나 '동네의원 살리기 운동본부' 등은 조직적으로 의약분업 반대운동에 나섰다. 이들은 기성 의사들이 개인주의적인 행태를 보이던 것과는 달

---

5) 인의협은 당시 상황을 다음과 같이 평가한다. "… 의약분업을 둘러싼 세력의 대립은 말하자면 보건복지부-제약회사-병원의 이득이 최대한 관철되는 안인 정부안과, 국민건강을 지키면서도 의사와 약사의 이해득실이 조정되고 이 속에서 의권이 보장될 수 있는 시민대책위안 간의 대립이었다고 할 수 있다. 이 때문에 의약분업 협상과정은 의사 내 개혁그룹이 한편으로는 정부에 대항하고 다른 한편으로는 약사들과의 협상 속에서 시민단체를 설득하고 또 한편으로는 의협을 설득시키는 그런 과정이었다(인의협, 2000)."

리 의료정책에 대하여 나름대로 분석하고, 정책공청회 등에 집단적으로 참여했고, 특히 의사가 중심이 되는 의료체계의 구축이라는 신념을 가진 집단들이었다. 이들에게 기존 의약분업 합의안은 상실되고 있는 의권의 상징처럼 간주되었고, 이것을 극복하기 위한 반대투쟁을 조직화하는 데 앞장 선 것이다(보다 상세한 논의는 다음 장에서 할 것이다). 의약분업정책과 관련하여 이들은 포장된 의약품을 약국에서 자유롭게 판매하도록 허용하는 것은 곧 임의조제를 허용하는 것이며, 또 약사들에게 대체조제를 허용하는 것도 받아들일 수 없는 것이라고 주장했다. 즉 의약분업은 약에 대한 의사의 권리를 빼앗는 제도라는 식으로 성격을 규정했다. 이들은 의약분업은 시기상조이며 (의사의 동의와 참여에 의한) 원만한 의약분업 시행을 위해서는 다음과 같은 선행조건이 필요하다고 주장했다(김도석, 2000).

① 의권침해 요소들의 제거를 통한 의사들의 진료의욕과 정부에 대한 신뢰 회복
② 약사의 임의조제 근절을 통한 약의 오남용 방지책 마련
③ 일반의약품의 슈퍼마켓과 편의점 판매 허용
④ 적정진료를 위한 적정 진료수가의 확립
⑤ 의사수급제도의 개편
⑥ 무분별한 병상수 증가의 억제
⑦ 의료전달체계의 확립
⑧ 국민들의 의식변화
⑨ 정부의 충분한 재정마련

즉, 이들은 의료제도와 정책에 대한 의사들의 불만을 없애고 의권을 확립할 수 있도록 이를 개선한 이후에 의약분업을 실시하라는 것이다. 이들의 주장은 의약분업에 대하여 분명한 태도를 갖지 못했던 일반 의사들에게 상당한 반향을 일으켰고, 그에 따라 각 지역 의사회는 이들의 주장에 호응하면서 '불완전한 의약분업 반대' 의견을 중앙 의사회에

전달했다. 이에 따라 1999년 10월 21일 의협 임시대의원 총회가 열려 '완전의약분업 실시 촉구' 결의가 이루어졌고, 정부가 이를 수용하지 않으면 궐기대회, 휴직, 면허증 반납 등의 실력행사를 하기로 결의했다. 이들의 요구에 의하여 의협 지도부는 11월 30일에 전국의사가 모이는 궐기대회를 갖기로 했다. 즉, 의약분업에 협력적이던 의사회 지도부와는 달리 의약분업 반대를 주장하던 소장층 개업의사들의 주장이 의사사회의 주류의견으로 받아들여진 것이다. 즉, 의사회 지도부는 이미 리더십을 상실해 버린 것이다.

이러한 상황변화 과정에서 결정적으로 국면전환을 가져온 것이 1999년 11월 15일에 실행된 '약품실거래가제도'이다. 실거래가 제도란 보험약가와 시장가격(납품가격)의 차이에서 발생하는 마진을 없애기 위하여 보험약가를 실제 거래가격으로 낮추는 제도를 말한다. 1998년 11월 참여연대는 의보약가가 너무 높게 설정되어 약가마진이 1조2,800억원에 달한다는 발표를 했고(참여연대, 1998), 이에 따라 12월중 보건복지부가 실거래가 조사를 실시하여 약 9,000억 원을 확인했다. 보건복지부는 약가마진이 저수가 체제에서 의사들의 수입을 보전해 주는 역할을 하던 사정을 고려하여 이것을 의료보험 수가인상에 사용하려고 했다. 그러나 재경부가 '의보수가는 소비자 물가이므로 시민단체의 동의를 요구함'에 따라 시민단체들과 협의를 시작했다. 이 문제에 대하여 시민단체들은 '약가마진' 자체가 잘못된 수입이므로 전액 소비자의 급여확대에 충당되어야 하지만 의료계의 현실을 감안하여 병원의 경영투명성 확보와 환자의 알 권리 확보를 조건으로 복지부의 제안에 동의를 했다(김승보, 2000). 문제는 정부의 실거래가 조사 당시 의사들이 실제 거래가보다 높여서 응답을 함으로써 약가마진 총액 자체가 약 30% 정도 축소되었고, 더욱 중요한 문제는 수가보전 과정에서 의원보다는 병원쪽으로 더 많은 배분이 됨으로써 약을 많이 사용하던 내과나 가정의학과 등 개원의들은 제도의 실시와 함께 제약회사의 할증, 할인관행이 없어지고, 의료보험의 수가인상도 제대로 되지 않자 심각한 수입손실을 겪게 되었다(전철수, 1999). 병원에 치중된 수가조정은 아마도 약을 대량으로 사용하는 종합병원들로서는 실거래가 제도가 병원의 경영을 좌우하는 중대 사안이었기 때문에 정부에 대하여 집요한 로비를 한 것으로 보이며, 더욱이 의약분업에서 외래약국이 폐지되게 되었기 때문에 이들의 대정부 로비나 투쟁의 강도는 매우 높았고, 그에 따라 정부가 더 많은 부분을 보상해준 것으로 생각된다. 이 문제는 개정된 수가기준을 사전에 의사들에게 제시하고 의견을 수렴했으면 이로 인한 오해와 분란을 예방할 수도 있는 문제였지만 복지부가 그런 과정을 제대로 거치지 않으면서 의사들의 대대적인 반발을 자초했다. 이후 의사들은 대규모 집회와 시위 및 파업을 지속적으로 진행시켜 나간다.

의사들의 반발은 엄격하게 보자면 수가조정을 잘못한 정부를 상대로 해야 할 것이었고, 약가마진의 수가전환을 동의해준 시민단체를 지향할 성질의 것은 아니었다. 그런데 의사들의 반발이 계속적으로 확대되자 이에 대처하는 과정에서 시민단체들도 의사의 잘못을 비판하는 쪽으로 대응함으로써 의료계와 시민단체 간의 관계는 계속적으로 악화된다. 또 이 과정에서 시민단체 내부도 분열되는 양상을 보이게 되어 결국 의료계의 결속은 계속 강화되어 간 반면에 그 반대에 섰던 의료개혁 추진세력은 구심점을 상실하고 의사들의 반발에 제대로 대응하지 못하는 힘의 역전 현상이 전개되었다. 아울러 2000년 하반기에는 시민단체들은 이러한 상황에 효과적으로 대응하지 못하고 정부와 의료계 사이의 협상을 바라보기만 함으로써 의약분업 추진의 주도권을 상실하게 되었다. 시민단체의 영향력이 급속하게 쇠퇴한 이유는 무엇일까?

5·10 합의가 가능했던 조직관계를 살펴보면 시민단체들은 인의협을 고리로 하여 의사단체들과 협력관계를 구축했다. 그러나 실거래가 문제가 제기되면서 의료계에서는 의사 대중이 실거래가 실시로 인한 수입감소에 대하여 정부에 항의하는 자연발생적인 '봉기'가 있었고, 이후

합의를 주도한 의사회 집행부를 퇴진시키게 된다. 의사들이 실거래가 제도를 '생존권의 위협'으로 받아들였고, 의약분업이 결국은 의사들의 희생만을 요구하는 것이라는 인식이 확산되었다. 이에 따라 의약분업에 대한 합의 자체를 부정하는 태도로 급속하게 변화했다. 의사들의 '대중적 정서'에 근거하여 새롭게 구성된 지도부와 '의권쟁취투쟁위원회'(의쟁투)는 자연스럽게 인의협 및 시민단체들과의 연대를 포기하고 대결적인 방향을 갖게 되었다. 2000년 6월의 1차 대규모 파업까지는 의료계 내부의 구조가 지휘통솔력이 확립되지 않은 채 자연발생적인 군중의 형태로 집단행동이 이루어지고 있었기 때문에 지도부의 통제력이 한계가 있었고, 따라서 계속 더 강경한 주장들이 힘을 얻는 구조를 갖고 있었다.

의료계의 지도부 변화와 의사 대중의 참여는 시민단체와 의료계 간의 관계의 근본적 변화를 초래할 수밖에 없었다. 그 동안 시민단체는 병원을 의약분업에 포함시켜 환자의 집중을 막아주는 실리를 의료계에 주었고, 의료계는 소비자 권익보호를 위한 의료개혁을 추진하는 시민단체의 역할을 인정하는 정당성을 제공한 것으로 볼 수 있다. 그러나 의료계의 내부구성이 변화하면서 의사들은 의료개혁보다 자신들의 권리확보를 요구하게 되고 이것은 '의권 확립'이라는 주장으로 나타난다. '의권' 주장은 소비자의 권리와 대립된다는 측면에서 이들의 주장은 시민단체 주도의 의료개혁의 정당성 자체를 거부하는 태도를 보이게 된다. 의료계 지도부는 비록 정교하게 조직화되지는 않았지만 2000년 전반기 6개월 동안 15회의 일간지 광고를 하는 등 물량적 공세로 사회여론의 지지를 얻으려 했고(시민운동본부, 2000a), 내부적으로도 의사들만의 폐쇄적 인터넷 공간을 만들어 투쟁의지를 고취시켰고, 휴진에 불참하는 의사들을 집단적으로 비난하거나 '거액'의 기부금을 납부하도록 하는 등 의료계 특유의 '행동통일' 방식의 인적 물적 자원동원에 주력하여 상당한 성공을 했다.[6] 이러한 자원동원은 과거의 의료계에서는 찾아보기 어려운 매우 희귀한 사례였다.

이러한 사태에 직면하여 인의협은 처음에는 개원의협의회와 함께 정부를 규탄하는 입장에 서서 의료계의 입장에 동조하는 모습을 보이기도 했지만[7] 의료계가 의쟁투를 중심으로 보다 강경한 입장을 갖는 세력들에 의하여 장악되면서 의약분업에 대한 합의 자체를 파기하게 되자 인의협과 시민단체는 협상과 타협보다는 여론과 언론에 의지하여 의사들의 행동을 비판하고 압박하는 형태로 대응하게 되었다. 사회적 합의를 중시하는 시민단체들로서는 의료계가 5·10 합의를 일방적으로 깨뜨린 것을 용인하기 어렵다는 점이 작용한 것으로 보인다. 의사들이 집단휴진이라는 형태로 파업에 들어가자 시민단체들은 '의약분업 정착을 위한 시민운동본부'를 구성하여 의사들의 집단행동에 대한 비난성명과 진료거부로 인한 피해를 제소, 고소하면서 강경전략을 구사했다(시민운동본부, 2000a, 2000b).

시민단체들로서는 의사들의 집단행동은 사전에 예상하지 못한 상황이었다. 이들은 의약분업합의안의 마련까지를 자신들의 역할로 생각했고 이후 과정은 정부의 몫으로 생각했다. 따라서 더 이상의 구체적인 정책추진이나 전략개발에 나서지 않았다. 다만 의약분업 실행 이후 일반 시민들에 대한 홍보와 교육을 맡아서 의약분업이 제대로 실행되도록 하는 역할을 생각했을 뿐이다. 그러한 가운데 의사들의 반발이라는 돌발적인 상황이 전개되자 의료계가 합의를 깨려고 한다는 점에 주목

6) 대구시 의사회 자료에 의하면 의사들은 6회에 걸쳐 투쟁기금을 납부했다. 납부금액은 개원의의 경우 매회 5만 원~120만 원을 납부하여 총 200만 원 이상 납부했다(대구광역시의사회, 2002).

7) 인의협은 1999.11.30에 '의보수가를 현실화하라'는 성명서를 발표했고, 2000.1.23에는 가정의개원의 협의회 등 의료계 일곱 단체와 연대하여 '동네의원 살리기 위한 의사대회'를 개최했으며, 이들 의료계 단체들은 의사회 주최로 열린 2000.2.17 의사집회에 대해서도 공동성명을 발표했다(인의협, 2000).

하면서 대화와 타협이라는 시민사회의 원리보다는 명분과 비타협을 고수하는 운동권적 원리가 부각됨으로써 운신의 폭을 좁히게 되었다.

의사들의 집단행동이 시작되던 초기에 '물밑대화'의 시도가 있었지만 성공하지 못했다. 의쟁투의 핵심 구성원들이나 시민단체 대표들은 모두 예전의 학생운동이나 사회운동의 경험을 공유하고 있었지만 의사들이 소중하게 생각했던 '의권'과 시민단체가 중시한 국민건강권이나 시민참여라는 가치가 서로 조화되기보다는 대립되는 양상을 보였다. 의권은 다분히 정치적 구호에 가까운 개념이지만 그 내용은 의사로서의 권위나 직업적 자부심이라는 전문주의(*professionalism*) 요소에다 그에 걸맞은 경제적 보상에 대한 기대가 복합되어 있다(의쟁투, 2000; 강신익, 2001). 그런데 5·10 합의나 그 이후의 협의과정에서 시민단체 대표들은 의료계의 경제적 어려움에 대하여 이해하게 되었고, 이에 따라 '약가마진'을 수가로 전환시키고자 한 정부 정책에 동의하게 된다. 시민단체들은 약가마진으로 상징되는 의료계의 부조리에 대한 의사의 책임을 인식하고 있었지만 향후 의료개혁을 위하여 의료계와 시민단체가 협력한다는 차원에서 이에 동의했을 뿐이었다. 그런데 의사들이 개혁을 위한 합의에서 이탈하려 하자 의료계의 그 동안의 행태를 비난하게 된 것이다.[8] 의사들 또한 적어도 표면적으로는 경제적 요인보다 의권을 강조함으로써 두 집단이 타협할 수 있는 여지는 거의 없었다.

---

8) 예를 들어 1999년 10월 19일자 성명서에는 "의료계의 장삿속으로 인해 그간 우리의 의료제도는 돈벌이가 안 되는 '예방'사업보다는 당장에 돈이 되는 '치료' 위주의 체계로 발전해 왔다"고 주장했고, 2000년 2월 17일자 성명서에는 "의사회 내부의 일부그룹이 직종의 이익이라는 차원을 훨씬 넘어서 지난 시절의 개발과정에서 의료인들이 누려왔던 반사회적인 기득권을 계속 향유하고자 하고 있으며, 이를 위해 의약분업을 저지하려는 온갖 시도를 하고 있다"고 주장했다. 또한 3월 29일자 성명서에는 의료계가 "국민의 건강을 담보로 자신들의 이익만을 관철하기 위한 명분 없는 집단행동을 감행하는 것"으로 규정하고 있다. 시민단체 성명서에 대한 분석은 김시완(2000)을 참고하라.

시민단체의 이러한 강경한 전략의 구사는 부분적으로는 의사들의 힘을 과소평가했고 자신들의 힘을 과대평가한 데서 비롯된 것으로 생각된다. 당시 상황에서는 이러한 판단이 옳았을 수도 있다. 의사들이 과거에 집단행동을 전개한 적도 없었고, 조직력도 취약했으며, 시민단체들은 총선시민연대의 성공적인 정치인 퇴출운동으로 한참 영향력을 극대화하던 시점이었기 때문이다. 이에 대하여 의료계에서는 시민단체가 "… (정책추진과정에서) 상대적 우위를 점함으로써 의약분업에 대해 적극적인 약사회에 대해서는 협력적으로, 피해의식을 바탕으로 문제를 제기하는 의사회에 대해서는 의약분업을 반대하는 수구세력으로 몰아 배타적 강압적 태도로 일관하였다"(전철수, 2000)는 인식을 갖게 되었다. 결과적으로 의사들은 더욱 강경해지게 되었고 의사회의 반격으로 시민단체는 추진조직이 위축 내지는 와해되는 결과를 갖게 되었다.

5. 시민단체의 조직역량의 취약성

시민단체는 의사파업사태 이후 점차 그 세력이 약화되는 모습을 보인다. 의료계와 법조계를 중심으로 비판이 강력하게 제기되었다. 비판요지는 '공정하지 못하다'는 것과 '시민단체가 본분을 벗어났다'는 것이다. 의료수가는 정부 또는 사회와 의료계 사이의 일종의 계약인데 정부와 사회가 의료행위에 대한 정당한 보상을 하지 않았을 뿐만 아니라 정당한 보상을 요구하는 의사들의 투쟁을 일방적으로 도덕적으로 매도함으로써 불공정하다는 것이다(허대석, 2000). 또한 시민단체는 준비안된 의약분업에 대하여 정부를 공격하기보다는 의사를 일방적으로 비난함으로써 균형감각을 잃고 관변단체의 모습을 보이는 것은 정부를 감시해야 하는 시민단체 본래 역할에서 벗어났다는 것이다(서석구, 2000). 변호사들의 대응은 보다 조직화되어 대한변호사회 명의의 성명서에서 의약분업 자체를 보류하고 사보험제도 도입을 요구했다(대한변협, 2000). 시민단체 활동에 적극적이던 변호사들도 의약분업 문제에서는 일정하게 거리를 두는 모습을 보였다. 대표적인 개업 전문가 집단인 의사와 변호사들의 의견이 일치하는 것은 '시장(개업)의 자유'를 제한하는 정부의 규제에 대한 반발이다. 시장의 자유는 '정당한 보상'을 받을 권리가 전제된다. 이들에게 시민단체의 '과도한' 개입은 전문직 권리를 침해하는 것이 된다. 합리적인 수준에서 생각한다면 시민단체의 관심이 병원경영의 투명성이나 환자의 알권리 확보, 또는 약품거래의 정상화 등과 같은 보편적 개혁과제들인데 여기에 개재되어 있는 의사들의 이해관계가 크기 때문에 결국은 이의 개선을 요구하는 시민단체에 불만을 갖게 되는 것으로 보인다. 예를 들어 시민단체는 의료기관의 경영투명성 확보를 전제로 의료보험수가의 인상이나 의료제도에 대한 합리적 개선에 협력할 자세를 보였지만 의료계는 원론적인 수준에서 시민단체의 이러한 역할 자체를 부정적으로 인식하는 것으로 보인다. 의사들은 의료문제에 대한 전문지식이 없는 시민단체에서 왜 의료문제에 개입하는지에 대하여 이해하지 못하고 있으며, 이를 '부당한' 간섭으로 간주하는 태도를 보였다.

그러나 이러한 비판보다 중요한 것은 시민단체의 조직역량의 취약성에서 비롯되는 것으로 생각된다. 2000년 6월 이후 의사들은 더욱 조직적으로 집단행동을 확대해 나갔지만 시민단체들의 활동은 오히려 위축되는 양상을 보였다. 의료계의 경우는 수만 명 회원의 막대한 자금기부와 헌신적인 참여에 의하여 활동반경을 계속 확대해 나갔다. 거의 모든 지역의 의사들을 투쟁대열에 동참시켰음은 물론 이들의 사회적 영향을 활용하여 변호사회 등 다른 전문직종의 지지를 획득했으며, '시장자유'라는 이념적 기반을 공유하는 경제계 집단들의 암묵적 지지도 획득했다. 나아가 2000년 9월 이후 전공의들이 파업을 주도하면서 이제 의사들이 의료개혁을 주도하겠다고 주장하면서 시민단체 주도의 의료개혁 담론 자체를 압도하려는 시도까지 했다.[9] 언론 역시 초기에는 의사들의 파업에 냉담했지만 시간이 지나면서 의사들의 집단행동이 정부정책에 대한 '광범위한' 항의의 성격을 띠게 되면서 의사들의 주장에 동조하는 경향을 보이게 되었다. '의사들의 주장에도 일리가 있지만 폐업방식은 안 된다'는 양비론으로 언론보도 경향이 변화했다(장호순, 2000). 즉, 사회적으로 광범위하게 반의약분업 세력이 형성된 것이다.[10] 더욱이 정부가 의료계 집단행동에 대하여 경고 외에는 규제하기 위한 행동을 거의 하지 않고 사태의 악화를 사실상 방치함으로써 시민단체들로서는 우호적인 조직환경이 전혀 조성되지 못한 것이다.

반면 시민단체의 경우는 의약분업을 주도했던 5개 단체간의 협의체제가 와해되고 참여단체들이 활동을 정지하는 모습을 보였다. 2000년 4월 국회의원 총선과정에서 시민단체들이 연대하여 총선시민연대를 구성하여 '부패무능 정치인 탈락운동'을 전개한 예에서 보듯이 시민단체들은 중요사안에 대하여 여러 단체가 연대하여 활동하는 방식을 취한다. 의약분업의 경우에도 경실련 등 상기한 5개 단체와 소비자문제를 연구하는 시민의 모임, 보건의료산업노동조합 및 인의협과 건약 등이 참여했고, 사안에 따라 성명서 발표에 일부 시민단체들이 추가되기도 했다. 그러나 이들 단체들은 총선연대의 경우처럼 해당단체가 전폭적

---

9) 이에 대하여 시민단체 내부에서는 전공의들의 의료개혁 의지의 순수성을 이해하고 연대가능성을 모색해야 한다는 입장과 명분에 불과하다는 견해가 대립된다(홍춘택, 2000). 이 논쟁을 확대하면 의사의 집단행동을 전문주의의 형성과정으로 보거나(김용익, 2000), 아니면 즉자적 존재에서 대자적 존재로 이행하는 과정으로 보는(채만수, 2000) 옹호적 입장도 있지만 다수의 시민단체 대표들은 의사의 배타적 권리와 권익옹호 주장을 가리기 위한 명분일 뿐이라는 견해를 갖고 있었다(신영전, 2000).

10) 물론 반의약분업연대라는 것이 구체적인 조직의 형태를 갖추거나 굳건한 이념과 가치를 공유하는 것이라기보다는 목전의 이해관계나 DJ 정부와의 친소관계에 의하여 나누어지는 구체적 실체가 없는 것으로 볼 수 있다. 이에 대한 논의는 《사회비평》(2000. 겨울호)을 참조하라.

으로 참여했다기보다는 보건관련 부서의 책임자나 간사들을 중심으로 움직이는 한정된 참여의 양상을 보였고, 단체의 지도부는 이 사안에 유보적인 입장을 취하는 경우도 있었다. 따라서 2000년 4월 이후 시민단체와 의료계가 정면대결 양상을 보이게 되면서 일부 시민단체들은 단체의 지도부가 실무자들의 의약분업 참여를 억제하는 양상이 나타났다.[11] 아울러 민노총과 같은 대중동원 능력을 갖춘 단체들이 참여에 소극적이거나 참여하지 않음으로써 '시민대회'와 같이 물리적으로 의료계에 압박을 가할 수 있는 수단도 갖고 있지 않았다.

이는 의약분업과 의료개혁의 의제설정에서의 불충분함이 작용한 것으로 이해할 수 있다. 의약분업의 성격이 일반인들에게 직접적으로 느껴지는 것은 단지 의사와 약사의 직역구분이라는 의미와 함께 지금까지와는 달리 약을 구입하기가 어려워지는 불편함이 초래되는 데 반하여 특별히 얻을 수 있는 기대이익은 '건강'이라는 매우 추상적인 것이었기 때문에 적극적인 참여를 얻어내기 어려웠다. 나아가 의약분업이 갖는 의료개혁으로서의 의미는 그것이 충분히 사회적 담론으로 확산되지 못함으로써 사회적 지지세력의 확보에 실패한 것으로 생각된다. 더욱이 정부나 기업이 아닌 의사집단을 동반자가 아닌 대립적 관계로 설정하는 데 따른 보수적 성향의 시민단체들의 거부감도 일정하게 작용한 것으로 보인다.

시민단체 조직의 또 다른 취약점은 중앙의 조직과 지역의 조직 간에 유기적 결속력이 약했다는 점이다. 의약분업 추진과정에서 중앙의 10

11) 의사들은 사회활동을 하는 경우가 많지 않지만 일부 의사들은 지역사회 지도자로서 활동하면서 각 지역 시민단체에서 중요한 위치를 점하고 있었다. 의약분업을 둘러싸고 의료계와 시민단체 간의 갈등이 심화되자 이들을 중심으로 시민단체 활동에 대한 견제가 제기되었다. 시민단체를 구성했던 또 다른 중요한 집단인 변호사들도 의사들의 입장을 옹호하기 시작했다. 시민단체 구성의 중추적 역할을 담당하였던 두 집단이 반발하자 일부 시민단체들은 '조직보호'라는 명분으로 의약분업과 관련한 활동을 중단하게 되었다.

여개 단체와 함께 지방의 60여개 시민단체들이 시민홍보와 교육 및 분업감시 또는 설문조사 등 다양한 형태로 참여했다. 의약분업이라는 전문적이고도 낯선 제도에 대한 국민들의 인식이 저조한 현실에서 국민들을 상대로 한 교육과 홍보 및 의사, 약사의 행동에 대한 감시업무를 시민단체가 담당했는데 대도시 시민토론회 6회, 지역시민운동가 워크숍 4회, 일반시민 교육 379회를 개최했고, 전국 20개 지역 의약분업 모니터 평가단[12]이 구성되어 5번에 걸친 의약분업 운영실태를 조사했다(의료개혁시민연합, 2000b).

중앙의 단체들이 주로 정부나 의사회를 상대로 하여 정책입안을 둘러싼 활동을 전개한 반면, 지역단체들은 일반 시민을 상대로 의약분업 추진활동을 했다. 그런데 이들 조직들은 어떤 중심적인 단체에 의하여 위계적으로 구조화되기보다는 자발적으로 참여하여 병렬적으로 연결된 조직형태를 갖고 있었다. 동시에 중앙조직과 지방조직 간에도 관료제 조직처럼 상의하달식의 명령체계가 있기보다는 협력요청에 대한 자발적 참여의 형태를 갖고 있었다. 이러한 상황에서 중앙조직이 2000년 여름 이후 사실상 와해상태에 들어갔는데도 지방조직들은 계속적으로 활동을 하는 '기묘한' 양상이 나타나게 되었다. 그러나 지역 시민단체들의 활동도 점차로 적지 않은 어려움에 처하게 된다. 흔히 중앙의 시민단체들과는 달리 지역의 시민단체들은 규모가 작을 뿐만 아니라 의사들이 이를 후원하는 경우가 많았다. 따라서 이들이 홍보와 감시활동을 계속하면서 지역 의사들과의 분쟁이 적지 않게 발생했다. 2000년 겨울에 이들의 활동도 대부분 종료되었다.

---

12) 의료개혁 시민연합, 서울 녹색소비자 연대, 서울YWCA, 인천 녹색소비자연대, 고양녹색소비자연대, 수원경실련, 안산YWCA, 이천YMCA, 춘천YMCA, 대전주부교실, 천안YMCA, 홍성YMCA, 청주주부클럽, 전주주부클럽, 광주YMCA, 마산YMCA, 거제YWCA, 대구녹색소비자연대, 경산YMCA, 포항녹색소비자연대.

지역의 시민단체들은 평소 주민들로부터 의료문제와 관련된 제보나 상담을 받는 경우가 많아지고 있으나 기존에는 이를 감당할 만한 식견을 갖추고 있지 못했다. 그러던 차에 의약분업을 계기로 이들은 지역주민의 의료욕구를 해결할 수 있는 중요한 계기를 찾게 되었고 매우 열성적으로 활동했다. 2000년 후반기에 이들에 의하여 월 1회 정도로 의약분업과 관련한 실태조사가 전국에서 반복적으로 실시되었는데 의사들의 강력한 견제에도 불구하고 감시와 조사사업이 계속될 수 있었다는 점은 지역 시민단체의 의료문제에 대한 관심과 참여의 정도가 매우 높았음을 반증한다. 그러나 시민단체의 중앙조직은 지역시민단체들의 이러한 열망을 의사결정과정에 충분히 반영할 수 있는 구조를 갖추고 있지 못했다.[13)]

시민단체가 무기력해진 것은 비단 조직의 왜소함 때문만은 아니다. 의약분업 논쟁과정을 보면 시민단체-의사회-약사회 간에 의약분업 합의안을 도출한 이후 의사들의 투쟁전략에 적절하게 대응하지 못한 점도 엿보인다. 의사회는 합의안이 불공정하게 처리되었음을 주장하면서 이를 파기했고, 이후 의사들은 논쟁의 수준을 매우 지엽적이고 기술적인 수준으로 끌어내렸다. 의사들이 집단행동을 시작한 이후 의약분업 논쟁은 일반의약품의 최소포장 단위를 30알로 정하는 것이나 약품분류문제, 대체조제의 방식과 같은 전문적이고 기술적인 주제들로 논쟁이 진행되면서 의사들의 주장은 전문성에 기초하고 있는 것으로 간주되어 그 영향력이 강화될 수 있었고, 그럴수록 시민단체의 역할은 자연스럽게 축소되어 버린 것이다. 즉, 의약분업이 내포하고 있는 중요한 의료 개혁

13) 지방에 거주하는 한 인의협 회원은 다음과 같이 묘사했다. “1년 이상을 끌어온 의료계 사태는 중앙의 무대에서 중앙정부와 중앙의 의료계, 중앙의 시민단체가 벌인 활극이었고 지역은 조연에 불과했다. 조연도 자신의 역할이 확고하여 극의 내용을 돋보이게 하는 것이 아니라 무대감독의 지시에 따라 이리 저리 쏠려다니는 이름 없는 엑스트라에 불과했다”(김진국, 2000).

적 함의들을 사회적으로 알리고 또 광범위한 사회적 지지세력을 구축하면서 이를 기반으로 논쟁을 이끌지 못하고 거의 독자적으로 의사들과 기술논쟁에 빠짐으로써 스스로의 입지를 축소시켜 버린 것이다.

의약분업 정책에 주도적으로 참여함으로써 시민단체들은 정부와 의사 및 약사 중심의 정책결정구조를 시민중심으로 바꾸려고 했다. 실제로 그들은 정책집행을 감시하고 또 도와주는 등 의료시민운동에서 획기적인 전환점을 열었다. 그러나 의사 파업사태 이후 의사들을 설득하는 데 실패했고 또 의약분업정책안 자체도 정부와 의사의 협상과정에서 상당히 변질되었다. 즉, 시민참여의 제도적 통로인 '의약분업협력위'가 폐지되었고, 전문의약품의 비중이 증가하여 시민들이 병원을 더 많이 방문하게 되었다. 더욱이 대체조제의 범위가 줄어들어 고가의 '오리지널' 의약품을 사용하게 됨으로써 시민들이 보다 많은 의료비를 지출하게 되었다. 환자몫의 처방전 발행도 사실상 사문화되었다. 병원의 경영투명성 약속 역시 없던 일이 되어버렸다. 더욱이 의사의 반발을 무마하기 위해 정부가 의료수가를 1년 사이에 5차례에 걸쳐 49%나 인상함으로써 그 부담이 시민들의 몫으로 돌아오게 되었다. 즉, 의약분리라는 의약분업의 기본형태는 실행하게 되었지만 이를 통한 시민적 권리를 확보하는 데 실패했다고 할 수 있고 그것은 시민단체의 의료운동이 좌절된 결과인 것이다.

6. 의약분업 시민운동의 의의

한국의 시민운동의 성격을 두고 여러 논란이 있다(유팔무·김정훈, 2001). 그 중 시민운동에 서구의 신사회운동 개념을 적용하는 것이 적합한가의 문제가 있다. 구사회운동이 계급성과 노동조합 같은 조직을 기반으로 물질적 이익을 추구하는 경향이 있다면 신사회운동은 반핵평

화운동이나 환경운동 또는 여성운동처럼 중산층을 중심으로 탈물질주의적인 삶의 가치를 지향하며, 운동 참여자들도 조직에 의한 동원이 아니라 인지적 동원에 의하여 참여한다(Inglehart, 1990). 그런데 한국사회는 '압축성장'의 사회이기 때문에 근대적 측면과 탈근대적 측면이 동시에 존재하는 특성이 있고, 이에 따라 시민운동 역시 구사회운동과 신사회운동 요소가 동시적으로 존재한다(임현진·공석기, 2001). 예를 들어 시민단체들의 이슈나 목표는 새롭게 변화했지만 동원전략에서는 전통적인 방식을 사용한다는 것이다. 또는 시민단체의 대다수 상근 실무자들이나 회원들이 환경운동이나 여성운동 등 대안적 삶에 대한 성찰과 동의에 기초하여 가입하기보다는 연고에 의하여 참여하고 있다(송호근, 2001b).

시민운동 일반의 이와 같은 특성을 전제한다고 하더라도 의료운동은 보다 독특한 성격을 갖고 있는 것으로 생각된다. 그것은 환경운동이나 여성운동과는 달리 의료운동이라는 말 자체가 낯설다는 데서 비롯된다. 의약분업은 표면적으로는 의사와 약사 간의 갈등으로 나타나는 것이지만 보다 중요한 초점은 시민단체와 의료계 간의 갈등, 또는 의료분야에서의 시민적 권리와 의사의 권리의 대립으로 볼 수 있다. 비록 의사들이 의사의 권리를 회복하겠다는 주장을 했지만 정작 사회적으로 공고하게 구축되지 못한 것은 소비자나 시민의 권리라고 할 수 있다. 의료분야에서 시민적 권리를 확립하겠다는 목표가 의사들은 물론 일반 시민들의 이해와 참여를 얻기 어려웠던 점이 시민단체의 의약분업 추진을 어렵게 한 근본적인 이유가 될 것이다.

원론적 수준에서 말하자면 시민단체와 의료계는 상호 협력함으로써 얻을 수 있는 것이 많다. 일반적으로 조직은 재원이나 정당성 등 조직생존에 필요한 자원을 외부로부터 조달받게 된다. 이 과정에서 조직과 환경 사이에 일정한 사회적 관계가 조성되기 마련이다. 즉, 정부-의료계-시민단체는 서로 자원을 주고받는 상호적인 관계에 있는 것으로 볼 수 있다(Aldlich, 1979; Scharph, 1978; Pfeffer, 1978). 예컨대 정부는 시민단체에 재정지원을 해줄 수 있고, 시민단체는 정부에 정책에 대한 정당성을 제공해 줄 수 있다. 한 조직이 필요로 하는 자원이 무엇인지, 그리고 그 자원을 다른 조직이 제공해 줄 수 있는지에 따라 조직간 관계는 달라질 수 있다(조무성, 2000). 시민단체는 정부와의 관계에서 한편으로는 협력관계를 구축하여 공공적 영역을 확대해야 하는 과제가 있지만 동시에 정부와 일정한 거리를 두고 정부를 감시해야 하는 이중적 관계에 있는 것으로 볼 수 있다(강명구, 2000). 따라서 시민단체는 정부정책에 정당성을 제공하는 대신에 전통적으로 정부의 영역이었던 공공의 과제 일부에 대하여 대안을 제시하거나 집행에 참여하고 또 재원을 조달받는 방식으로 자신들의 업무활동 영역을 넓혀가는 상호적 관계에 있다. 시민단체와 의료계는 정부와의 관계만큼 교류가 활발하지 못하지만 이와 유사한 관계를 설정할 수 있다. 즉, 시민단체가 의료계에 의료조직내의 제도와 관행을 합리적 수준으로 개선할 것을 요구하는 대신 의료계가 원하는 재원의 추가조달에 협력하거나 취약한 사회적 정당성을 제공하는 교환관계가 성립될 수 있다.

그럼에도 불구하고 협력관계가 형성되지 못하고 갈등관계가 만들어진 것은 무엇 때문일까? 우선 지적할 수 있는 것은 양자간에 물적 기반이 다르고 조화되기 어렵다는 점이다. 시민단체들은 일반시민과 언론의 지지를 근거로 활동하고 있는 반면, 의료계는 사회적으로 중요한 의료서비스라는 자원의 공급을 독점하는 데서 권력의 기반을 찾고 있다. 원론적 수준에서 본다면 의료계는 자원독점의 정당성을 확립하기 위해서는 시민적 지지를 바탕으로 하는 시민단체의 도움이 필요하고, 시민단체는 의료개혁을 위해서 의료계의 협조가 필요하므로 상호 협력관계가 바람직할 것이다. 그런데 의료계가 의료자원에 대한 독점권을 기반으로 의료문제 전반에 대한 권력적 지배를 요구하는 상황에서[14] 시민단체들은 이것을 압도할 수 있는 시민적 지지를 확보하는 데 실패함으로써 의료개혁 추진에 제동이 걸렸다고 볼 수 있다.

또 다른 중요한 문제는 제도환경이 미치는 영향이다. 제도학파의 관점에 의하면 제도환경은 환경을 구성하는 기본논리(*institutional logics*)가 있고, 문화인지적 요소, 규범적 요소 및 규제적 요소가 있다고 한다. 의사들의 집단적 반발을 제도이론의 관점에서 해석해 보면 그 동안 의사들은 정부에 협력하면서 생존을 보장받는 공생관계에서 자신들의 존재의 정당성을 확보해 왔다. 이러한 공생관계는 의료제도를 구성하는 기본논리였다. 정부에 의한 보호와 규제를 당연시하면서 규제적 정당성을 획득했고, 다른 한편 환자에 대해서는 권위주의적인 시술양식을 정착시키면서 의료직을 최고의 직업으로 인식하고 사회의 평가나 개입을 거부하는 문화적 인식체계를 확립했으며, 개업주의(조병희, 1994)를 생활방식으로 정착시키는 규범적 정당성을 확립했다. 그런데 시민단체의 의약분업 추진은 의사와 정부 간 공생관계를 근본적으로 와해시키는 것이었다. 의사들은 정부 대신 시민단체라는 새로운 규제자와 협의하여 의료정책을 만들어야 했다. 또한 환자에 대한 권위주의적 지배 대신 이용자의 권리를 보장해 주어야 하는 문화적 정당성으로도 위기가 왔으며, 약가마진 문제에서 나타났듯이 지금까지의 개업주의적인 생활방식 자체의 문제점, 즉 규범적 정당성도 위기에 처하게 된 것이다. 즉 의사들이 정부와의 관계에만 매달리고 있는 동안 사회는 변화했고, 그 동안 의사들이 당연시해 왔던 모든 것이 '갑자기' 달라지게 된 형국이었다. 의사들의 입장에서는 자신들의 생활방식과 문화적 인식, 그리고 실질적인 경제적 이해관계까지 모든 것을 드러내 놓고 의사가 아닌 다른 사람들과 토론한다는 것 자체가 익숙하지도 않았

14) 의사들의 투쟁전략은 단순한 수가보전이 아닌 의료에 대한 독점적 지위를 확립하기 위하여 의약분업을 포함한 의료문제에 대한 모든 논의를 독점하고 이를 위하여 시민단체를 배제하고 정부와의 투쟁에 의해 쟁취하려는 것으로 볼 수 있다(백한주, 2000).

고, 쉽게 수용하기도 어려운 것이었다. 의사들로서는 시민단체와 문제 해결을 논의하기보다는 정부를 상대로 자신들의 불만을 토로하고 문제 해결을 요구할 수밖에 없었을 것이다.

의약분업 시민운동이 제기한 본질적인 문제는 의료문제에 대한 공급자와 소비자 간의 동반자관계(*partnership*) 형성의 필요성이다. 의료시장 실패를 개선하기 위한 정부의 개입도 실패하기 때문에 여기서 보건의료 소비자 운동의 필요성이 발생한다(이덕승, 2000). 의사와 환자 간의 정보격차가 극심한 현실에서 정부의 의료정책의 모순과 의료공급자들의 이해관계가 얽혀 '약물 오남용'과 같은 소비자의 막대한 피해가 발생하는 상황에서 이에 대한 제도적 대책을 요구하는 것은 소비자로서의 충분한 권리라고 볼 수 있다. 제도개혁을 위해서는 공급자와 소비자 간의 협력이 필수적으로 요청되지만 한국 상황에서는 많은 공급자들이 소비자들의 권리주장을 자신들의 전문영역에 대한 도전으로 생각하는 경향이 있기 때문에 현실에서는 이것이 의사-환자 간, 또는 공급자-소비자 간 갈등으로 발전되는 경우가 많은 것으로 보인다.

의료시민운동이 제기한 또 다른 중요한 문제는 의료의 공공성 확보에 대한 것이다. 지금까지 의료는 공급자들의 사적 이해관계가 중요하게 작용했고, 여기서 공공성을 어떻게 확보할 것인가의 문제는 거의 논의되지 못했다. 이것은 의료공급을 국가부문으로 이전하자는 의미가 아니라 시장논리로 의료가 제공된다고 하여도 여기에는 최소한의 공급자의 윤리나 소비자 권리확보, 그리고 계약의 공공성 등을 확보할 필요가 있다(신종원, 2000). 그러나 의보부당청구 문제, 의료사고 피해구제의 어려움, 반강제적인 특진제도 등은 이러한 의료의 공공성이 제대로 확립되어 있지 못한 한국의료의 현실을 보여주는 한 예들이다.

의약분업을 통해서 나타난 시민 소비자단체들의 적극적인 활동은 그 동안의 시민소비자 활동을 통하여 이러한 시민운동의 중심과제들을 해결하기 위해서는 제도개혁이 필요하다는 인식에 도달한 데 기초한다.

의료공급자들 스스로 이러한 문제들을 개선하려는 노력이 없고 정부 역시 이러한 문제해결에 적극적이지 않았기 때문이다. 비록 정부의 정책의지의 부족과 공급자들의 강력한 반발로 시민소비자운동이 의도한 목적을 충분히 달성하지는 못했지만 의료서비스의 질에 대한 국민들의 불만이 계속 증폭되고 있는 실정에서 시민소비자운동의 당위성은 충분히 존재한다.

그럼에도 불구하고 시민운동이 실패한 것은 기본적으로 시민단체들이 갖는 조직구조의 취약성에 기인하는 것으로 보인다. 이것을 흔히 '시민 없는 시민단체'라는 표현으로 요약할 수 있는데, 즉 의료문제 해결을 위한 일반시민의 참여가 지극히 미약하기 때문에 시민단체들의 주장에 힘이 실리지 못하고 언론에 과도하게 의존하는 현상이 발생하는 것이다. 환경문제에 대한 시민들의 참여와 비교할 때도 의료문제에 대한 시민참여는 매우 저조하다. 의료는 교육문제와는 달리 그 내용이 전문적이라 대중에게 설득력 있게 의료개혁의 필요성을 전달하기 어렵다는 점과 의료소비자로서의 권리인식이나 건강동호회 형태로 집단적으로 질병관리나 건강관리를 추구하는 선진국의 시민들과는 달리 건강문제를 개별적이고 사적인 문제로만 인식하면서 의사에게 과도하게 의존하는 국민들의 행태를 고려할 때(7장 참조) 시민단체들이 의료문제를 두고 시민참여나 지지를 획득하기가 매우 어려울 수밖에 없음을 알 수 있다. 따라서 의약분업과 관련해서 시민단체들은 일부 의료문제 전문가들의 학문적·정책적 문제제기에 힘입어 의료개혁이라는 담론을 구성하고 개혁을 추진했지만 광범위한 시민적 이해와 지지를 얻어내지 못함으로써 의료개혁의 정당성을 공고히 하지 못했고 결국 의사들의 저항에 무기력하게 된 것으로 볼 수 있다. 즉, 시민단체 내부의 조직적 한계도 있지만 그보다는 시민단체의 의료개혁 활동을 지지해 줄 사회적 토대가 너무 취약하다는 점이 보다 근본적인 원인이라고 할 수 있다. 앞으로의 의료개혁 운동은 중앙의 전문가들 중심의 정책형성을 지향하는 운동보다는 의료문제에 대한 시민적 관심을 제고하고 이를 조직화하는 것이 매우 필요한 과제라고 생각된다. '소수'의 선도적인 운동가들을 중심으로 '의약분업'과 같은 거대한 제도를 개혁하기에는 그 세력이 미약했기 때문이다.

제 5 장
부권적 의료전문주의

의사들이 집단행동을 하면서 내세운 최대의 명분은 '의권확립'이었다. 의권확립은 모든 의사를 파업에 동참시킬 수 있을 만큼 위력적인 힘을 발휘했지만 동시에 사회와의 간극을 벌이는 데도 큰 역할을 한 것으로 보인다. 대개의 한국인에게 선망의 대상이 되는 직업인 의사가 권리를 누리지 못하고 있다는 말은 쉽게 납득하기 어려웠기 때문이다. 이러한 국민들의 일반적인 인식을 알면서도 의사들은 왜 대부분의 병원이 문을 닫는 무리수를 두면서까지 의권투쟁에 나섰던 것일까? 또한 거의 모든 의사가 동참한다는 것이 어떻게 가능했는가? 그리고 의사들이 원하는 의권은 과연 무엇이며 의권이 확립될 수 있는 의료체계란 과연 어떤 모습일까?

1. 의사들의 불만과 의권

의료정책과 자신들의 지위에 대한 의사들의 불만은 의약분업 정책이 논의되기 훨씬 이전에 형성되어 있었다. 1994년에 대한의학협회와 서울의대 의료관리학교실이 공동으로 실시한 한 연구에 의하면 45세 미만의 청장년 의사들의 대부분(95%)이 위기감을 갖고 있었다. 위기감의 원인으로는 국민의 불신(30.4%), 의료정책에서의 소외(27.7%), 사회적 지위하락(19.9%)을 꼽고 있었다(대한의학협회, 1994). 즉, 의사들 사이에서는 단순히 의료정책에 대한 불만뿐만 아니라 자신들의 전문성이 제대로 평가되거나 존중되지 못하며, 정당한 보상을 받지도 못한다는 인식이 광범위하게 퍼져 있었다.

의료정책과 관련하여 의사들은 의료보험제도에 대한 불만이 컸는데 1차적으로는 수가가 낮다는 데 대한 불만과 함께 보험청구에 대한 '부당한' 삭감에 대한 불만도 컸다. 환자진료시 필요한 의사의 전문가적 자율성을 무시하고 정부가 획일적인 기준을 적용하여 일방적으로 삭감한다는 것이다. 이와 함께 사회일반 또는 환자들과의 갈등도 의사들에게는 불만의 요인으로 작용했다. 앞의 연구에서 응답한 의사들의 46%가 의사-환자관계가 나쁘다고 대답했다. 좋다고 응답한 경우는 6.8%에 불과했다. 그리고 의사-환자관계가 나쁜 원인으로 의료보험제도(38.5%)와 이윤추구의 불가피성(19.8%)을 들고 있었다. 이 조사에서는 충분히 밝혀지지 않았지만 일반적으로 의사들은 환자들이 의사의 처방이나 권유를 무시하는 경우들이 많다고 느끼고 있으며, 이러한 환자들의 태도를 권위나 전문성에 대한 도전 또는 무시로 받아들이고 있었다. 실제 진료현장에서 이러한 유형의 환자들의 절대수는 많은 것으로 보이지는 않지만 의사들은 환자들이 과거보다 '고분고분하지 않다'는 느낌을 표명하는 경우가 많다. 환자들이 의사에게 '선생님'이라는 호칭을 사용하는 경우가 드물어졌다는 것이다. 점차 증가하고 있는 의사와 환자 간의 의료분쟁도 의사들에게는 권위에 대한 불신으로 간주된다. 앞의 조사에서 의료분쟁이 증가하는 원인에 대하여 응답한 의사의 42.1%가 '국민의 의료의 본질에 대한 이해부족'을 들고 있었다. 자신들의 의료관이 전근대적이라고 응답한 경우는 3.7%에 불과했다.

이러한 의사들의 불만을 요약하면 정치적 영향력이 축소되고, 경제적 보상도 감소했으며, 사회적 불신을 당한다는 것이다. '의권확립'은 바로 이러한 상황을 반영하고 있다. 의쟁투가 정의한 의권은 "의사가 전문 직업인으로서 부당한 간섭을 받지 않고 진료에 임할 권리를 의미함과 동시에 이에 따른 적절한 대가를 보상받아 직업적인 품위를 유지하기 위한 최소한의 권리를 의미한다"(의쟁투, 2000). 의약분업정책은 의사들의 오랫동안 누적된 불만을 집단적으로 표출하는 계기가 되었을 뿐이다. 그런데 이러한 불만을 갖고 있는 것은 비단 의사만은 아닐 것이다. 최근에 빚어지고 있는 대학의 인문학 전공 지원자의 감소나 이공계 기피현상도 결국에는 인문학 전공자나 공대 출신들이 기대하는 만큼의 사회경제적 보상과 대접을 받지 못한다고 생각하기 때문에 나타난 결과일 것이다. 그러면 의사들이 유독 상대적 박탈감을 더 크게 느끼는 이유는 무엇일까?

여기에는 의사들의 독특한 정서적 요인이 크게 작용하는 것으로 생각된다. 경제적 요인만으로는 의사들의 장기간에 걸친 파업투쟁을 충분히 설명하지 못한다. 당시에 나타난 의사들의 일반적인 반응을 보면 의사들은 자신들이 "약가마진이나 떼어먹는 도둑"으로 몰렸다고 성토했다. 또 정부의 정책은 '의사 죽이기'로 받아들여졌다. 그리고 자신들은 경제적 부의 획득보다는 의사로서의 직업적 자부심을 소중하게 생각하는데 정부정책이 이것을 일거에 무너뜨렸다고 하면서 "더 이상 이렇게는 살지 않겠다"라든지 또는 "의사에 대한 대접을 이렇게 하는 나라에서 더 이상 살고 싶지 않다"라는 심정을 토로했다.[1] 자신들을 알아주지 않는 정부와 사회에 대하여 투쟁하면서 스스로 "의사들이 미쳤다"고 표현했다(신대은 외, 2000). 만일 '약가마진'으로 인한 수입감소

---

1) 2차 의사파업을 주도하고 있는 전공의들의 대표격인 전공의 비상대책위원장 김명일은 월간 《말》지와의 인터뷰에서 "더 이상 비굴하게 살지 않고 정당하게 교과서적으로 진료하고 그에 합당한 대가를 받겠다"고 하면서 그렇게 하기 위해서 의료개혁이 필요하다고 주장했다(《말》, 2000.9, 48~51).

만이 문제였다면 이것은 실거래가 조치 실시 이후 두 차례 걸쳐 의료보험 수가가 인상되었기 때문에 해결되었어야 한다. 그러나 의사들이 인식하는 직업적 자부심의 훼손은 파업기간 내내 의사들을 단결시키는 이념적인 기반으로 작용한 것으로 생각된다. 따라서 이들이 갖고 있는 직업적 자부심의 내용이 어떤 것이고 어떤 성격을 갖고 있는가를 상세히 살펴볼 필요가 있다.

2. 의사의 일상과 정서

한국사회에서 전형적인 의사의 모습은 어떤 것일까? 인류학적 관찰을 해보면 다음과 같은 추론이 가능하다.

- 비교적 경제적으로나 사회적으로 안정된 집안의 자제가 많다. 1994년에 조사된 한 연구에 의하면 의대생들은 대부분 대도시 출신(71.2%)이며, 주관적 생활정도는 대부분 중류 이상의 집안 출신이고, 부모의 직업은 전문·관리직이 과반수(49.9%)에 달하고 있었다. 부모가 의사인 경우가 14.1%에 달했다(한달선 외, 1994).
- 의대 입학은 여러 전공 중에서도 가장 어려운 분야 중 하나이다. 따라서 이들은 한국사회에서 가장 공부를 잘했던 집단이다. 이들은 의대 입학 후 10여 년에 이르는 의학교육 및 수련기간 동안 혹독한 지식습득 과정을 걷는다. 이 기간중에 이들은 여타의 사회활동이나 여가활동을 할 여유가 없으며, 또 다른 전공의 학생들이나 다른 직업의 사회인들과 대화할 기회가 거의 없다. 이들은 철저하게 의사로서 사고하고 행동하도록 사회화된다. 1970년대와 1980년대 한국사회가 겪었던 군사독재와 민주화 운동은 많은 사람들에게는 시대적 경험이 되었고 '386 세대'라는 독특한 세대가 형성되었지만 이들은 이러한 사회변화로부터 고립된 채 지나갔다.

- 이들은 대부분 전문의 과정을 이수하고 전문의 자격을 취득한다. 수련과정이 끝난 후 이들은 의대 임상교수, 개업, 중소병원 취업 순으로 일자리를 선호한다. 의대 기초의학 교실이나 정부의 보건 분야 공무원, 보건소 등은 의사의 직업시장에서 우선 순위가 가장 낮은 자리이다. 의대졸업자는 대부분 임상의사로 활동하며 다른 분야 종사자는 극히 드물다. 임상분야 중에서도 전통적으로 의대교수가 가장 선호되지만 매우 제한된 인원만이 자리를 차지할 수 있고 그 다음으로 선호되는 것은 개원이다. 병원에 취업한 경우에도 몇 년이 지나면 개원하는 것이 보통이다.
- 이들은 일반적으로 의료업무 이외에 다른 사회활동에는 관심이 적다. 이들은 종교적 또는 인도적 목적에서 농촌 무료진료나 빈민 무료진료 활동 등을 하는 경우가 꽤 있지만 환경운동이나 소비자 운동기관에서 자원봉사하는 경우는 매우 드물다. 여가는 주로 의사동료나 친구들과 골프 같은 운동을 하거나 아니면 개인적인 취미활동으로 여가를 보낸다. 정치적인 행동을 하거나 사회문제에 집단적인 관심을 보이는 경우는 거의 없다. 의약분업 사태가 있기 전까지 의사들은 의사회에 관심이 큰 없었다. 지역의사회는 일종의 친목단체와 같은 기능을 수행했다.

이러한 관찰에서 알 수 있는 것은 의사는 사회와 단절된 채 '의사'라는 직업적 이념과 가치를 체득하고 또 임상을 통하여 그것을 실현하는 데에만 관심을 보이는 매우 독특한 직업집단이라는 점이다. 이러한 사실 자체가 사회적으로 비난받을 이유는 없다. 오히려 사회에서는 의사라는 직업을 선망하는 분위기가 강하다. 의과대학 입학은 집안의 경사로 간주되고, 많은 지방대학들이 의대신설을 통하여 우수한 학생을 유치하려 한다. 의학공부가 어려우니 공부를 게을리하여 '돌팔이'가 되지 말고 최고수준의 의술을 갖는 의사가 되기를 기원한다. 그리고 이를 위하여 섣부른 '사회 참여'보다는 공부에 전념하도록 부추기는 사회적 분위기도 분명히 있다. 이러한 가족적, 사회적 기대에 충실하게 부응해 온 것이 의사들이다. 또 이러한 기대 속에는 의사직이 경제적으로 안정된 직업이고 사회적으로 존경받을 수 있는 직업이라는 점이 작용하고 있는 것도 사실이다. 그러나 더 중요한 점은 정치권력이나 경제적 부, 아니면 연줄에 의거하여 그러한 사회적 지위를 차지한 것이 아니고 오로지 개인의 능력과 노력에 의하여 달성했다는 점이다. 이 때문에 이들은 자신의 직업에 대하여 매우 높은 자부심을 갖는다.

이러한 직업 자부심은 긍정적으로 볼 때는 의사의 성취동기와 직업적 책임감을 높여서 양질의 의료를 만들어 내는 기능을 수행할 수 있다. 대개의 의사들은 자신들이 환자를 위하여 최선을 다하며 살고 있다고 주장한다. 다음의 사례를 살펴보자.

내 남편은 의사이지요. 그리고 저도 의사입니다.

참 살면서 정말 나랑은 맞지 않는 사람이라는 것을 많이 느끼고 삽니다. 우리 남편은 신문을 보지 않고 사는 사람입니다. 텔레비전도 스포츠만 보지 다른 시사토론 프로그램, 하다 못해 뉴스라도 보지 않는 사람이지요. 그런데 비하여 저는 중학생시절부터 아침에 조간신문을 다 보지 않으면 학교 등교를 못하고, 아무리 시험 때라도 《시사저널》과 《한겨레 21》은 빼놓지 않고 탐독하는 그런 부류였지요. 그런 제가 이 남자와 결혼을 한다니, 저를 아는 모든 사람들은 경악을 금치 못했었지요.

그런데 제가 우리 남편을 처음 사랑하게 된 이유는 우리 남편이 환자를 대하는 모습을 보고입니다. 의대생들은 본과 4학년이 되면 병원으로 실습을 나가게 되지요. 이때 저는 우리 남편을 처음 보게 되었는데 … 응급상황에 있어 그 뛰어난 판단력, 그러면서도 환자를 편하고 즐겁게 해주는 유머감각, 자기 분야에 있어서는 최고가 되고자 하는 성실성 … 이러한 것들이 저를 완전히 사로잡았지요. 지금의 남편도 그때와 전혀 다르지 않습니다. 참 좋고 실력 있고 친절한 의사이지요. 절대로 좋은 남편이나 좋은 아빠는 못 되지만 … 저는 제 남편을 만나는 환자들은 정말 행운이라고 생각합니다.

○○님이나 기타 시민단체에 계시는 분들이 종종 의사들을 비난하기 위하여 사용하는 논리 중 가장 빈번하게 등장하는 것이… 변협과는 달리 군사독재치하에서 침묵으로 일관했다가 자신들의 이익에 반하는 정책결정이 나서야 국민을 위한다니 어쩌니 저쩌니 하면서 단체행동을 하는 것이 역겹기 짝이 없다는 것입니다.

○○님의 의견에 따른다면 저희 남편 같은 사람도 사회적 책임이 결여되어 있으면서 본인의 이익에만 민감한 전형적인 주류의사 중 하나입니다. 우리 남편도 인의협을 참 싫어하지요. 우리 남편은 학창시절 데모 한 번 안 해본 의사이며 의사생활 시작 후부터는 우리나라 의료제도에 순응하면서 산 보통 주류의사 중 하나입니다. 찢어지게 가난한 농촌에서 태어나 장학금이 아니면 학교를 다닐 수 없었기 때문에 늘 학교 다닐 때 공부만 하던 사람이었습니다. 물론 의과대학생들이면 가난하지 않아도 늘 공부만 하던 사람들이 태반이지요. 데모판을 기웃기웃하던 저 같은 사람은 꽤나 드물었지요. 의사가 되고 나서는 병원 내에서 촌지를 안 받기로 소문난 의사 중 하나였지만 제약회사에서 베풀어주는 회식에 가서 술을 마시기도 하는 보통의 타락한 의사 중 하나가 되었지요. 우리 남편이 의사로써 하는 일은 자신한테 온 환자는 최선을 다해서 치료한다, 그것뿐입니다. 그것 외에는 돈 없어서 수술을 못 받는 사람 분들을 위하여 병원 내에 있는 '친지할인혜택' 같은 것은 교묘하게 이용하는 정도의 도움만을 주면서 살았을 뿐이지요.

우리 남편은 본인이 잘못된 제도에 순응을 하고 사는지 마는지, 잘못된 제도는 바꿔야 하는지 마는지 아무 개념 없이 사는 전형적인 의사입니다. 다만 주어진 제도 안에서 최선을 다하면서 산 의사였지요. 하지만 이 사람도 의약분업사태 이후에서야 그나마 의사가 이러한 제도개혁에 뭔가 발언을 했었어야 했구나 하는 정도는 느끼는 의사가 되었습니다. 그렇지만 여전히 이 사람한테 제일 중요한 일은 의료제도개혁보다는 자신한테 온 환자에 대하여 어떻게 하면 가장 최선의 치료를 해줄 것인가 그것밖에는 관심이 없습니다.

예전 학창시절에 ○○○선생님 강의를 들은 적이 있습니다. 의료제도 중에 가장 좋은 의료제도란 임상의사들이 아무런 생각 없이 진료만 해도 그것이 환자한테 최선이 되는 그런 의료제도가 가장 좋은 의료제도이며 본인은 그것을 만들기 위하여 노력한다는 것입니다. 우리나라 제도하에서는 아무리 좋은 의사라도 제도적으로 의사는 나쁜 사람이 될 수밖에 없다고 하시더군요. 참 옳은 말이라고 생각했습니다. 물론 지금도 참 그럴 듯하다고 생각하구요. … 물론 이런 제도가 현실에서 가능한가라는 논의는 제외하여야 하겠지만요. …

의사들의 사회적 역할은 무엇이 되어야 할까요? 저는 의사들이 군사독재시절에 침묵하였다는 사실이 의사집단에 대한 비난으로 사용되지 않기를 바랍니다. 저는 저에 비하여 남편이 사회적 역할이 덜 하다고 결코 생각하지 않습니다. 아니 저보다 남편의 사회적 역할이 훨씬 중요하다고 생각합니다. ○○님을 포함한 시민단체들이 사회에 대한 발언까지 의사들한테, 특히 임상의사들에게 요구하는 것은 너무 지나친 요구입니다. 더구나 그것을 하지 못했음을 비난한다는 것은 본인들이 중요하다고 생각하는 문제에만 너무 매몰된 편협된 모습이라고 생각합니다.

의사들에게 가장 아름다운 모습은 자신의 진료실에서 자신의 환자에게 최선을 다하는 그런 모습입니다. 인의협분들께서는 ○○○선생님 말씀대로 임상의사들이 자신의 진료실에서 자신의 환자에게 최선을 다하는 그것만으로 자신도 모르게 좋은 의사가 되고 사회적 역할을 다하는 그런 의사가 되도록 도와주셔야 했습니다. 하지만 현재까지의 인의협의 모습은 의도하였건, 의도하지 않았건 국민들에게 자신의 진료실에서 최선을 다한 의사가 어느새 도둑놈이 되고, 사기꾼이 되고, 파렴치범으로 인식되는 데 분명히 일조하였다고 생각합니다. 바로 이런 이유로 저를 포함한 대부분의 의사들이 인의협에 반감을 가지게 되었다 고 생각합니다(인도주의 실천의사협의회 인터넷 홈페이지 게시판 익명 게시물, 2001. 7. 30.).

물론 정도의 차이는 있겠지만 대개의 임상의사들은 앞의 사례에서 본 것처럼 의료업무에만 매달리며 살아간다. 그리고 그들은 자신의 업무에 최선을 다했는데도 불구하고 의사에 대한 사회적 비판이나 불신이 제기되는 것에 대하여 이해하지 못한다. 그래서 의사들은 최선의 진료가 가능하도록 제도를 만들지 못하는 정부에 1차적인 잘못이 있으며, 또한 충분하게 의료비(또는 의료보험료)를 지불하려 하지 않은 채 고급의 서비스만을 기대하다가 이것이 충족되지 못하면 의사에게 책임을 묻는 국민들에게도 문제가 있다는 인식을 한다. 의사들은 정말로 자신들이 무엇을 잘못했는가 하고 반문한다.

정부가 의료분야에 대한 관심과 투자를 게을리한 것도 사실이고, 많은 국민들이 사회보험에 대한 인식이 부족하여 보험료에 대한 부담을 적게 하려는 것도 사실이다. 그럼에도 불구하고 사회일반에서 의사의 처지를 이해하고 의사의 주장에 동조하는 국민이 많지 않은 이유는 무엇일까? 다른 나라 의사들도 때때로 파업을 한다. 그런데 우리나라처럼 이구동성으로 국민들이 의사를 비난하는 경우는 드물다. 오히려 시민 스스로 의사파업을 지지하는 모임을 구성하여 활동하기도 한다. 왜 의사들의 주장은 사회적인 정당성을 획득하지 못하는 것일까?

3. 의료전문주의와 자율성

이 질문에 답할 수 있는 이론적 개념이 의료전문주의(*medical professionalism*)이다. 의료전문주의는 협소하게는 질병치료, 광의로는 의료문제에 대한 의사의 우선적인 처분권을 말한다. 예를 들어 질병치료는 의사만이 할 수 있고(독점권), 질병치료 과정에 비의사가 개입이나 간섭을 해서는 안 되며(자율성), 의사의 치료행위에 복종하고 따라야 한다는(권위) 것이다(Freidson, 1970). 기능론자들은 사회에 대한 봉사 또는 의학지식의 공익적 사용을 담보로 의사에게 의료업무를 수행하는 데 있어서 자율성과 권위를 부여하는 것으로 설명했다(Goode, 1960).

반면 갈등론자들은 자율성과 권위는 기본적으로 의료의 독점에 기초하고 있으며, 따라서 의사에게 당연히 주어지는 것이기보다는 사회로부터 얻어내는 것이라고 했다(Starr, 1982). 사회학적 전문주의는 의료의 사회통제 기능을 수행하기 위하여 필요하기 때문에 부여되든지 아니면 전문화 과정에서 부수되어 사회적인 정당화 과정을 거쳐 얻어지는 것으로 파악한다. 어떻게 개념규정을 하든 간에 의사는 의료전문주의가 확립될 때 사회적으로 안정된 토대 위에 서게 된다. 즉, 의료전문주의는 의료와 사회를, 그리고 의사와 사회를 연결하는 문화적 토대라고 할 수 있다.

그런데 의사들이 주장하던 의권은 이러한 사회학적 전문주의와는 일정한 차이가 있는 것으로 생각된다. 의사들은 전문주의를 보다 협소한 영역, 즉 의사의 전문가로서의 자율성을 주장한다. 일반인이 생각하는 의권이란 것은, 사회가 의사에게 부여한, 또는 의사로서 누려야 할 권리와 이익을 일컫는 것인 반면, 의사들이 보는 의권의 개념은 아무런 외부적 간섭과 통제 없이 전문적 의학지식에만 근거하여 환자를 돌보는 권리를 일컫는(진료권, *clinical autonomy*) 것으로 보인다(강신익, 2001). 언뜻 생각하면 너무도 당연한 의사의 권리로 생각되기도 하지만 현대 의료에서는 의사들이 주장하는 절대적 자율성이란 가능하지 않은 것이다. 암스트롱(Armstrong, 1994)의 논지를 따라서 몇 가지 예를 들어보자.

1) 지식과 정보의 통제

의사들이 외부의 감시와 감독으로부터 자유로워야 한다는 주장은 그들이 전문지식을 갖고 있다는 것에 근거한다. 즉, 전문지식을 갖지 못한 비의사(non MD)들이 전문가인 의사를 평가할 수 없고, 외부의 간섭은 의료의 본질을 왜곡하게 된다는 것이 의사들의 주장이다. 그런데 국가에 의한 지식 통제가 진행되고 있다. 즉, 선진국에서 의학교육에 재정 지원하거나 연구비의 우선 순위를 조정함으로써 의학지식의 내용이나 방향에 일정하게 영향을 주게 된다. 영국이나 미국에서 의사들에 대한 면허갱신(*re-accreditation*)을 실시하면서 평생교육 또는 연수제도를 실시한다. 의사들이 이 과정을 일차적으로 관장하지만 정부의 영향력이 증대되고 있다. 한국의 경우 의사면허의 갱신도 형식적으로 운영되고 있을 뿐이다.

2) 비용통제

선진국에서도 의사들은 처방의 자유가 환자들에게 이익이 된다고 주장하지만 약제비가 비싸다(선진국에서도 전체 의료비의 10% 이상이 된다). 여기에는 의사들이 싼 약도 효과적으로 작용할 수 있음에도 비싼 약을 처방하는 관행이 원인의 하나가 된다. 이것은 의사들이 비용효과 개념을 모르거나 싼 약의 약학적 효과를 불신하기 때문이기도 하지만 보다 중요한 요인은 제약기업들이 의사들의 교육과 진료 및 연구에 막대한 지원을 해주기 때문이다. 이런 상황에서 선진국의 많은 병원들은 처방 가능한 약의 목록을 작성하여 약 처방을 제한하고 있다. 영국에서 개원의들이 블랙리스트에 있는 약을 처방할 경우 환자들이 전액 부담해야 한다. 몇몇 의사들은 이런 규제를 비판하지만 대개의 의사들은 이것을 수용하고 있다. 한국의 의약분업 정책에서는 이런 식으로 처방을 제한하는 정책은 없었다.

포괄수가제도 비용을 통제하는 중요한 도구로 사용되고 있다. 미국에서는 질병을 오백 가지의 진단군(*diagnosis-related groups*)으로 나누고 각 진단군에는 고정된 수가를 정해 놓았다. 이렇게 되면 병원과 의사들은 아무리 많은 치료를 제공해도 정해진 수가를 받게 되기 때문에 '과잉진료'를 자제하게 된다. 의료재정을 각 지역의 인구수와 인구의 연령과 성별, 사망률을 고려하여 차등 배분하여 지역별로 사용할 수 있는 총액을 제한하거나 아니면 의사에 대한 보상을 행위별 수가제에서 인두제나 봉급제 등으로 바꿀 경우에도 의료비가 통제되고 나아가 의사들의 진료의 자율성은 제한을 받게 된다. 한국에서도 포괄수가제가 시범사업 수준에서 시행되고 있지만 의사와 병원의 반대로 전면 실시는 하지 못하고 있다. 수가제도의 변경은 고려되고 있지 않다.

3) 의사의 결정에 대한 평가

의사의 자율성을 통제하는 또 다른 방법은 임상적 결정에 대하여 외부평가를 실시하는 것이다. 미국에서는 동료평가(*peer review*)가 제도화되어 있다. 병원마다 동료평가 위원회가 있어 주로 수술과 관련하여 수술하여 떼어낸 장기에 대한 병리학적 보고서를 검토한다. 과잉수술을 한 경우라면 불필요하게 많은 정상세포를 떼어낸 것으로 규명된다. 그 경우 의사는 징계를 받게 된다. 한국의 경우 의사사회에서 내부에서조차 다른 의사의 의료행위의 적절성 여부를 평가하는 제도적 장치가 결여되어 있거나 형식적으로만 존재한다.

질 평가기법의 발전도 의사들의 자율성에 제한을 가한다. 영국의 개원의사들은 매달 자신의 처방의 수와 비용을 지역과 전국데이터와 비교한 자료를 제공받는다. 즉, 전국의사의 표준적 처방과 비교하여 자신이 얼마나 표준으로부터 떨어져 있는가를 보고 이를 교정하도록 압력을 받게 된다. 미국의 질 평가기관들은 더욱 상세한 자료들을 공개한다. 예를 들어 병원별로 '예정에 없던 재수술률' 같은 임상결과 지표들이 공개되어 어느 병원이 잘하고 있는가 하는 것을 누구나 알 수 있게 하고 있다. 정보의 공개는 의사의 자율성을 제약하게 된다. 의사들은 모든 진료정보를 제출하는 것이 의무화되어 있고, 심지어는 의무기록부 자체가 전국적으로 수집되고 이는 전산화되어 평가작업에 활용되고 있다. 또한 일부 지역에서는 병원직원들이 익명으로 의료과실을 인터넷으로 제보하는 체계적인 데이터베이스까지 마련되고 있다. 의사에 대한 또 다른 통제방법은 환자의 평가를 제도화하는 것이다. 미국의 질 평가기관에서는 퇴원환자를 대상으로 만족도를 조사하고 이를 질 평가에 포함하여 공표하고 있다. 또한 환자들이 의사의 결정과 시술에 불만을 가질 경우 이를 제소할 수 있는 제도화된 체계를 갖추고 있다(한국보건의료관리연구원, 1998).

한국의 경우 질 평가는 이제 개념적 도입단계에 머무르고 있다. '심사평가원'이 설립되어 질 평가작업을 시작하고 있고, 병원별 제왕절개 시술률을 조사하여 공표한 것이 그 대표적인 사례가 된다. 또한 각 병원별로 환자조사를 실시하고 있으나 표준화된 양식에 의한 것이 아니며 병원별 환자만족도의 차이를 알 수도 없다.

이러한 선진국의 예를 볼 때 한국의 의사들은 어떤 점에서는 선진국 의사들보다 임상자율성을 더 많이 누리고 있다고 볼 수도 있다. 즉, 국가 또는 의료전문직 스스로에 의한 의사의 시술이나 임상적 결정에 대한 체계적 통제가 아직 제도화되고 있지 않은 것이다. 소비자의 입장에서 생각한다면 어떤 의사와 병원이 얼마나 시술을 잘하는지 또는 문제를 야기하는지를 판단할 정보가 만들어지거나 공표되고 있지 않다. 그만큼 의사들은 국가나 사회 또는 의료전문직 스스로에 의한 통제로부터 자유롭다는 것이다.

그럼에도 불구하고 의사들은 정부가 의사의 진료권을 침해하고 있다는 주장을 굽히지 않았다. 박형욱(2000, 2001)은 이 주장을 다음과 같이 정리했다.

① 의료보험법으로 모든 의료기관을 의료보험 요양기관으로 강제로 지정했다.

② 의료보험법으로 모든 의료행위(비급여 의료행위)를 통제한다.
③ 의료보험법에 따라 정부(보험자)가 일방적으로 의료보험수가를 원가 이하로 고시한다.
④ 의료보험법에 따라 정부(보험자)가 일방적으로 의료보험청구를 심사한다.

즉, 의사들의 진료권 침해 주장은 의료보험제도에 의한 규제 그 자체를 말한다. 그런데 대부분의 선진국들은 의료보험제도를 갖고 있고, 그에 따라 수가를 규제하고 보험청구를 심사한다. 따라서 의료보험제도 자체에 대한 거부는 극단적인 자유주의적 사고로 볼 수 있다. 문제는 의료보험제도 자체에 있다기보다는 수가에 대한 규제, 특히 '저수가'에 있는 것으로 볼 수 있다. 수가규제를 피하여 자유롭게 진료를 할 수 있는 통로도 요양기관 강제지정제에 의하여 막혀 있고, '소신진료' 행위도 과잉진료로 삭감 당하는 현실이 의사들이 느끼는 진료권 침해인 것으로 보인다. 요양기관 강제지정제도는 의사들이 저수가 제도를 기피하여 요양기관 계약을 하지 않을 것을 우려하여 채택된 것으로 보이므로 결국 문제는 '저수가'로 귀결된다. 그런데 의료기관이 '저수가'로 인하여 얼마나 경영상의 어려움을 겪는가에 대한 믿을 만한 통계가 없다. 의보재정 위기와 관련하여 몇 번의 추계가 있었지만 의료기관의 경영투명성이 없기 때문에 신뢰할 만한 결과를 도출하지는 못했다. 동시에 '저수가' 문제와 직접 연결되는 주제인 의사의 수입이 얼마나 되어야 적합한가의 문제 역시 의사들은 공론화를 꺼리는 인상을 준다. 이런 상황에서 '저수가'에 대한 의사들의 불만은 사회적 공감을 얻기가 어려울 수밖에 없다.

이런 사정을 고려할 때 의사들이 주장하는 자율성 또는 의권은 다른 사회에서는 찾아보기 어려운 독특한 것으로 보인다. 필자는 이전의 저서(1994)에서 한국의사의 전문주의의 특성을 '개업주의'라고 표현한 바 있다. 국가로부터 독점권(면허)만 인정받으면 모든 의료행위가 제한없이 자유롭게 수행되고 의료비를 청구할 수 있는 중세 길드적인 의료생산방식을 개업주의 정신이라고 볼 수 있다. 이러한 의사들에게 의료보험제도와 같은 국가통제는 바로 '의료사회주의'로 인식되었다. 파업과정에서 의사들 사이에서는 '의료사회주의'라는 신조어가 대유행을 했다. 의사들의 성명서나 공식논평에서조차 이 용어가 사용되었다. 한 전공의가 작성했다는 '판도라의 상자'라는 글에서 저자는 의약분업을 "보건복지부로 대표되는 의료사회주의와 의사로 대표되는 의료자본주의의 경제적 이해관계가 달린 이데올로기 전쟁"이라고 묘사했다.[2] 복지부와 건강보험관리공단이 바로 의료사회주의의 핵심기관이고, 민노총, 노동자와 농민, 서민들이 지지자이며, 의료의 평등성을 구현하려는 목적에서 의료비를 싸게 유지하려 한다고 주장했다. 여기서 의사들이 인식하는 '사회주의'가 통상적으로 규정되는 사회주의, 즉 의료기관을 국유화하는 것이 아닌 것은 분명하다. 그렇다면 '의료사회주의'의 본질은 무엇인가? 의사의 입장에서 의사파업 사태를 분석했던 송호근 교수(2001a)에 의하면 시장에 기초해서 성장한 의료의 역사에서 의료계의 이윤을 가장 많이 점유하고 있던 것이 바로 약값 마진인데 정부가 공공성을 명분으로 이를 규제하려 했고, 그렇게 되면 의료계의 가장 중요한 경제적인 하부 기반이 정부규제 하에 들어가게 된다. 의료계가 자율적으로 시장 기제에서 스스로 자생할 수 있는 다른 요건을 먼저 만들어 주지 않은 채, 기본 골격은 시장에 맡겨 놓고 가장 중요한 이윤의 원천만을 규제하려 했기 때문에 의사들이 저항할 수밖에 없었다고 한다.

과연 보건복지부 또는 정부가 '사회주의적'인 의도를 갖고 의료를 통제하려 했을까? 앞장에서도 지적했지만 약품실거래가 제도 실시과정에

---

2) 그 내용은 신재은 외(2000)에 만화로 바뀌어 수록되어 있다.

서 정부가 그런 의도를 가졌다고 보기는 어렵다. 시민단체들이 처음에 약가마진 자체가 부당한 소득이기 때문에 모두 환수하여 국민들에게 돌려주어야 한다고 주장했을 때 정부는 의료계의 '어려운 사정'을 이유로 수가인상에 충당할 것을 주장했고 결국 그렇게 진행되었다. 문제는 약가마진 배분과정에서 제약회사와 병원의 몫이 너무 크게 책정됨으로써 발생한 것이다. 이것은 기본적으로 수가산정도 제대로 못한 정부의 무능력으로 인한 것이다. 이것을 두고 정치적 의도를 굳이 말한다면 정부는 제약회사나 종합병원을 선호하는 친자본적인 경향이 있었다고는 할 수 있겠지만 사회주의적 의도가 있었다고 하기는 어렵다. 의사들은 정부가 의사들의 몫을 빼앗아간다고 생각하면서 사회주의 정책이라고 비판했지만 정부가 정말로 사회주의 정책을 펼 생각이 있었다면 그것은 모두 국민들의 진료혜택을 확대하는 데 쓰였어야 했다.

의료정책에 의하여 자신들의 진료권이 훼손되고 있다는 의사들의 주장은 한편으로는 설득력을 가질 수 있는 주장이었음에도 불구하고 그 주장의 사회적 정당성을 확보하는 데는 성공하지 못한 것으로 보인다. 의사들은 의료보험수가 문제를 집요하게 제기했지만 수가제도 자체의 변화(예를 들어 포괄수가제)에는 부정적이었으며, 저수가와 같은 의료보험제도의 모순을 강력하게 역설했지만 정부의 규제 밖에서 자신들이 만들어 온 의료체계의 왜곡(예를 들어 경쟁적인 고가장비의 도입과 안과, 성형외과 등에서 빚어지는 일상생활의 의료화 현상)에 대해서는 애써 외면했다. 정부의 의료부문에 대한 투자와 지원의 확대를 요구하면서도 정부의 규제에 대해서는 거부했다. 수가가 낮음을 강조하면서도 수가의 적정한 인상을 위한 의료기관 경영수지에 대한 공개는 거부했다. 이러한 의사들의 태도는 사회적 책임에 대해서는 모호한 태도를 취하면서 권리만 주장하는 것처럼 보이게 만든다. 달리 말하면 의사들은 의사가 생각하고 행동하는 것의 진실성을 그대로 믿고 맡겨야 할 것을 사회에 기대할 뿐 사회가 의사를 어떻게 받아들이고 있는가 하는 점은 별로 고려하지 않는 것으로 보이며, 나아가 사회와 협상을 해야 한다는 사실 자체에 거부감을 갖는 것으로 보인다. 이러한 의사들의 태도는 '부권적 전문주의'라고 할 수 있겠다.

4. 부권적 전문주의

원래 전문주의 자체가 그 대상인 환자를 고려하지 않고 성립된다(Freidson, 1970). 전문주의는 근대의 산물이다. 근대 이전에 의료시술자들은 상업적 거래관계로 의료를 제공했다. 환자가 필요로 하는 서비스를 의사는 제공해 주고 치료비를 받게 된다. 의료는 다른 상품과 다르지 않았고, 고객이 원하는 방식의 서비스를 고객의 기대대로 제공해 주어야만 치료비를 받을 수 있게 된다. 서비스에 대한 요구나 제공되는 서비스에 대한 평가는 고객이 하게 된다. 이것은 마치 중세의 예술가들이 그 고객인 교회나 영주들을 위하여 그들의 취향과 요구에 맞는 그림과 음악을 제공했던 것과 다를 바 없다. 근대의 전문주의는 고객의 관점으로부터 벗어나 전문가의 독자적인 지식과 판단에 의하여 의료문제를 규정하는 데서 출발한다. 생의학(*biomedicine*)은 여기서 결정적인 기여를 했다. 이제 환자가 자신의 증상을 어떻게 생각하고 어떤 치료를 요구하는 것과는 관계없이 전문가는 오로지 생의학의 관점에서 질병을 규정하고 그에 적합한 치료법을 시술하게 되었다(Mishler, 1981). 그리고 그 치료의 성공이나 효과 여부도 전문가가 판단하게 되었다. 환자는 그저 시술의 대상으로 존재하게 된 것이다. 환자가 자신의 증상이나 고통에 대하여 느끼는 감정이나 경험은 진료과정에서 중요하게 다루어지지 않게 되었다. 의사들은 의료에 관한 또는 건강문제에 관한 모든 판단과 처분 권한을 독점적으로 행사하게 되면서 자연히 권위주의적인 가치와 관점을 갖게 되었다. 한국의 경우 이러한 일반적인 과정에다 국가에 의존하여 의료전문직이 성장하면서 국가가 누렸던 '관료제적 권위주의'까지 더하게 되었다. 마치 가부장제하의 가족에서 가장이 누렸던 절대 권력자로서의 지위를 의사들도 누렸던 것이다.

이들은 국가에 복종하는 것으로 사회적 책임은 다한 것이 된다. 따라서 이들에게 환자나 다른 사회구성원들은 당연히 권위적 지배의 대상으로 존재했을 뿐이다. 의료대란 과정에서 의사들은 왜 환자들이 또는 사회가 자신들이 정당한 주장에 귀를 기울이지 않는가 하고 자탄했다. 실제로 의사들에게는 우군이 없었다. 나중에 의사와 정부 간의 대결이 본격화되자 김대중 정부에 반감을 갖고 있던 일부 언론과 지식인들이 의사 편을 들기는 했지만 우리 사회에 조직화된 의사 지지세력은 없다고 할 수 있다. 이것은 부권적 전문주의의 당연한 귀결이다. 부권적 전문주의는 앞서 언급한 개업주의와 결합되어 있다. 개업주의는 근대적인 의미의 전문가 공동체의 행동규범으로서의 직업전문성을 실현하기보다는 개인의 영리추구를 목적으로 하는 동업자 조합으로 기능하면서 폐쇄성과 배타성을 띠게 된다. 의사의 폐쇄성은 의학과 비의학, 의사(MD)와 비의사(non-MD)의 철저한 구분에서 시작한다. 서구와 달리 임상심리학자, 의료사회학자, 의료경제학자, 전문의료경영자 등의 도움을 받기보다는 이를 간섭으로 생각하는 경향이 강하다. 이러한 구분은 현대의학체계를 따르는 다른 나라 의사들의 경우에도 마찬가지로 발견되는 특성이지만 한국 의사의 경우에는 그 정도를 비교할 수 없을 만큼 심하다. 의학적 사고와 의학적 치료법의 우위성을 주장하는 데서 머무르지 않고 비의학적 치료방식에 대한 극단적인 거부와 부정으로 나타난다. 예를 들어 한의학이 비과학적이기 때문에 거부감을 갖는 의사들이 많다. 이것은 침술이 인기를 끌고 의사들도 관심이 많아 임상에 응용하려고 노력하는 미국과 대비되는 상황이다. 의약분업 논의과정에서 약사들의 전문성을 배양하는 방향으로 논의를 이

끌기보다는 이들의 임의조제 가능성만을 집요하게 추궁했던 것도 이러한 배타성에 기원을 둔 것으로 생각된다. 즉 의사들의 주장을 살펴보면 전문의약품을 가능한 한 많이 분류하고, 일반약의 상당부분은 슈퍼판매 약으로 돌리자고 했다. 이것은 약사를 경쟁자로만 생각하고 약사의 직능을 최대한 축소하겠다는 의도로 보인다. 그러나 병원에서 약사를 임상약사로 기능할 수 있도록 배려하는 흔적은 보이지 않는다. 선진국에서는 약사도 병원에서 회진을 돌고 환자상태를 파악하면서 환자에게 가장 적합한 형태의 조제를 하고 복약지도를 하는 경향이 발전했다. 물론 한국의 약사들이 이러한 수준에 걸맞은 역량을 겸비하고 있는가 하는 의문이 제기될 수 있다. 그러나 중요한 것은 다른 직종에 대한 의사들의 태도가 전향적이거나 포섭적이지 않다는 점이다(조병희, 1999: 261~264).

이러한 문제는 간호사들에게도 그대로 적용된다. 한국의 의료직종 중에서 간호사는 매우 많이 양성되었지만 실제 병원에서 근무하는 간호사는 많지 않다. 병원에 고용되는 간호사의 수가 절대적으로 적을 뿐만 아니라 그 전문성도 대체로 인정받지 못한다. 간호사들의 이직률도 높다. 의사가 겪는 어려움은 현장에 있는 간호사들이 가장 잘 알 수 있다. 그러나 파업기간 내내 간호사나 그들이 주축이 되는 병원노조에서는 의사파업을 지지한 경우가 없다. 병원노조의 파업도 의사들이 지지하는 경우는 없다. 의사들에게 간호사들이 사회적으로 힘을 실어줄 수 있는 존재로 인식되지 않는다. 그러나 만일에 의사 파업기간 중 간호사들이 동조파업을 벌였다면 그것이 사회적으로 가져올 파장은 상당히 컸을 것이다. 단지 의료기관이 마비되어서가 아니라 의사들의 주장이 의사들의 권익문제만은 아님을 사회가 이해하고 심각하게 받아들였을 가능성이 높다.

의사들의 배타적 권위주의는 환자에 대한 태도에서도 발견된다. 의사들에게 환자는 의학의 대상으로서만 존재한다. 환자는 일단 질병과

의학지식에 무지한 것으로 간주하며, 따라서 의사를 믿고 따르는 것이 최선이라는 태도를 갖고 있다. 의사와 환자는 단순히 수직적인 권위-복종관계로만 존재하는 것이 아니라 커뮤니케이션이 거의 차단되어 있는 지배와 소외의 관계로까지 확대된다. 소외된 환자의 모습은 어떤 것일까? 한 사회학자는 의사들의 장기파업으로 환자들의 불편이 고조되고 있는데도 왜 환자들이 의사에게 분노하지 않는가 하고 의문을 표시했다(천선영, 2000). 의사파업의 와중에서 의사에 대한 사회적 비난은 고조되었지만 정작 '환자'들은 의사들에 대한 비판이나 어떤 물리적인 방식의 항의를 하지 않았다. 그것은 환자들이 의사들의 주장에 동조하기 때문이 아니었다. 설사 그렇다고 하여도 환자의 입장에서는 의사의 진료를 요구하는 것이 오히려 자연스럽다. 환자들이 묵묵히 의사의 처분만 기다린 것은 수십 년 동안 의사들의 힘에 길들여져 왔고 그래서 '저항'이라는 것은 생각하기 어렵기 때문이다. 많은 의사들이 파업 와중에 100만 명 서명운동을 벌이면서 진료대기중인 환자들로 하여금 서명을 한 후 진료실로 들어오도록 했다. 이런 상황에서 서명을 거부한 채 진료를 요구할 수 있는 환자가 있을까?

이러한 의사들의 태도가 반드시 환자들에게 좋게 받아들여지는 것은 아니다. 의사는 불친절하다는 비판이 대표적인 예이다.

> … 내가 만난 의사들이란 늘 불친절했다. 몸에 좋고 나쁜 걸 잘 구별해서 먹어선지 (이른바 의사답게) 평균보다 뽀얀 외관을 한 그들은 늘 환자에게 불친절했다. 그들이 그 뽀얀 입을 여는 순간이란 자기들(이른바 의료진들)끼리 알아들을 수 없는 말로 대화할 때뿐이다. 그런 때 그들의 얼굴은 생선가게 앞에서 생선의 물을 의논하는 아주머니들의 나른한 얼굴과 같다. 답답하다 못한 환자나 보호자가 비굴함을 넘어서는 겸손으로 질문이라도 할라 치면 그들은 그 질문의 비전문성을 사사오입한다. 환자와 보호자는 그런 모욕을 당하면서도 행여

그들에게 밉보일세라 끓는 속만 다스린다(김규항, “돌팔이”, 《씨네 21》, 2000. 7. 6).

이에 대하여 의사들은 얼마든지 반론을 펼 수 있다. 의사의 최고의 덕목은 친절이 아니라 최선의 진료라고. 의사는 우선적으로 환자의 증세를 판단하고 적합한 치료법을 적용하는 것이 급한 일이며, 친절하면 더 좋겠지만 하루에 100명 가까운 환자를 진료해야 하는 의사의 바쁜 일상에서 현실적으로 실현되기 어려운 점이 있다는 것이다. 그러나 가능한 한 친절하고자 노력하는 중이라고 주장한다. 전공의들이 한때 전개했던 ‘1분 더 설명하기’ 운동이 여기에 해당할 것이다. 의사가 불친절하다는 것이 현상적으로 환자들의 불만을 유발하는 원인이 된다는 점은 분명하다. 그런데 더 중요한 것은 환자들이 의사의 면전에서는 순종적인 모습을 보이지만 완전한 복종을 하지는 않고 있다는 점이다. 의사들이 작은 실수나 틈을 보일 경우 환자들은 의사에 대한 불만이나 불신을 쉽게 표출하고 지금까지의 순종적 태도를 거두고 전투적인 태도로 돌변할 가능성이 있다는 점이다. 점증하는 의사-환자 간의 갈등은 이런 측면에서 어느 정도 설명해 볼 수 있다.

5. 일상의 의료권력

‘일상에서의 파시즘’이라는 담론도 있지만 일상적 의료이용 과정에서 권위주의적 지배 현상은 매우 뿌리 깊다. 진료실에서 가끔씩 행패 부리는 환자들이 있기는 하지만 보통사람들은 의사 앞에 서면 한없이 왜소해진 자신을 볼 수 있게 된다. 어렸을 적 아버지는 바로 그런 존재였다. 아버지의 생각이나 행동이 틀렸다고 생각하기조차 어려웠을 뿐만 아니라 설사 틀린 것을 안다고 하더라도 이를 발설할 수 없었다.

그저 한두 번 대들어보는 것으로 성인식을 치렀을 뿐이다. 의사의 면전에서 우리는 가능한 한 '착한 환자'처럼 행동하고, 궁금해도 마음놓고 물어보기 어려우며, 가능한 한 관심을 끌기 위해 열심히 노력하는 모습을 보인다. 이렇게 의사는 우리의 일상의 한 부분을 지배하고 있다. 그러한 의사들에게 약 처방조제 관행의 잘못을 지적하고 조제권을 박탈하는 것은 정말로 '개혁'일 수밖에 없었다. 그런데 의료개혁은 여기서 한 발을 더 나갔다. 약품의 종류를 정하고 선택하는 데 있어서 시민소비자들이 참여하겠다고 했으며, 환자들에게 환자몫의 처방전을 의무적으로 발행하도록 요구했으며, 병원의 경영내용도 투명하게 밝히도록 요구했었다. 의사들이 이러한 요구를 받아들이는 것은 그 동안 자신들의 진료관행과 행동이 잘못되었다는 것을 스스로 인정하는 꼴이 되기 때문에 어떻게 자신들과 같은 전문가가 '주유소 아저씨, 슈퍼 아줌마'들과 동석하여 약을 선정하기 하기 위한 논의를 할 수 있겠는가 하고 반문하면서 거부할 수밖에 없었다. 주사를 놓고 안 놓는 문제, 약을 많이 또는 적게 처방하는 문제는 모두 전문적 판단에 의거하여 하는 일이거나, 또는 환자들의 요구 때문에 불가피하게 벌어지는 일인데 이를 문제 삼는 것 자체에 대한 거부감도 상당했다. 그러다 보니 의약분업을 해서 변화된 것은 의사들이 약을 직접 취급하지 않게 되었다는 점 그것 하나뿐이고 정작 변화가 필요한 약 처방이나 주사처방 관행은 별 변화가 없는 것이다.

우리의 일상에서 의사가 권력적일 수 있는 것은 우리가 건강과 질병을 기능적으로만 생각하면서 의사가 주는 주사와 약에만 의존하는 데서 비롯된다. 가장 큰 역설은 감기이다. 의약분업 논쟁 덕분에 우리는 외국 의사들이 외래환자들에게 주사를 잘 주지 않는다는 사실도 알게 되었다. 정말 응급환자가 아니면 주사를 주는 경우들이 없고, 보통은 입으로 먹는 내복약을 준다. 더구나 감기는 치료대상도 안 된다. 염증이라도 생긴 것이 아니면 수분섭취와 영양섭취 잘하고 충분히 휴식하라는 말이 전부이다. 그런데 우리나라에서는 환자 중 가장 많은 수를 차지하는 것이 감기환자이고 이들을 치료하는 비용으로 약 1조 원 이상을 사용하고 있다. 우리나라 감기가 특별히 독한 것인지 모르겠지만 중요한 것은 의사들의 치료대상과 범위가 정말로 '사소한' 감기에까지 확대되어 있다는 사실이다. 우리는 조금만 몸이 이상하면 바로 의사의 관리대상이 되고 있는 것이다. 우리는 환자라고 판정되는 순간부터 우리가 주체적으로 할 일은 없어지고 모든 것이 의료전문가들에 의하여 선택되고 우리는 그저 따르기만 하도록 되어 있다. 의료는 전문영역이기 때문에 그리고 전문가들은 선의에 의하여 환자를 치료하고 있다고 믿는 상황에서는 환자란 그냥 수동적인 대상으로서만 존재할 뿐이다. 이러한 수동성이 곧 의료권력의 작용인 것이다.

교육영역도 예전에는 그러했다. 교사의 권위는 대단했고, 학생은 절대 복종했으며, 부모들은 교육에 관한 한 학교에 전적으로 위임했다. 그런데 이제 일부 중산층 학부모들의 사교육이라는 대안이 개발되면서 교사의 권위는 하락할 수밖에 없었다. 그러나 의료부문은 교육과 달리 전문가의 권력적 지배가 굳건하게 살아 있다. 병이 나면 우리는 별 수 없이 의사에게 의존해야 한다. 시민의 주체성, 소비자의 권리, 환자의 자기결정권이라는 개념이 거의 허용되지 않고 있는 영역이 바로 의료부문이다. 교육부문에서 교사의 권위가 죽어버리는 것도 문제이지만, 의료부문에서 의사의 권위만이 살아 있는 구조도 바람직하지 못하다. 만성질환 시대에 질병발생은 사회·문화적, 행동적, 습관적 요인들이 중요하게 작용한다. 이것은 의사들이 병을 고치는 데 한계가 있고 환자의 적극적인 자기노력이 있어야 함을 의미한다. 그럼에도 우리는 의사가 주는 주사와 약에만 의존하려 한다. 이러한 일상의 구조는 의사들에게 강력한 권력을 주게 된다.

문제는 한편으로는 의사들이 권력을 행사하고 있으면서도 다른 한편 의권확립을 외치는 역설적 상황이 전개되고 있다는 것이며, 이것은 곧 의사의 권력이 사회적으로 정당화되지 못한 권력임을 말해준다. 그리고 그것은 제도환경의 변화에 대응할 수 있도록 의사들이 내부적인 역량을 갖추지 못했기 때문인 것으로 보인다. 일반적으로 안정된 조직환경에서는 조직은 핵심기술을 개발하고 발전시키는 것이 조직발전에 긴요하다. 그러나 유동적이고 변화가 빠른 환경조건에서는 조직은 외부환경의 요구에 부응하고 적응해야 살아남게 된다(Burns and Stalker, 1961). 의사들의 경우 조직환경이 안정적이었던 1970년대까지는 의학지식을 배우고 갖추는 것만으로도 충분히 권위적일 수 있었다. 그러나 1980년대 이후 제도환경의 급속한 변화는 의사들이 의학지식을 갖춘 것만으로는 권위를 누릴 수 없게 만들었다. 의사들은 자신의 주변에 있는 간호사나 환자, 또는 그 뒤에 있는 시민단체들이 변화했음을 인지하지 못하는 것처럼 보인다.

시민들의 변화는 더 이상 과거처럼 의료서비스를 일방적으로 받기만 하는 존재가 아니라 자신이 제대로 된 치료를 받는 것인가를 따져보게 되었다는 것을 의미한다. 여기에는 시민들의 지식수준이 전반적으로 상승했다는 점과 의학지식에 대한 접근이 매우 수월해졌다는 점이 동시에 작용한다. 환자들은 병원에 가기 전에 자신의 증상에 대한 의학적 설명과 치료방식 등을 사전에 점검해 볼 수 있게 되었다. 이것이 곧바로 환자와 의사의 의학 수준의 동등성을 얘기하는 것은 아니지만 중요한 점은 환자들이 점차로 적어도 자기질환에 대해서만은 의사와 맞서서 얘기하려 한다는 것이다. 그러나 환자는 의사가 아니기 때문에 자신의 증상에 대하여 과학적 지식은 물론 자신의 독특한 가치관이나 민속적인 개념까지도 동원하여 판단하는 경향이 있고 이것이 진료중에 의사들과 마찰을 일으킬 소지가 다분히 있다. 현재의 진료환경에서 의사들은 환자의 호소나 설명을 충분히 귀담아 들을 만한 여유가 없고 의사 위주의 문진이 진행되고 있는데 이러한 방식은 높아진 환자의 기대를 충족시키지 못하기 때문에 의사와 환자 간에는 갈등이 조성될 개

연성이 있다. 여기서 중요한 점은 과거 20세기의 근대사회를 특징지었던 의학적 권위에 대한 무조건적인 복종에서 벗어나서 탈권위적인 의료문화를 추구하고 있다는 점이다. 자신의 건강에 대한 주체는 의사가 아닌 자신들이며, 의사는 다만 의학적 시술이 필요할 때에만 협력을 받는 존재로서 인식하게 되면서 과거에 의사에게 주었던 맹목적인 신뢰나 복종을 하지 않게 된 것이다. 철학이나 사회과학에서 말하는 탈근대 사회(*Postmodern Society*)의 조류가 의료부문에서도 나타나고 있는 것이다. 이에 대응하여 서양의 의사들은 대체요법을 과학적으로 연구하여 효과가 있는 부분을 적극적으로 자신의 시술에 반영하고 있으며, 다른 한편으로는 환자들의 의식과 행동에 대한 연구결과들을 받아들여 의사-환자 관계에 대한 끊임없는 재구성 노력을 함으로써 자신들의 지위를 유지하려 하고 있다.

한국사회에서도 탈근대의 조짐은 여러모로 감지되고 있다. 의사에 대한 존경심의 하락은 단순히 의사의 수가 많아지거나 의사의 권위주의적인 행태에 대한 반발로서 일어나는 것이 아니라 사회 전반적으로 서서히 건강에 대한 주체성 회복의식이 일고 있기 때문에 나타난 것으로 볼 수도 있다. 교사, 의사, 변호사 등 전통적으로 사회적인 존경을 받았던 직업인들이 지금은 전반적으로 사회적 존경을 상실하고 있는 것은 우선적으로는 그들이 시민들의 교육욕구, 의료욕구, 법률욕구를 제대로 충족시켜 주지 못하기 때문이지만, 동시에 이제는 그들에게 무조건 의존하여 자신의 지적인 성장이나 건강관리나 분쟁관리를 맡기지 않고 자신이 주체가 되어 해결해 나가겠다는 의식이 사회 저변에서 확대되고 있는 것이다. 아직은 이러한 의식들이 조직화되어 표출되는 경우는 드물다. 그러나 인터넷이라는 매체의 발전속도를 볼 때, 그리고 그 안에서 다양한 정보들이 시민들에 의하여 생산되고 소비되며, 또 다양한 동호회들이 조직되어 활동하는 것을 볼 때 우리 사회도 머지않아 서양과 유사한 자조집단(*self-care groups*)이 만들어질 것이고, 이들이 의료인들에게는 적지 않은 압력단체가 될 수도 있음을 짐작할 수 있다. 시민단체들이 의료계에 대하여 합리성과 투명성을 요구하고 있는 것도 같은 맥락의 사회변화의 한 양상으로 생각할 수 있다.

이러한 시민소비자 단체의 요구는 일면 의사들에게는 하나의 문화적인 충격일 수도 있다. 그 동안 의사들은 환자(시민)들을 의료에 대하여 무지한 존재로 가정해 왔고, 전문가인 자신들이 환자들을 위하여 잘 알아서 진료할 것이니 믿고 맡기기를 요구했다. 그런데 그러한 과정을 모두 투명하게 공개하고 환자들을 동등한 동반자나 감시자로 설정하는 것은 의사들에게는 쉽게 받아들이기 어려운 일일 수도 있다. 이번 폐업투쟁 과정에서도 많은 의사들이 왜 의료의 문외한인 시민단체가 의료정책에 나서는가에 대하여 불만을 표시했다. 그런데 의사들이 이해해야 할 사실은 한국사회가 변화했고, 의료도 더 이상 현재와 같은 방식으로는 존재하기 어렵다는 점이다. 10여 년 전만 해도 노동조합이 파업하는 것은 사회적으로 금기시되었고, 파업근로자는 국가의 탄압은 물론 그 명단이 다른 회사에도 전달되어 취업 자체가 불가능해서 생존이 어려웠던 시절이 있었다. 그러나 이제 노조의 파업은 일상적인 일이 되어버렸고, 정부나 기업도 이들과 타협하면서 정책을 만들고 회사를 꾸려나가는 방식에 익숙해 있다. 정부가 노조를 일방적으로 탄압할 경우 오히려 갈등은 증폭되고 더 큰 어려움에 직면하는 현실을 볼 수 있다. 의료도 예외가 아니다.

의사의 폐업과정을 지켜본 사람들이 잘 이해하지 못했던 점 중의 하나가 의사들이 솔직하지 못했다는 점이다. 의사들은 의권이라는 추상적인 가치를 매우 중시했다. 대사회적으로는 의사들의 근로조건이 얼마나 어려우며, 근로환경(의료제도)이 얼마나 열악한지 잘 모르기 때문에 이 점을 중점적으로 설명했다면 오히려 국민들의 이해를 얻는 데 성공했을 것이다. 그런데 '돈'과 결부되는 이러한 점을 사회에서 질문하면 '돈'은 부차적인 문제라고 애써 변명함으로써 과연 의사들이 무엇을 주장하는지 초점이 흐려지고 말았고, 폐업의 정당성을 이해시키는데 실패한 것으로 보인다. 이것은 부권적 전문주의의 한 특성이다. 많은 의사들이 아직도 '인술'이라는 내면적 규범을 갖고 있는 것으로 보인다. 의사들은 한편으로는 건강보험의 모순이나 도전적인 환자들의 모습 속에서 이미 인술은 제도적으로 실천이 불가능하다고 주장한다. 그러면서도 의사들은 변화된 상황에 걸맞은 새로운 규범을 확립하지 못한 채 막연히 '인술'을 이상적 규범으로 생각하는 듯하다. 의사들은 자신들을 '돈'과 연결시켜 생각하는 사회의 시선에 대한 거부감이 매우 강하다. '의권' 개념을 내세우면서 '정당한' 보상을 요구했지만 '정당한' 보상의 내용과 수준을 가리기 위한 '투명성'의 요구에 의사들이 소극적인 모습을 보이는 것은 표면적으로는 수입구조를 밝히고 싶지 않은 동기도 작용하겠지만 내면적으로는 의술은 베푸는 것이고 환자와 사회는 이를 감사하게 받아들여야 하는 종류의 행위이지 객관적이고 상업적 가치를 따져야 하는 상품이 아니라는 생각이 지배하고 있는 것처럼 보인다. 결국 의권은 인술을 대신하는 새로운 규범으로 제시되었지만 정작 규범 속에 내재된 부권적 권위주의의 속성은 변화하지 않았기 때문에 사회적으로 이해되거나 납득되기 어려웠던 것으로 생각할 수 있다.

부권적 전문주의를 유지시키는 중요한 제도환경의 요소는 국가권력이었다. 따라서 의사들은 국가정책에 순응하는 것으로 정당성을 확보할 수 있었다(정기택, 2002). 그러나 제도환경의 변화로 국가보다는 시민사회 속에서 정당성을 찾아야 한다는 것은 부권적 전문주의의 포기 또는 상실을 의미하게 된다. 의료이용자의 권리를 보장하고 환자와 동반자적 관계를 만들어야 한다는 것은 의사들에게는 문화적 충격이었던 것으로 보인다. '인술' 이념을 간직하고자 하는 의사들에게는 문화적 정당성의 위기가 발생한 것이다. 외부의 감시와 평가로부터 자유롭고 시술의 제한을 받지 않던 의사들이 시민단체와 협상을 해야 하고, 그들의 요구에 따라 투명경영을 약속해야 하고, 또 약가마진을 취하던 보상방식을 버려야 하고, 조제에 대한 권리도 약사에게 넘겨주어야 하는 것은 의사들이 유지해 온 직업적 규범을 파괴하는 혁명적인 조치들로 생각될 수밖에 없었다. 즉, 규범적 정당성에도 위기가 온 것이다. 국가가 아닌 시민단체가 의사의 행동에 대한 규제자와 감시자로 나선 것 자체가 의사들로서는 수용하기 어려운 변화이다. 국가는 그 동안 의사들에게 국가정책에 순응하기만 하면 여타의 의료시술에 대한 간섭을 거의 하지 않았지만 시민단체들은 의료행위의 모든 측면에 새로운 가치와 관점을 제시하고 간섭하고 참여하려는 경향이 있기 때문에 부권적 전문주의 속에 있던 의사들로서는 받아들이기 어려웠던 것으로 보인다. 즉, 규제적 정당성에도 위기가 왔다. 따라서 의사들은 시민단체와의 타협을 거부한 채 오로지 국가를 상대로 투쟁하는 방식을 택하게 된다. 협상장에 나온 의사들이 선결조건으로 요구한 것이 의약분업을 입안하고 추진했던 공무원들에 대한 문책이었다. 의사들로서는 자신들의 생활방식이었던 부권적 전문주의를 근본적으로 뒤흔들었던 의약분업 정책을 추진한 정부가 미울 수밖에 없었을 것이다. 그리고 협상의 내용도 의료이용자의 권리나 시민단체의 참여를 가능하게 했던 조항들을 모두 삭제하거나 불가능하게 만드는 방향으로 귀결되었다. 물론 의사들의 권익을 강화하는 조항들도 있었다. 즉, 의권의 정당성이 도전받고 위기에 처한 상황에서 의사들은 새로운 제도환경에 자신들을 적응시키는 변화를 택하기보다는 부권적 전문주의를 유지 강화하는 방향으로 투쟁을 종결지었던 것이다.

6. 전문주의의 물적 토대

의사들이 부권적 전문주의를 포기하기 어려운 것은 그들의 정서적 가치 때문만은 아니다. 어떤 점에서는 의사들이 유지하고 있는 의료권력의 물적 토대가 스스로의 변화를 어렵게 만드는 것으로 보인다. 즉, 의료계에 대한 사회의 요구인 합리성, 투명성, 직업윤리의 확립 같은 것이 단지 그들의 전문주의 가치 때문에 이룩되기 어렵다기보다는 그들이 유지하고 있는 의료생산체계와 사회적 관계 때문에 변신이 어려운 것으로 보인다. 자본주의 사회에서 직업윤리는 물적 토대가 없이 존재하기는 어렵다. 직업윤리는 단순히 의식화 여부에 따른 문제가 아니다. 의학교육에서 의료윤리를 소홀하게 다루는 것은 사실이다. 그렇다고 의사라는 엘리트 집단이 최소한의 인간적 양심도 없이 환자를 버리고 있다는 일부의 사회적 비판은 의사를 마치 괴물과도 같은 것으로 지나치게 폄하하는 것으로 보인다. 의료에서 인도주의의 실천이 단순히 의사 개인의 의지나 결단의 문제만으로 환원될 수는 없다.

직업윤리는 직업집단의 공동체적 생존방식의 하나이고, 직업윤리나 전문주의는 단순히 도덕적 결단의 산물이 아니라 그것을 떠받치는 물적 토대가 존재해야 성립된다(Berlant, 1975). 공동체의 규제와 강제가 없이는 직업윤리는 기능하기 어렵다. 직업윤리는 일차적으로는 윤리강령을 만들고 윤리위원회를 만들어 위반자를 제재하는 데서 시작한다. 그러나 우리 사회의 변호사회나 의사회에서 볼 수 있듯이 이러한 작업이 매우 미흡하다. 구조기능론의 관점에서 생각하면 이것은 성원들간의 행동규범에 대한 가치합의가 미진하기 때문에 발생하는 현상이다. 즉, 임신 및 출산과 관련된 시술의 행위기준이 집합적으로 엄격하게 규정되지 못하기 때문에 여아낙태나 제왕절개시술이 증가하는 것으로 생각할 수 있다. 그런데 이러한 문화적 규범보다 더 중요한 것은 의사회 내부조직이 그러한 행동을 할 수 없도록 강제하는 장치가 마련되어 있어야 한다는 점이다. 개인적인 시술이 동료들에 의하여 평가되고 그에 따르는 보상과 규제가 의사들의 문화를 지배하도록 조직구조가 만들어져야 한다. 한국의 경우 '학회'라는 통로를 중심으로 새로운 시술방식이 소개되는 기회는 제공되지만, 이와는 별도로 기존 시술방식의 잘잘못을 가리는 평가과정은 조직되어 있지 않다. 그 대표적인 사례가 의료사고와 관련하여 의료계 내부에서조차 그 과정의 잘잘못을 검토하는 조직이 거의 존재하지 않는 점을 들 수 있다. 의사들은 다른 의사의 잘못을 그저 감싸주기에 급급할 뿐이다. 따라서 의료사고를 당한 환자는 시술의사의 잘못을 입증해 줄 수 있는 다른 의사를 찾는다는 것이 거의 불가능하다(김창석, 2000).

이런 지적에 대하여 한 의사는 다음과 같이 반론을 폈다.

> 일반적인 수련병원에서는 중대한 문제가 발생될 수 있는 환자치료시에는 conference(교수와 전공의 토론시간)를 가지고 그 결과에 따라서 치료하고 그것보다 더 어려운 문제는 consultation을 해당과목의 해박한 지식을 갖고 있는 의사에게 의뢰하여 치료의 지침을 얻기도 하면서 치료해 나가는 것이 보통입니다. 그럼에도 치료가 여의치 않으면 해당질환에 대해서 가장 경험과 지식이 축적되었다고 인정된 병원으로 transfer(전원)까지 하는 경우가 있습니다(이송, 2000).

그런데 이것은 우리의 의문에 대한 적절한 답은 아니다. 왜냐하면 우리가 갖는 의문은 의료사고와 분쟁이 발생한 이후 의사들의 태도와 행동의 적합성이지 치료과정에서 잘 하고 있는가의 문제가 아니기 때문이다. 의사들은 아마도 자신들이 항시 최선의 진료를 하고 있기 때문에 결과가 나쁘게 나오는 것에 대한 책임이 없다는 표현을 하는 것으로 보인다. 문제는 분쟁이 생긴 이후 의료사고에 대한 객관적 규명절차가 미비하고 또 환자들에게 납득할 만한 정보확보 기회나 설명이 충분하게 주어지지 않는다는 점이다. 여기에서도 우리는 의사들의 부권적 전문주의를 확인할 수 있다. 부권적 전문주의 하에서는 자신의 시술의 절대성을 과신하기 때문에 혹시라도 있을지 모를 실수나 과실을 사후에 객관적으로 검증하는 절차에 대하여 거부감을 갖게 되고, 이러한 과정을 요구하는 환자들은 무리한 요구를 하는 것으로 간주되기 마련이다.

중요한 문제는 이러한 객관적 평가는 의사 개개인의 윤리의 문제가 아니라 의사들의 집단적 자기규제 능력의 표현이라는 것이다. 이런 집단적 과정이 존재하지 않는 것은 의사 내부의 조직이 상호공존과 협력을 할 수 있는 조직이 아니라 상호 무한한 시장경쟁을 하도록 되어 있기 때문이다. 개업의끼리 아니면 개업의와 병원 간에 환자를 두고 무한한 경쟁을 벌일 수밖에 없는 상황에서 다른 의사의 행동을 규제할 수 있는 기반은 존재하기 어려운 것이다. 전문주의는 일종의 공동체적 규범을 의미한다. 이러한 규범이 작동하기 위해서는 의사들간의 유기적 결속과 일탈행동에 대한 강제적 규제가 가능해야 한다. 미국 의사들의 경우에는 의료의 전문화, 즉 의학의 분과화(내과, 외과, 소아과, 산부인과 등으로 분화)를 통하여 의사들간에 과업을 달리함으로써 내부적 경쟁을 방지하고, 이들간에 각자의 전문분야를 준수하고 그 범위를 넘는 환자들을 다른 의사에게 의뢰하는 조직체계를 갖춤으로써 의사들은 유기적으로 협력할 수 있는 기반을 확립했다. 만일 비윤리적 행동을 하는 의사가 발견된다면 환자의뢰를 중단하는 등의 방법으로 실질적인 불이익을 줄 수 있게 됨으로써 집단적 규범이 준수될 수 있었다. 한국의 의사들의 경우에는 전문화에 따른 사회적 분업보다는 병원의 소유 여부에 따른 분화가 더욱 강력한 영향력을 발휘하게 되면서 의사들간에는 내부적 결속을 담보할 수 있는 조직기반이 만들어지지 못했고 다른 의사를 규제할 수 있는 실질적 장치가 존재하지 않게 된다. 즉, 의사들은 같이 의료업을 수행하는 동업자 관계 이상의 사회적 관계를 만들지 못한 것이다.

이런 상황에서 만들어진 것이 부권적 전문주의이다. 부권적 전문주의는 국가와 의사의 지배-복종관계 및 의사와 환자, 의사와 간호사 간의 지배-복종 관계만을 규정할 수 있을 뿐 의사 내부의 관계는 발전시킬 필요가 없었다. 의사가 친목단체 이상으로 결속되지 않는 상황에서 국가지배가 이루어졌고, 또한 환자나 간호사가 조직화되지 않는 상황에서 의사의 지배가 유지되어 온 것이다. 의사들은 그러한 수직적인 지배구조에서 개별적으로 존재했을 뿐이다.

일부에서는 의권투쟁에서 나타난 의사들의 각성과 자기인식이 진정한 의료전문주의의 시발점이 될 수 있다고 긍정적으로 평가한다(채만수, 2000). 의사가 자기존재의 위치를 정확하게 파악할 때 사회와의 관계개선이나 집단문화의 합리화 등 스스로의 개혁에 나설 수 있기 때문이다. 그러나 역사적으로 볼 때 의료전문주의는 자본주의와 시장관계가 지배적 원리가 되어버린 사회에서 의사집단의 공동체주의를 확보하기 위한 수단이었다. 사회의 공익을 위하여 의료를 실천한다는 약속을 하면서 의사로서의 특권을 인정받는다. 그런데 이 과정에서 중요한 관건은 공익을 담보하기 위한 장치를 의사 스스로 만들 수 있어야 한다는 점이다. 집단의 자율규제가 이것인데 자율규제가 가능하기 위해서는 의사 모두가 비슷한 이해관계가 있어야 하고, 개인적 이익을 조금씩 양보함으로써 더 큰 이익을 집단적으로 얻을 수 있을 때 집단의 자율규제가 성공할 수 있다.

그런데 의사들은 이미 내부적으로 상당한 분화를 한 상태라 집단에 따른 이해관계가 동일하지 않고 때로는 대립적이기까지 하다. 종합병원의 역할이 커지면 개인의원은 위축되기 마련이다. 의사들은 이미 종합병원과 개인의원으로 나뉘어 존재한다. 개인의원군 내부에서도 전문과목별로 이해관계가 많이 다르다. 한마디로 의사사회가 상당한 계층화 현상을 보이고 있는 것이다. 이들에게서 어떻게 공익을 위한 사익의 유보를 실현할 수 있을까? 의료수가 규제나 약가마진 철폐는 대부분의 의사들의 이해관계가 걸린 문제이기 때문에 의사들이 하나로 뭉칠 수 있는 계기가 되었다. 또한 그 규제의 주체가 정부라는 외부의 적이었기 때문에 더더욱 잘 뭉칠 수 있었다. 그러나 의료수가의 절대수준 자체가 상당히 올라간 지금에 의료의 각 부문간의 수가불균형을 해결하기 위해서는 의사들간의 합의가 필요하다. 최근에 정부는 의료의 각 전문분과를 가, 나, 다 식으로 세부적인 군 분류를 하여 수가인상이나 조정을 차등적으로 하여 불균형을 해결하려 했다. 그러자 의료계 내부에서 자중지란이 벌어졌다. 이런 실정이니 공익을 위한 의료실천의 자율규제라는 것은 오로지 허울로서 남을 가능성이 크고 그런 상황에서 의료전문주의의 발전은 기대하기 어렵다. 또한 대학병원이 중소병원과 교류협력하기 위해서는 대학병원은 중소병원에서 의뢰되는 환자만 받는 식으로 외래환자 비중을 크게 낮추어야 하고, 중소병원은 전문적 치료가 필요한 환자는 즉시 대학병원으로 보내야 한다. 그리고 대학병원은 일정한 치료 후 중소병원으로 그 환자를 다시 돌려보낼 수 있어야 한다. 또한 환자를 보낼 때는 임상검사와 치료에 대한 모든 정보를 함께 보내어 불필요한 중복검사를 하지 않아야 한다. 그러나 이러한 식의 교류협력은 현재와 같이 소유권에 의해 병원이 나누어 있고 의사가 구분되어 고용되는 현실에서는 실현이 거의 불가능하다. 즉, 대학병원은 우월한 시장능력을 바탕으로 환자를 독점하려 하고 중소병원은 여기에 대항하는 관계가 있는 상황에서 의사들이 소유권의 한계를 넘어서 공동체적 전문주의를 발전시키기 어려운 것이다.

7. 의사 살리기와 죽이기

이러한 전문주의의 특성이 빚어낸 것이 의료개혁을 '의사 죽이기'로 바라보는 담론이었다.[3] 의약분업은 일차적으로 약물 오남용 감소에 목적을 두었지만 실상 그 이상의 원대한 개혁내용을 담고 있었다. 개

3) 의사들 단체 중에 '동네의원 살리기 운동본부'라는 모임도 있었고, 의사들의 집단행동 초기에 '동네의원이 다 죽는다'는 구호가 의사들의 공감을 얻었다.

혁세력들은 의약분업을 의료개혁의 시발점으로 생각했다(양봉민, 2000). 이들이 추진했던 것은 '의료제도의 합리화'였다고 할 수 있다. 이들은 의사와 약사, 의사와 환자, 종합병원과 의원 간의 역할관계를 합리적으로 재조정하고자 했다(김용익, 1998a; 새정치국민회의, 1998). 이들이 생각할 때 의료의 각 주체들간에는 협력보다는 과도한 경쟁과 대립, 갈등이 빚어지고 있었다. 의사와 약사 간에 처방과 조제의 영역이 혼재됨으로써 의사와 약사 모두 본래의 직분을 벗어나고 있기 때문에 처방과 조제를 분리함으로써 자기직분에 충실하도록 하고 또 수행하는 역할이 다르게 됨으로써 서로 협력할 수 있게 하자는 것이다. 종합병원과 의원 간에도 환자를 유치하기 위한 경쟁이 빚어짐으로써 비슷한 혼란이 있었다. 종합병원의 외래약국을 없앰으로써 종합병원의 과잉된 역할을 축소시키고 결과적으로 1차의료(개인의원)의 입지를 강화시키는 효과를 얻고자 했다. 또한 이러한 개혁을 주도하고 나선 것이 시민소비자 단체들이고 그들은 여러 통로로 의료제도 운영에 참여하려고 했던 점에서 과거 일방적으로 의료권력에 예속되어 왔던 현실에서 벗어나 의사와 환자가 협력하는 체계를 지향했다.

이러한 개혁안은 일관되게 의사를 의사답게 역할을 수행하도록 제도를 합리화하겠다는 생각이 깔려 있었다. 조제업무를 버리고 약사의 임의처방권을 넘겨받아 의료업무에 집중하고, 병원(자본)의 영향력을 축소시켜 의사의 관리영역을 확대시키고, 환자와의 관계를 보다 민주적 동반자로 재구성하자는 것이다. 앞절에서 말했듯이 한국에서의 의료권력은 확고한 것 같은데 왜 개혁추진세력은 '의사 살리기'에 나서야 했을까? 이들의 생각에는 한국에서 의료는 권력적이지만 의사는 결코 권력적이지 않다고 판단했다. 과거에는 의사들이 의료기관을 지배했지만 이제는 자본이 지배하는 형태로 바뀌고 있다. 그러다 보니 의사들은 환자에게 유리한 치료행위를 하기보다는 이윤이 많이 남는 진료에 급급하게 되었다. 약가마진이나 중복검사 등과 관련한 논란이 대표적 사례이다. 의학적 필요보다는 병원의 생존을 우선할 수밖에 없게 된 상황을 개선하지 않고는 의료는 번성하여도 의사는 죽어버리는 상황이 발생하는 것이었다. 따라서 의료개혁은 자본의 영향력을 가능한 한 제한시키고 의사의 주체성을 살리는 방향으로 입안되었고, 시민소비자단체에 일정한 역할을 맡겨 공동전선을 구축하고자 했다.

이러한 의료개혁 추진이 정작 의사들에게는 '의사 죽이기'로 받아들여졌다. 의료개혁이라는 그럴싸한 명분 뒤에는 의사를 약가마진이나 탐하는 파렴치범으로 몰아붙여 약의 조제권을 박탈하는 대신 약사들에게는 변형된 형태로 임의조제권을 주고 있다는 것이다. 약가마진 문제가 나타난 것도 애당초 의료보험 수가가 터무니없이 낮은 바람에 생존을 위해 불가피하게 취득하게 된 것인데, 의보수가를 정상화하지 않고 의약분업을 통해 약가마진만 없애고 또 약사 살리기에 나선 것은 결국 의사 죽이기에 다름없다는 것이다. 그리고 의사의 의견을 무시한 채 정부주도로 밀어붙이기 식의 개혁을 하는 것은 국가주의적 발상이라는 비판을 가했다.

동일한 내용을 두고 왜 정반대의 인식과 평가가 내려진 것일까? 지금은 약간 변화가 있기는 하지만 당시에 의사들은 병원을 동일운명체나 한몸으로 생각하는 경향이 강했다. 병원을 의사와 분리해서 생각하지 못하는 인식의 한계는 필연적으로 병원에 대한 규제는 의사에 대한 규제로 동일시될 수밖에 없다. 한국 현실에서 병원은 대부분 의사들이 만들어온 것이기에 한국 의사의 의료전문주의는 필연적으로 '경영'을 최우선으로 하는 직업가치를 만들어냈다. 경영에 몰입하다 보니 의학적 필요는 부차적으로 되고, 그러다 보면 환자의 이익을 먼저 고려하기 어려우며, 따라서 환자의 대중적 존경과 지지를 얻기는 어려워진다. 결과적으로 의사들은 사회적 지지기반이 약하기 때문에 정부에 대한 영향력 행사에도 한계가 있다. 경영에서 상대적으로 자유로운 미국이나 서구의 의사들이 의료행위만을 관심 갖고, 그럼으로써 환자의 만족을 얻어내고, 그러한 대중적 지지에 힘을 얻어 정부에 압박을 가했던 과정과는 매우 대조적이다. 결국 의료개혁 추진세력은 고양이 목에 방울 달기와 같은 딜레마에 처한 것이다. 제대로 된 의사가 되기 위해서는 궁극적으로 자본에 의한 지배의 고리에서 벗어나야 하는데 그 고리가 강제로 씌워진 것이 아니라 의사 스스로 선택한 것이라는 점을 너무 가볍게 생각한 것이다. 그 고리를 벗어던지는 것은 의사들로서는 생각해 본 적도 없는 것이었다. 그러한 소유구조는 의사들의 삶 그 자체였기 때문에 의사들이 그것을 의사를 살리는 개혁이라고 생각하기 어려웠던 것으로 보인다. 오히려 그것은 의사 죽이기로 비추어질 수밖에 없었다. 의사들은 낮은 수가를 강요함으로써 외과의사가 수술을 기피하게 만들고, 산부인과 의사가 '개의 분만비'만도 못한 수가로 임산부를 돌보도록 하는 정부의 잘못된 정책이 제일의 원인이라고 생각할 수밖에 없었다. 사회학적으로 보자면 처방권이 의사와 약사로 이원화되어 있던 현실에서 의약분업으로 의사만이 처방권을 행사할 수 있게 되는 것은 의사와 약사의 지위관계 변화는 물론 의료체계 내에서 의사의 권력을 강화시키는 주요한 수단으로 평가할 수 있다. 그러나 그러한 점에 주목했던 의사는 거의 없었다. 그것은 의사들이 생각했던 '권력'과는 거리가 먼 것이었다.

의사들이 모르는 것은 그들의 진료방식이 내포하는 영리성을 겉으로 감싸주어 외부로 드러나지 않도록 하는 사회적 정당성이나 명분이나 시술 이데올로기(*practice ideology*)가 너무나 얇기 때문에(Hasenfeld, 1992) 의사가 아닌 다른 사람들 눈에는 곧바로 그렇게 비추어진다는 사실이다. 전문주의란 바로 의료의 시장성을 감싸주는 이데올로기로 작동한다. 미국 의사들의 경우에도 그들이 병원을 소유하지 않았다고 하더라도 그들의 진료방식은 그들에게 보다 많은 이익을 주는 형태로 되어 있다. 즉, 의료행위에는 시장관계가 암암리에 내재되어 있는 것이다. 미국 의사들은 독점의 논리를 만들고, 집단규제를 강화하고, 직업윤리를 정착시키고, 환자와의 관계를 구축하는 등 여러 가지로 노력하여 자신들의 업무를 시장적 관계에 의한 것이 아니라 의학적 필요에 따라서만 작동되고 의사-환자관계를 기반으로 해서만 작동되는 탈시장적 관계인 것처럼 만드는 데 성공했다(Larson, 1977). 한국 의사들의 경우는 미국 의사들과 달리 병원을 직접 소유하고 있다는 점에서 의료의 시장성이 그대로 드러날 수밖에 없는 처지이다. 그런데 의사사회에서는 그 동안 이것을 탈시장적인 것으로 바꾸어야 할 필요성조차 인식하지 못했다. 의약분업 파동에서 이런 점이 처음으로 사회적으로 문제화된 것이다. 의료의 성격이 무엇인지, 의사는 어떤 역할을 해야 하는지, 의사와 약사는 어떤 관계에 있어야 하는지 등 의료와 의사를 사회적으로 성격규정 하는 일이 의사가 아닌 시민단체들에 의하여 제기되자 의사들은 당혹감을 가질 수밖에 없었다.'정부의 수가규제로 어려움을 겪어 온 것도 참기 어려웠는데 마치 의사가 한 일은 다 잘못된 것이니까 이렇게 바꾸어야 한다는 식의 이해를 하게 되었고, 의사로서의 삶이 온통 헐벗겨진 것 같은 느낌을 받게 된 것으로 보인다. 의료를 모르는 그들의 개념규정은 의사 죽이기에 불과한 것이고, 따라서 의사들은 생존을 위한 투쟁에 나서게 된 것이다.

제 6 장
의사파업과 사회적 갈등

1. 집합행동의 사회이론

집합행동은 사회학의 고전적인 주제의 하나이다. 집합행동의 이론은 집합행동의 특성에 따라, 그리고 사회이론의 발전에 따라 변화되어 왔다. 1960년대까지 집합행동은 주로 흑인폭동과 같은 군중행동에 관심을 가졌다. 구조기능론에서는 사회체계의 구조적 긴장과 불균형에 초점을 맞추어 군중행동을 설명했는데, 예를 들어 사회 각 부문간에 발전 정도의 차이가 심화된다든지, 또는 규범과 가치가 행동과 괴리되는 현상이 만연하는 경우 이에 불만을 갖는 특정집단들이 형성되어 집합행동이 발생된다는 식의 설명이다(Smelser, 1962). 사회심리학에서는 이를 두고 좌절된 욕구를 가진 사람들, 또는 상대적 박탈감을 많이 가진 사람들이 불만집단을 형성하여 집합행동을 야기하는 것으로 설명했다(Davis, 1962). 이러한 접근법들은 집합행동에 참여하는 사람들의 비합리적 특성을 강조하는 특징이 있다.

반면 1970년대 이후 발전한 합리적 선택론 또는 자원동원론은 집합행동이 사회구조적 모순에 불만과 박탈감을 느낀 '일탈자들'의 비합리적 행동이 아니라 집합행동에 참여했을 경우에 얻을 수 있는 이득을 합리적으로 계산하고 참여하여 목적을 달성하는 합리적 행동이라고 강조했다(Olson, 1971; Tilly, 1978; McCarthy and Zald, 1973). 즉 1970년대 이후 서구사회에서 발생한 반핵 평화운동이나 인권운동, 또는 여성운동 같이 새로운 형태의 사회운동들을 설명하기 위해서는 새로운 시각이 필요했고, 이에 대응하여 합리적 선택론이 발전했던 것이다. 이 이론은 앞서의 이론들과는 달리 사회구조에 대한 불만은 어느 시대 어느 사회에나 존재하는 것이기 때문에 하나의 전제조건일 뿐이고, 집합행동이 발생하기 위해서는 그러한 불만을 조직화하는 운동세력과 대중참여를 이끌어내는 이들의 조직전략이 중요함을 역설한다.

반면 신사회운동론을 주장하는 학자들은 1970년대 이후의 사회운동들이 집단적 이익보다는 시민적 권리나 환경보존과 같은 새로운 가치를 지향하고 있는 점에 주목하면서 이러한 사회운동에 참여하는 사람들은 인지적 성찰에 의한 참여에 주목하고 있다. 그리고 최근의 구성주의 사회이론가들은 이러한 집합적 정체성이 어떻게 사회적으로 구성되는지에 관심을 보이고 있다. 사람들이 불만이 있다고 곧바로 사회운동에 참여하는 것이 아니라 합리적 선택의 과정이 있기 마련이다. 또한 비용과 이득을 계산하여 득이 있을 것이라고 생각이 된다고 해서 반드시 참여하는 것도 아니다. 여기서 참여를 유발하는 중요한 요소가 '집합적 정체성'이다. 환경파괴와 같은 사회적 모순에 대한 성찰을 통한 도덕적 분노가 발생하면 그 다음으로 그러한 모순에 책임이 있는 그들(*they*)과 그에 대항하는 우리(*we*)의 구분이 생기면서 집합적 정체성이 형성된다. 여기에 우리가 함께 행동하여 사회적 모순을 바꿀 수 있다는 신념이 생길 때 사회운동에의 참여가 일어나게 된다(Gamson, 1992).

그러면 의사들의 저항과 파업투쟁은 군중행동, 합리적 선택행동, 성찰적 행동 중 어느 범주에 해당할까? 의사들의 집단행동의 성격을 규정하기 위해서는 다음 몇 가지 요인에 대한 설명과 판단이 필요할 것이다. 첫째, 의사들이 가졌던 불만을 어떻게 볼 것인가 하는 점이다. 그것이 협소한 집단이익을 지향하는 것인지, 아니면 공공의 이익을 위한 것인지를 가려야 할 것이다. 아울러 불만의 성격에 대해서도 판단해야 할 것이다. 그것이 이득의 상실이나 박탈에 기초한 즉자적인 반응인지, 아니면 새로운 삶의 가치에 기초한 성찰적 판단인지를 가려야 할 것이다.

둘째, 운동의 기본구조를 살펴보아야 한다. 의사들의 불만의 원인이 되었던 '그들'이 누구인지, 그리고 '우리'는 누구인지를 가려야 한다. 그들과 우리는 삶의 기본적인 가치와 철학이 어떻게 다르고, 서로 무엇을 지향하며, 어떤 다른 해결책을 모색하는지를 살펴서 서로 화해하기 어려운 대립관계에 있는지를 보여주어야 할 것이다.

셋째, 운동의 방법을 살펴보아야 한다. 의사들이 취한 운동전략과 조직이 철저하게 개개인의 성찰적 결단에 의한 자발적 참여에 기초하고 있는지, 아니면 강력한 관료제적 통제에 의하여 조직화된 참여에 기초하고 있는지를 가려야 할 것이다. 또한 참여, 중도탈락, 불참을 가르는 동인이 무엇인지도 살펴보아야 한다. 그리고 집합적 정체성 또는 신념이 열린 의사소통 과정을 통하여 계속적으로 재구성되는지의 여부도 살펴보아야 할 것이다.

넷째, 운동의 효과를 살펴보아야 한다. 진정한 사회운동이라면, 그리고 그것이 성찰적 비판의식에 기초한 것이라면 운동에 참여한 개인들도 그 이전의 삶과는 다른 삶의 모습이 보여야 하고, 나아가 그와 대립관계에 있던 사람들도 일정하게 변화된 인식이나 행동을 보여줄 수 있어야 한다. 더 나아가 사회적 모순의 해결에 기여할 수 있어야 한다. 이것이 단순한 분노의 표출인 군중행동이나 집단이익의 실현을 목표로 하는 집합행동과는 구분되는 사회운동의 특성이라고 할 수 있다.

2. 불만 : 집단이익과 공공성

의사들의 불만에 대해서는 앞장에서 상세하게 논의했다. 여기서 핵심요소는 의료체계의 모순에 대한 지적이 집단이익을 위한 것인지 아니면 공공이익을 위한 것인지를 가리는 것이다. 의사들은 물론 '의권'을 확립하는 것이 단순히 의사의 권리를 신장시키는 것이 아니고 궁극적으로 환자의 이익을 가져오는 것이라는 주장을 제기했다. 그러면 추상적인 '의권' 개념이 아니라 실제로 의사들이 주장한 내용들은 무엇인지 살펴보자. 의사들의 요구사항은 의사들의 1차 전면파업이 있었던 2000년 6월의 〈10대 요구사항〉, 2차 전면파업이 있었던 8월의 〈대정부요구안〉에 집약되어 있다. 이 요구안은 임의조제나 대체조제의 금지 등 의약분업과 직접 관련된 것은 물론 의료보험제도의 개선과 의료전달체계 개선 등 의료계의 모든 사항이 나열되어 있다.

〈2000년 2월 17일 의사대회 결의문〉

① 국민건강을 침해하는 의약품 오·남용이 이 땅에서 사라질 수 있도록 대체조제와 임의조제를 원천 봉쇄할 수 있는 법적 보완장치와 감시기구를 설치하라.

② 약화사고로 인한 국민의 건강권 침해시 책임소재와 보상대책을 마련하라.

③ 의약분업 시범사업을 실시하여 점진적으로 확대 시행하라.

④ 교과서에서 배운 대로 적정진료를 할 수 있도록 수가체계와 의료보험제도를 전면 개선하라.

⑤ 대통령 공약사항인 지역의료보험 재정 50% 지원약속을 즉시 이행하라.

⑥ 국민의 건강권과 의사의 진료권을 침해하는 잘못된 의약분업은 수용할 수 없다.

⑦ 국민건강보험공단의 재심사 및 실사 장악기도를 절대 반대한다.

〈의사회의 10대 주장〉 2000. 6.

① 의약품 분류는 국민건강을 기준으로 하여 전면 재분류하라.
② 정부는 지역의료보험 재정 50% 지원약속을 즉시 이행하라.
③ 약사법을 즉각 재개정하라.
④ 약화사고의 책임소재를 법적, 제도적으로 분명히 하고, 무과실 약화사고에 대한 대책을 국가가 마련하라.
⑤ 의사의 진료권을 침해하는 약사의 임의진료 행위를 근절하라.
⑥ 국민의 피해를 최소화하도록 정부가 주도하여 의약분업시범사업을 즉각 실시하라.
⑦ 의사와 약사가 각기 진료와 조제에 전념할 수 있도록 의사의 처방료와 약사의 조제료를 현실화하라.
⑧ 국민건강의료보험법 독소조항 제거, 심사평가원의 완전 독립 등을 보장하라.
⑨ 의약분업의 시행에 앞서 완전한 의료전달체계를 확립하라.
⑩ 무책임한 보건복지부 장관과 잘못된 의약분업 정책입안자들을 문책하라.

〈의쟁투 대정부 요구안〉 2000. 8. 31

전제조건: 복지부 기획조정실장, 보건정책국장, 약무정책과장 등 문책할 것

① 의약분업 관련
- 의사의 진료권 보장 및 약사의 불법 진료행위 근절
- 대체조제 금지
- 중앙 및 지역협력위원회 규정 삭제
- 의약품 전면 재분류
- 생물학적 약효동등성 실험 실시
- 처방전 전달방식 개혁(전자처방전 불인정)
- 의약분업 예외지역 재조정 등

② 보건의료기본법: 약사의 의료인규정 시정 등
③ 의료보험수가 및 의료보험 재정안정 대책
④ 의료발전특별위원회: 대통령직속, 위원과반수 의사, 위원장 의사
⑤ 국민건강보험법
- 요양기관과 의보공단의 평등계약 보장
- 중재소위원회 설치
- 상대가치 이외에 요양급여기준, 심사평가 기준 등도 포함
- 요양기관협의체 대표는 의사회장으로 할 것
- 건강보험심사평가원의 실질적 독립
⑥ 의료전달체계: 보건소는 예방사업만 실시, 차등수가제 실시
⑦ 전공의 처우개선
⑧ 의사수급계획: 의대정원 70%로 감축 부실의대 폐지
⑨ 주치의제도 보류
⑩ 포괄수가제 재검토
⑪ 보건복지부에 보건의료정책실 신설, 실장은 의사보직
⑫ 기타:
- 의료분쟁조정법 제정 의사신분 보장
- 의약품광고규제
- 공중보건의 법적 신분 및 급여기준 제정
- 행정고시에 의무직 신설, 자격기준은 의사
- 특진제도 개선

이 요구사항들을 살펴보면 의약분업에 직접 관련되는 문제들뿐만 아니라 의료보험제도 등 다양한 의료문제들을 포괄하고 있다. 그런데 이 요구사항들은 몇 가지로 정리할 수 있다(우석균, 2001).

첫째, 대체조제 금지, 약사권한 축소, 의약품 재분류(전문의약품 확대)와 같이 의사들의 독점적 권한을 확대하자는 것

둘째, 의료발전특별위원회의 설치와 의사 과반수 위원 임명 및 복지부에 의료정책실을 신설하고 의사로 보직하며, 행정고시 의무직 신설

등 의료정책 형성과정을 의사중심 구조로 바꾸어 달라는 것

셋째, 보건소 기능 축소, 주치의제도 및 포괄수가제 실시유보 등 의료의 공공성 강화를 반대하는 것

넷째, 지역협력회의 폐지, 환자용 처방전 교부 거부 등 국민의 참여를 차단하는 것

즉, 의사들의 요구사항은 의료개혁을 뒤로 돌리고 의사의 권한을 확대하는 방향으로 구성되어 있음이 분명하다. 그런데 이러한 요구사항들이 의료모순의 근본적인 대안을 중심으로 정리되었다기보다는 의사사회 내부 각 직역 또는 계층의 다양한 의견을 종합한 것으로 보인다. 특히 8월의 요구사항은 원래 100개 항목이 넘고 33쪽에 달하는 방대한 분량으로 의사들의 불만을 집대성한 것이었다. 이 사실 자체가 의사들은 의료체계 전반에 불만이 있다는 것을 반증하는 것이기도 하지만 동시에 의사들이 내부적으로 각 집단의 요구사항을 단순히 집대성했을 뿐 그것을 집약할 수 있는 핵심적 주장을 분명하게 드러내지는 못했다. 예를 들어 '의료보험제도 폐지나 의약분업 폐지와 같은 식으로 보다 명확하게 의사들의 추구하는 가치가 집약된 주장이 만들어지지 못한 것이다.

이러한 주장들이 갖는 의사 중심적 성격에 대한 사회적 비판이 제기되자 의사들은 곧 '2차 요구안'을 제시했다. 이 요구사항들은 본인부담금 인상반대와 의료보험의 보장성 강화와 같이 대부분 국민의 이익에 직결되는 것들로서 시민단체들이 꾸준히 제기해온 내용들이었다. 그렇지만 이러한 주장들이 과연 의사들의 성찰적 불만의 결과였는가에 대해서는 의문이 제기된다. 이것은 의사들의 불만의 구조가 의료모순에 대한 대안이기보다는 국가에 의해서 왜곡된 부분을 바로잡자는 복고적인 성격을 갖고 있는 데서 알 수 있다. 의사들의 주장이 의료모순에 대한 대안이었다면 여기에는 새로운 의료체계는 어떤 것이 되어야 하

고 그 속에서 의사들의 진료방식은 어떻게 변화될 것이며, 궁극적으로 환자들은 어떻게 새로운 혜택을 보게 될 것인지가 설득력 있게 제시되어야 한다. 그러나 의사들의 주장 속에는 그러한 주장이 모두 받아들여졌을 때 의료서비스는 어떻게 바뀔 것이며, 또 서비스 개선을 위하여 의사들은 어떤 노력을 할 것인가에 대한 고려가 거의 없었다.[1)]

〈의쟁투소위 2차 요구안〉 2000.9.7

① 9월1일 정부의 일방적 수가인상으로 인한 본인부담금 인상반대
② 올해 1조2천억 확보 지역의보재정 국고지원 50% 약속이행
③ 보험급여를 확대하고 의료보험 보장성 강화를 위한 계획제시
④ 선진국형 의료제도를 만들기 위한 재정확보방안 제시
⑤ 저소득층과 의료소외계층을 위한 의료혜택 확대

이것은 의사들이 자신들을 일방적인 피해자로만 생각할 뿐이며, '비자발적'이었더라도 자신들의 편법적인 진료행위들이 결과적으로 의료모순을 가져왔다는 점에 대하여 크게 문제삼지 않고 있기 때문인 것으로 보인다. 예를 들어 환경운동가라면 한편으로는 정부에 대하여 환경투자를 요구하면서 다른 한편 에너지를 적게 쓰는 새로운 삶의 방식을 제시하기 마련이다. 그런데 의사들의 요구 속에는 의료모순을 근본적으로 해결할 수 있는 대안이 제시되지 못했다. 국가의 개입과 간섭의 부당함을 지적했지만 국가가 개입을 하지 않고 의사들의 자유로운 진료활동을 보장할 때 발생할 수 있는 또 다른 의료모순(예를 들어 빈부

1) 2차 요구안에 대하여 개혁세력인 '의료개혁 희망연대'는 1차 요구에 비하여 의료의 국가책임을 주장하는 진일보한 내용을 담고 있지만 (1) 성격을 달리하는 두 요구안 중에서 어느 것이 우선적 요구인지 불명확하고, (2) 의료문제의 근본원인인 사적 의료체계 극복에 대한 의견개진이 없고, (3) 국민과 함께하는 부분에 대한 언급이 없다고 비판하고 있다(《희망연대 신문》1호, 2000.9.18).

에 따른 의료이용의 불평등)에 대해서는 국가와 사회의 책임으로 간주할 뿐 별다른 해결책을 제시하지 않고 있다. 이것은 의사들이 가졌던 불만이 광범위한 분야에 걸쳐 제기되었지만 이것이 집단이익의 상실과 박탈감에 대한 즉자적 대응차원에 머물러 있었을 뿐 근본적 대안의 모색으로 이르는 성찰적 불만으로 발전하지 못했음을 말해 준다.

3. 그들과 우리

의사들에게 자신을 제외한 거의 모든 사회적 주체들은 '그들'이었다. 의사사회 내부에서는 의약분업을 추진했던 인의협 회원들과 의약분업과 관계없이 의사파업을 반대했던 극소수의 의사들을 제외하고는 모두 '우리'로 결합되었다. 범의료인들 중에서는 약사, 간호사 등 대부분이 '그들'이었다. 나아가 사회일반에서도 정부와 시민단체가 '그들'이었다. 일반국민들도 의사들에게 우호적이지 않았다. 그런데 의사들의 투쟁이 정부를 상대로 장기화되면서 반정부적 입장에 섰던 일부 언론과 변호사 단체 및 일부 지식인들이 의사들의 우군으로 나섰다. 2000년 8월 의사들의 2차 파업이 시작된 이후 의사들의 투쟁은 단순히 의권투쟁의 차원을 넘어서 반정부적 연대의 형태로 발전되었다. '투쟁의 정치화'가 가져온 중요한 결과는 의료개혁과 의약분업정책이 내포하고 있는 여러 가지 중요한 의료문제들(예를 들어 의료의 공공성 확립, 이용자의 권리 향상, 의료보장, 의사-환자관계 개선 등)에 대한 사회적 논의를 차단하고 적과 아군의 대립관계를 극대화시켜 가시적인 전과를 얻기 위한 정치적 투쟁에 몰두하게 만들었다.

이러한 다중적인 갈등구조에서 의사들은 설득과 타협보다는 선전과 위협을 선택했다. 의사들의 이러한 전략이 가장 극명하게 나타난 것은 같은 의사들이 인의협과의 갈등에서 잘 나타났다. 의약분업을 추진했던 인의협은 의사들의 파업에 반대했다. 파업기간에 진료를 계속한 의사들에게는 전화 또는 전자메일을 통하여 무수한 비난과 협박이 쏟아졌다. 인의협 회원명단을 인터넷에 공개하고 위협을 가하여 다수의 인의협 회원들이 탈퇴하는 사태까지 있었다. 인의협과 인의협 회원에 대한 일반의사들의 반감은 의사파업이 종료된 지 2년이 지난 지금까지도 계속되고 있다. 인의협 인터넷 게시판에는 이들을 비난하는 글이 지속적으로 게재되고 있으며, 의약분업 추진에서 핵심적 역할을 수행했던 김용익 교수와 조홍준 교수를 의사협회는 '비윤리적 행동'을 했다는 이유로 징계하기도 했다. 의사들의 이익에 반하는 정책에 관여했다는 것이 비윤리적 행동으로 규정되는 상황에 이른 것이다(《한겨레신문》, 2002. 10. 10).

의사들은 왜 인의협에 반감을 가지는가? 표면적으로 나타난 의사들의 반감은 인의협이 약가마진 문제를 제기하면서 의사들을 '도둑놈'으로 몰았다는 것이다. 김용익 교수는 1998년 11월에 참여연대에서 대통령에게 직언하는 장치로 만들었던 '개혁통신'에 "의약품 비리의 뿌리는 이것입니다"라는 제목의 글을 올린다. 그는 의보 약값이 사실상 제약회사에 의하여 결정되고 거기서 남는 차액인 약가마진이 제약회사의 여러 가지 판촉수단으로 의사들의 양심을 마비시키게 된다는 설명을 길게 한 후 글의 마지막 부분에서 다음과 같이 서술했다.

> 대통령님, 의약품 비리가 일어나는 샘물을 말려 주십시오. 이것이 의사와 약사를 구원하는 길이고, 우리 국민을 살리는 길이고, 우리나라의 보건의료를 새 출발시키는 길입니다. 이러한 과정을 거치지 않고는 우리나라의 보건의료가 21세기를 온전히 맞이할 수가 없습니다. 저는 의과대학 교수로서 애써서 가르친 제자들이 도둑질하는 의사가 되는 것을 이제 더 이상 보고 있을 수가 없습니다. 도와주십시오(김용익, 1998d).

김용익 교수의 글의 대부분은 제약회사와 의보 약가의 구조적 문제를 지적하고 있었고, 이러한 구조적 문제를 해결하면 의사들도 떳떳하게 살아갈 수 있을 것이라는 제언이었다. 즉, 이 글의 초점은 약가구조의 개선을 촉구하는 데 있었고 의사들은 그러한 약가구조의 희생자로 그리고 있었다. 그런데 이 글이 의사들에게는 전혀 다른 방식으로 받아들여졌다. 원인제공자인 제약회사와 의보약가 문제는 관심을 받지 못하고 그것의 희생자로 표현되었던 '도둑'이라는 상징적 표현이 상징이 아닌 실제로 둔갑해 버린 것이다. 이후 의사들은 자신들을 도둑으로 몰았다면서 인의협을 비난했고, 이 글이 씌어진 지 무려 4년이 지난 시점에서 윤리위원회에서 징계까지 감행했다. 이와 관련된 의사들의 또 다른 인식은 '약가마진'과 같은 의사들의 치부를 왜 내부적으로 문제제기하여 해결하려고 하지 않고 사회적으로 밝혀 의사들에 대한 사회적 비난을 초래했는가 하는 생각이다(임기영, 2000). 그러나 의사사회에서 자체적인 정화활동을 한 예가 별로 없었다는 점에서 이러한 인식은 설득력이 없는 것으로 생각된다. 결국 의사들은 자신들과 '다른 생각'을 가진 인의협 의사들을 수용할 역량이 없는 것이다.[2)]

이러한 배타적 태도는 시민단체들에 대한 인식에서도 그대로 나타난다. 시민단체에 대한 의사들의 가장 대중적인 반응은 '무식한 시민단체'라는 것이다. 왜 의료라는 전문분야를 모르는 시민단체가 개입하는가라는 인식이다. 그런데 의사들이 의약분업 이전에도 이러한 인식을 갖고 있던 것은 아니다. 의사들의 사회활동이 많지는 않지만 의약분업 이전에 각 지역 시민단체에 참여하고 있는 경우가 상당수 있었으며, 의사들도 시민단체에 참여하여 사회적 인식을 높여야 한다는 내부적인

2) 한 임상의사는 의쟁투와 인의협의 갈등을 다음과 같이 묘사했다. "… 이런 감정의 대립, 인식의 차이가 해소될 거라고 생각하십니까? 제 생각에는 죽을 때까지도 해소되지 않을 것이라고 생각합니다. 왜냐구요? 양쪽 다 의사거든요"(출처: 인의협 자유게시판, 2001. 8. 3).

주장도 있었다. 다수의 의사들은 시민단체에 적극적으로 참여하지는 않았지만 시민단체와 일정한 관계를 형성할 필요성은 느끼고 있었다고 할 수 있다. 시민단체에 대한 의사들의 인식이 부정적으로 바뀐 것은 결국 의약분업과 연관되어 발생한 것으로 볼 수 있다. 시민단체를 비판했던 한 의사는 다음과 같이 주장했다.

> 이 같은 당위(오남용 감소)와 선택(특정한 의약분업 방안) 사이에서 혼돈을 갖고 있는 시민단체의 정책적 추진방식은 상대적으로 우위를 점함으로써 의약분업에 대해 적극적인 약사회에 대해서는 협력적으로, 피해의식을 바탕으로 문제를 제기하는 의사회에 대해서는 의약분업을 반대하는 수구세력으로 몰아 배타적 강압적 태도로 일관되었던 것이 지난 2년간의 의약분업 정책추진의 과정이라고 할 수 있다. 결과적으로 시민단체는 이해관계 집단간의 상이한 이해관계를 조정해내는 데 실패했을 뿐만 아니라 사태를 더욱 악화시키는 데 일정한 역할을 해냈다고 평가할 수 있겠다. 시민단체의 이러한 정책적 실패는 단순히 역량부족으로 평가할 수도 있지만 그보다는 우리나라 보건의료문제를 보는 시민단체의 인식수준으로부터 비롯되는 것이라고 보는 것이 더 타당할 것이다(전철수, 2000).

결국 의사들의 시민단체에 대한 비판은 정부에 대한 비판이나 마찬가지로 "당위적 과제들에 대한 정당한 사회적 인프라를 구축하는 가운데 자연스럽게 정책을 추동하기보다는 항상 일방적 피해집단을 희생양으로 만들어 무리하게 강행하는(*Ibid.*)" 데서 출발한다. 의사들이 처한 현실을 모르고 당위적인 주장만 하고 강압적으로 의사들에게 복종을 요구하기 때문에 시민단체는 '무식한' 개입이란 평가를 내리는 것이다. 시민단체들이 의료의 전문가들이 아니기 때문에 임상의학에 대하여 무식할 수는 있지만 의료제도와 정책에 대해서는 그렇지 않다. 의약분업 당시나 지금이나 정부부처에서는 시민단체들에게 각종 정책에 대한 의견을 조회하고 있고 시민단체는 이에 대한 의견을 내고 있다. 이러한 관행은 이미 오래된 것이다. 문제는 정책을 판단하는 기본가치를 어디에 두는가에 따른 차이에 있을 것이다. 집단의 속성상 시민단체는 '당위'를 강조하게 되고 의사회는 '현실'을 강조하는 경향이 있다. 5·10 합의는 이러한 정책판단의 두 측면이 성공적으로 결합된 사건이라고 할 수 있다. 많은 의사들이 5·10 합의를 강압적으로 이루어진 것처럼 인식하지만 병원협회에서는 5·10 합의를 끝까지 거부한 것을 생각할 때 강압에 의한 서명이란 주장은 설득력이 없다. 이러한 합의에 불만을 가진 의사들이 의사회 조직 자체를 와해시키고 새로 구성하면서 갈등이 시작되었고, 이들은 사회적 합의보다는 '인프라'의 우선적 개선을 요구했기 때문에 시민단체와 의사들 사이의 협상은 어려울 수밖에 없었다. 의사들이 시민단체의 '무식함'을 비판했지만 역으로 의사들 역시 시민단체를 설득할 역량이 부족했다는 점을 지적할 수 있다. 의사파업 투쟁을 이끈 의사들 중에는 '운동권 경력'을 가진 사람들이 다수 존재했었고, 시민단체의 대표들 역시 비슷한 경험들을 갖고 있었다. 이들은 문제해결을 위한 대화를 진행했음에도 불구하고 의료문제의 본질이 무엇이고 어떤 방식으로 해결할 것인가를 두고 서로를 납득시키는 데 실패했다. 소수의 인의협 의사를 제외하고는 거의 모든 의사가 '우리'로 뭉쳤다는 점에서, 그리고 학생운동이나 사회운동의 동지로서 공유했던 경험조차도 양자간 인식의 차이를 좁히는 데 쓸모가 없었다는 사실에서[3] 우리와 그들을 가른 근본적인 요인은 바로 의사라는 신분임

3) 과거 학생-사회운동권이 이념적으로 PD와 NL로 나뉘어진 적이 있다. 의료운동권도 1990년대 초반 PD에 가까웠던 인의협과 NL에 가까웠던 청년의사집단으로 이념적으로 분화됐다. 인의협과 의쟁투가 반드시 이러한 이념적 노선을 그대로 견지하는 것은 아니지만 의쟁투의 이념이 의사대중에 기초한 의료운동을 지향했다는 점에서 '정책운동'을 통하여 의료체계의 구조개혁을 지향했던 인의협과는 상당한 거리가 있었다. 따라서 일반의사들은 인의협이 자신들을 구조개혁의 대상으로 삼는 것에 불만을 가지게 되었고 단결한 것으로 보인다.

을 알 수 있게 한다.[4] 과거 역대의 총선이나 대선에서 지역주의가 계급성을 초월하여 지대한 영향력을 미쳤다는 점과 어떤 유사성이 있다. 한국사회에서 의사라는 신분적 조건은 사상이나 정책의 차이를 초월하여 결집하게 만들 수 있는 응집력의 근원이 된다.

4. 조직과 전략

의사회는 이전에 파업을 주도할 만큼 잘 준비된 조직은 아니었다. 의사회는 그 동안 관변단체와 비슷한 성격의 조직이었고, 의사들의 친목단체 수준을 넘지 못했다. 전통적으로 의사들은 개별화되어 자신의 진료실 내에 안주하는 집단이었다. 따라서 의사회 조직 역시 정치적인 조직력이나 교섭력을 갖춘 집단으로 성장하지 못했다. 의료보험제도에 대한 의사들의 불만이 최근 10년간 증폭되었지만 의사회는 이러한 불만을 사회문제로 의제화할 수 있는 정책능력이나 조직능력이 없었다. 의사회는 정책연구 조직도 없었고 상근의사도 없는 매우 특이한 조직이었다. 의사회장은 연공서열 원칙에 의하여 간선으로 선출되었고, 의사회가 각 지역별로 매년 갖는 정기적 모임은 일시적으로 의사들의 불만을 표출하는 기회가 되었지만 이러한 불만을 제도적으로 수렴하고 대안을 모색하는 내부적 장치는 갖고 있지 않았다. 모든 의사들은 의료법에 의하여 대한의사협회에 강제로 가입되어 회비를 납부할 의무가 있었지만 의사회가 일선 회원들에게 제공하는 서비스는 특별한 것이 없었기 때문에 회원들의 조직 참여도는 낮을 수밖에 없었다. 의사회와 서울의대의 공동조사에 의하면 대한의사협회의 활동을 약간이라도 인지하고 있는 의사들이 33.1%에 불과했고, 의사회가 활동을 잘한다고

---

4) 심지어 의사출신으로 복지부에서 의약분업 업무를 담당하던 한 공무원이 의협게시판에 의약분업을 비판하는 글을 게재하기도 했다.

생각하는 경우는 6.8%에 불과했다. 그리고 활동이 잘 안 되는 이유로는 집행부의 운영능력의 부족(58.4%)으로 생각하고 있었다(대한의학협회, 1994).

의사회가 갖는 이러한 조직의 한계 때문에 의사들은 의사회라는 공식조직보다는 의권쟁취 투쟁위원회(의쟁투)라는 임시조직을 중심으로 집단행동에 나서게 되었다. 의쟁투를 중심으로 하는 '지도부'에는 사회(학생)운동의 경력자들이 다수 포함되어 있었고, 따라서 정세를 분석하고, 전략을 마련하고, 대중을 동원하는 일련의 과정에서 다분히 사회(학생)운동권의 전략과 전술이 활용되었다. 이들에 의하여 투쟁의 목표는 단순한 수가인상이나 의약분업 정책의 몇몇 조항의 개선이 아닌 국가가 주도하고 강제하는 의료정책의 기조 자체를 의사 중심적으로 바꾸는 것으로 설정되었고, 이에 따라 국가는 투쟁의 중심 대상이 되었다. 국가를 상대로 투쟁을 한다는 것은 오랫동안 국가에 의하여 순치되어 온 의사들로서는 거의 혁명적인 변화였다. 여기서 인터넷은 의사들의 토론공간으로 매우 중요한 역할을 했다. KMAweb(www.KMAWeb.org)나 Medigate(www.MediGate.net) 같은 자신들만의 폐쇄적인 인터넷 공간을 통하여 의견을 주고받았고, 그 과정에서 의식화되었다. 한 의사는 다음과 같이 진술하였다.

> … 작년 말까지만 하여도 우리 의사의 의식수준은 유치원생 정도였습니다. 하지만 수 개월 기간 내에 우리는 조직화되었고 의식수준도 나날이 향상되고 있습니다. … 그 과정에서 김대중 정부의 실체를 너무나도 명확히 알았습니다. … 이제 의사는 더 이상 정부가 호락하게 대하지 못하는 상대가 되어버렸습니다.[5]

Medigate는 1998년에 개설된 사이트인데 의약분업 사태가 시작되면

5) MEDIGATE 게시판 게시물(2000.7.23).

서 회원수가 증가하기 시작하여 2000년 6월에 약 12,000, 2000년 10월에는 약 35,000명의 회원을 확보했는데 이 수치는 의사의 절반 이상이 가입한 것이다. 그리고 이들은 이 기간동안 매일 최소 200건, 최대 800건의 의견을 게시했다. 2001년 3월까지 약 7만 건의 의견이 게시되었다(울산대 아산사회의학연구소, 2001). 이 많은 게시물들 중에는 '그들'에 대한 비난과 욕설도 상당수 있었지만, 또 다른 많은 글들은 자신들이 어떻게 살아왔는지를 기술한 '고백서'도 있고, 자신들의 문제의 원인이 어디에 있는지를 분석한 글들도 많았다. 나아가 의료체계의 모순구조에 대한 비교적 체계적인 분석은 물론 온갖 전략과 전술도 제시되었다. 의사들은 의약분업 논쟁을 시작할 때만 하여도 의료정책에 대한 불만은 있었지만 그것을 어떻게 극복할 수 있을지에 대해서 제대로 된 안목을 갖추지 못했지만 이러한 학습과정을 거치면서 의사들은 이론과 행동을 겸비한 '투사'로 변화했다.

문제는 이들의 논의가 갖고 있는 특성인데 대부분의 논의는 정부정책의 잘못을 비판하는 것과 온건한 입장을 규탄하는 방향으로 거의 고정되어 있었다. 몇 가지 사례를 들어보자.

① 의협과 의쟁투는 나의 희망이었습니다. 그래서 난 누구보다도 앞장서서 따랐습니다. 그리고 선봉에 섰습니다. 총회 때마다 법안이 통과되기 전에 폐업을 하자고 강력히 주장했고, 사이버에도 틈만 나면 글을 올렸고, 만나는 사람마다 주장했지만 돌아오는 것은 아무것도 없었습니다(2000. 7. 21).

② 전공의들이 전면 파업해야 합니다. 국민들이 선호하는 3차 의료기관을 마비시켜야 합니다. 정부가 두려워하는 것은 국민의 불편이요 원성입니다. 처음부터 국민은 의사편이 아닙니다. 이번 사태는 편가르기 싸움도 아니요, 우리의 사활이 달린 문제입니다. 국민이 불편하면 결국은 정부를 원망하게 되어 있습니다. 애당초 국민은 의사들에게 편견을 가지고 있었던 것이지 이번에 우리가 파업하기

때문에 미워하는 것이 아닙니다(2000. 7. 21).

③ 분석, 연구, 대책 세우지 맙시다. … 그거 해서 뭐합니까? 이미 답은 다 나와 있는데 … 그저 아무 생각 없이 한달만 잠수함 탑시다. 정부에서 모범답안 마련해 옵니다(2000. 7. 21.).

④ 지금까지 의사들이 해온 투쟁방식은 그야말로 죽도 밥도 아닌 것이다. 투쟁은 그 대상이 정부일 경우 강력하면서도 신중하고 지속적이어야 한다. 금번 의사들의 투쟁방식은 이 세 가지를 모두 벗어났다. … 의사는 고도로 전문화된 집단으로 그들을 대체할 만한 다른 방법이 없다. 고로 모든 의사들이 구속될 것을 각오하고 폐업에 동참할 경우 정부는 의사들의 요구를 안 들어줄 수 없다(2000. 7. 22).

(출처: 울산대 아산사회의학연구소, 2001, 사이버커뮤니케이션상의 주요기사 원문 자료집)

이러한 주장에서 알 수 있는 것은 투쟁방향이나 방법을 두고 내부적으로 의견이 갈리는 경우들이 잦았고, 그때마다 보다 강경한 주장들이 분위기를 주도해 나갔다는 점이다. 이것은 의쟁투가 전체 의사에 대한 실질적인 통제력이 제한되어 있었음을 암시해 준다. 의쟁투는 의사들의 집단행동을 지휘한 지도부이면서 의권투쟁의 상징적인 존재였다. 의사들의 최초 집단행동이 있었던 1999년 11월말에서 1개월여 지난 2000년 1월 18일에 소집된 임시대의원 총회에서는 5·10 합의를 이끌었던 유성희 회장을 불신임함과 동시에 의쟁투에 대하여 의약분업에 관한 전권을 위임했고, 필요한 인력과 예산을 지원하도록 결의했다. 이들의 지도하에 2월 21일에는 4만 명의 의사가 모인 여의도 집회 등 수 차례의 대규모 집회와 휴진 및 파업이 실행되었다.

그런데 의쟁투가 모든 의사들의 절대적 지지를 받는 조직으로 보기는 어렵다. 사태의 진전에 따라 고비마다 내부적 의견이 갈렸고, 그것이 화합되지 않은 채 의쟁투를 구성한 인원들이 사퇴하고 새로운 인물들로 재구성되는 일이 반복되었다. 예를 들어 2000년 3월에 개업의들의 휴진 결의를 무마하기 위한 대통령과 의사회 지도부와의 면담이 있었는데 그 결과에 대한 평가를 두고 의견이 갈려 결국에는 의쟁투 중앙위원이 모두 사퇴했다. 7월에 있었던 정부와의 협상에서 약사의 대체조제 허용여부를 두고 의사회 내부는 의견이 갈렸고, 한편에선 의쟁투 해체론이 대두됐다. 10월에는 대정부 협상을 위하여 의사내부 각 직역을 대표하는 10인 소위가 별도로 구성되었고, 이들과 김재정 의사회장 및 신상진 의쟁투위원장 사이의 협상주도권을 두고 갈등이 빚어져 신 위원장이 사퇴하였다. 그리고 12월의 임시총회에서 의협 집행부가 다시 권한을 되찾게 된다. 이러한 과정을 살펴보면 의쟁투가 의료계의 집단행동을 선도한 것은 분명하지만 그렇다고 각 직역의 의사들에게 절대적인 지도력을 발휘했던 것은 아니고, 협상의 고비마다 각 세력간에 의견대립이 빚어지고 보다 강경한 입장의 의견이 세를 얻어 협상이 다시 어려워지는 일들이 빈번하게 발생하였다.

의사회 내부에는 개원의사, 의대교수, 전공의, 전임의, 병원의사, 의대생 등 다양한 직역들이 있었고, 개원의 내부에는 전문분과별로 독자적인 모임이 구성되어 있었다. 이들은 의사로서 공유하는 이해관계도 있지만 직역에 따른 사회적 지위나 이해관계가 일치하지 않았다. 의대교수와 전공의는 사제관계와 더불어 노사관계가 적용되는 특수한 관계이고, 개원의사와 병원의사는 환자의 흐름에 따라 경제적 이해관계가 대립되는 관계였다. 개원의사 내부에서도 약을 많이 쓰는 내과계열 의사들과 그렇지 않은 외과계열 의사들과는 이해관계가 달랐다. 따라서 의약분업을 바라보는 이들의 시각도 일정하게 차이가 있을 수밖에 없었다. 예를 들어 개원의사 일부에서는 일본식 임의분업을 선호한 반면, 전공의들은 완전의약분업과 의료체계의 구조적 개혁을 지향하였다. 이들은 개원의사들처럼 파업으로 인한 경영상의 압박도 없었고, 기득권도 없었지만, 기존 의료체계가 유지되는 한 미래가 불투명하였기 때문에 보다 강경한 투쟁에 나설 수 있었다. 외견상 의사들은 강력한 단결력을 유지하였지만 내부적으로는 의사들의 행동을 확고하게 통제할 수 있는 지도력이 형성되지 않은 채 투쟁이 전개되고 있었기 때문에 의사회의 의견은 계속 강경한 방향으로만 전개되었을 뿐 전략적인 타협은 이루어지기 어려웠다.

그런데 이러한 의사회의 조직특성은 정부의 무능력한 대응과 맞물리면서 의사의 집단행동을 장기화시키는 결과를 가져온 것으로 보인다. 앞서 제시했던 의사들의 요구사항을 살펴보면 의사들의 2월의 요구사항은 의약분업 및 건강보험에 집중되어 있었다. 6월의 요구사항에서도 의료전달체계 확립 등 한두 가지가 추가되었다. 그러다 8월이 되면 수백 가지의 요구사항이 종합되는 상황으로 진전된다. 이것은 의사들의 집단행동이 처음부터 분명하게 달성할 목표를 두고 조직적으로 자원이 동원된 것이 아니었음을 말해준다. 나아가 요구사항이 수백 가지가 되면서 의사들의 투쟁은 오히려 달성할 목표가 불분명해졌고, 의사들의 주장의 정당성을 떨어뜨리게 만들었다. 이러한 내부적인 '불협화음'은 재파업과 같은 강경한 행동을 취함으로써 일시적으로 내부갈등의 고비를 넘길 수는 있었다. 중요한 것은 이러한 내부적 지도력의 한계는 협상과 전술적 행동에서 강약을 조절할 수 없게 만들어 그만큼 집단행동을 불필요하게 장기화시키고 스스로 정신적인 상처를 더욱 크게 만들었다는 점이다.

이러한 의사들의 요구에 대하여 정부는 계속적인 '당근' 정책을 펼치게 된다. 앞서의 청와대 대통령 면담과 관련하여 한 지역 의사회장은 "당시까지만 하여도 정부와 맞서 어떤 요구사항을 관철시킬 수 있다는 확신을 하지 못했다. 그런데 의사들이 강력하게 나가니까 대통령이나 정부도 양보한다는 것을 알게 되었다"고 진술하였다. 정부는 의사들의 집단행동에 대하여 거의 방치하였다. 의사회장과 의쟁투 위원장을 일시 구금한 것 이외에 별다른 조치를 취하지 못했다. 심지어 공무원 신분인 국립의대 교수들의 파업에도 속수무책으로 보고만 있었다. 의사들의 1차, 2차 파업사태 직전에는 예정에 없던 의료수가를 인상하기도 하였다. 그럼에도 불구하고 의사들의 요구사항은 더 많아지고, 집단행동은 더욱 강경해졌다. 시민단체의 '도덕성 공격'이 의사들을 내부적으로 단결하게 만들었다면, 정부의 무능력한 대응은 의사회 내부의 리더십이 불확실했던 점과 상승작용을 하면서 의사들이 결속력을 계속 유지하게 만들었다.

정부의 정책이 세력화된 지지기반을 갖고 있지 못했고, 일반시민들도 의사들의 행동에 능동적으로 대응할 만한 능력을 갖추고 있지 못했으며, 의사들 또한 교섭능력이나 조직통제 능력을 갖추고 있지 못했기 때문에 의사들의 불만이 일거에 파업이라는 형태로 나타났지만 사회적으로는 이를 조기에 해결할 수 있는 어떤 수단을 갖지 못한 채 계속 파업상태를 방치할 수밖에 없었던 것이다. 자본주의 사회에서 의사도 파업을 할 수 있을 것이다. 그러나 우리 사회에서는 의사라는 '기득권층'까지 파업을 할 수 있는가에 대하여 더 많은 관심을 갖고 있었고, 따라서 강력한 도덕적 비난만 가했을 뿐 파업을 제어할 어떤 유효한 수단도 없었던 것이다. 또한 의사들도 파업이라는 거대한 일을 벌였지만 이를 어떻게 효과적으로 진행시켜 나갈 수 있는지에 대한 전략이 부재하였다. 일부 학생-사회운동 경험자들이 의사파업 과정에서 명분과 전략을 만들어내면서 파업을 주도했지만 급조된 명분은 취약할 수밖에 없었고, 성원 전체를 효과적으로 통제할 만한 핵심세력이 없이 다양한 의사들의 의견과 불만을 조정하고 설득해 낼 능력이 없었던 것으로 생각된다.

이러한 형태의 대립양상은 의료문제를 두고 다른 사회에서 빚어지는 갈등과는 양상을 달리한다. 캐나다의 예를 생각해 보자. 캐나다의 Saskatchewan 주에서는 1962년 7월에 주정부의 공공의료보험법 실시에 반대하여 의사들이 23일간 파업을 실시하였다. 의사들은 의료에 대한 정부의 간섭과 통제를 거부하는 것이었다. 많은 동네의원과 병원이 폐쇄되었고 응급실만이 유지되었다. 725명의 의사 중에서 250명은 휴가를 떠났고, 240명은 의사회에서 지정한 35개 응급기관에서 일하였다. 35명은 정부안을 적극 지지하면서 파업에 불참하였고, 나머지 의사들은 정부안을 반대하였지만 윤리적인 이유로 진료를 계속하였다. 파업 초기에 응급실을 지키던 의사들이 계속 이탈하는 등 강경한 행동들이 있었으나 점차 진료를 제공하는 병원들이 증가하였고, 의사들도 조용하게 진료에 복귀하는 모습을 보여 의사회는 파업을 계속 유지하기 어려웠다. 의대교수들은 정부정책에 부정적인 태도를 갖고 있었으나 파업에 대하여 공식적으로는 무관심한 모습을 보였고 참여도 하지 않았다. 의과대학생들 역시 이와 유사한 모습을 보였다(Badgley and Wolfe, 1967).

의사파업에 대한 사회적인 반응은 크게 찬반으로 나뉘었다. 노동조합, 농민조합, 협동조합들은 정부안을 지지하였다. 반면 중산층 전문가와 화이트칼라, 상공인, 약사회, 치과의사회 등은 의사들을 지지하였다. 이들은 KOD(Keep Our Doctors)조직을 주 전역에 결성하고 의사들의 입장을 지지하는 대대적인 시위와 홍보전을 전개하였다. 상공인들이 이들을 재정적으로 후원하였다. 반면 정부지지자들은 비교적 조용하게 대응하였다. 언론 역시 의견이 나뉘었는데 지역언론은 의사를 지지하는 경우가 많았으나 타 지역이나 타국 언론들은 의사파업에 대하여 부정적인 견해를 표명하였다.

주정부를 구성한 집권세력은 20년간 집권하면서 안정된 지지기반을 확보하고 있었고, 그 기반 위에서 의료보험제도를 도입하였다. 의사파업 기간에 집권정당 지지자들을 중심으로 의료보험제도 도입을 찬성하는 홍보전이 전개되었다. 주정부는 또한 대체인력을 확보할 수 있었다. 인근 주와 미국과 영국 등에서 자원봉사를 지원하는 의사들이 수백 명이 있었고, 또 그들 중 상당수는 실제로 파업기간중에 이곳으로

와서 진료를 하였다. 그러나 이들에 대한 의사회와 일부 주민들의 반감은 상당하였고 이들을 지역에서 몰아내기도 하였다.

파업의사들은 주정부의 대응능력과 주민들의 의료보험 지지도를 과소평가함으로써 파업이 성공하기 어려웠다. 일례로 정부 지지자들을 중심으로 소비자가 후원하는 클리닉 개설운동이 전개되었고, 능동적으로 진료의사를 확보하고 진료를 계속함으로써 상당수 주민들의 호응을 얻었다. 파업의사들은 자신의 환자들을 빼앗기는 것을 두려워하여 진료에 복귀하지 않을 수 없었다. 결국 의사들의 파업은 실패하였고 정부는 의료보험제도를 실시할 수 있었다.

한국 의사들의 파업은 캐나다의 경우와 크게 대비된다. 의사파업은 다른 어느 나라에서도 볼 수 없을 정도로 강력한 것이었다. 파업기간 중 전국의 모든 병원과 의원들이 일부 응급시설을 제외하고는 일제히 문을 닫았다. 상당수의 입원환자들이 조기퇴원을 당했다. 의대교수 및 의과대학생도 의사파업에 동참하였다. 응급실마저 정상적으로 운영된 것이 아니라 일부 의대교수, 자원봉사 의사, 군의관, 공중보건의 등으로 구성된 인력들이 간신히 유지해 나가는 정도였다. 의사회는 응급실마저 문을 닫겠다는 위협을 하였다. 의사사회에서 이탈자가 별로 없었다는 점에서도 의사파업의 강도를 알 수 있다.

의사파업에 대한 사회의 반응은 냉담하였다. 정부, 시민단체, 언론, 종교계 등 대부분의 사회단체와 시민들은 의사파업에 대하여 경악하였고 이를 반대하였다. 사회는 마치 의사 대 비의사로 나뉘어 대립하는 형국이었다. 파업에 동참하지 않고 진료를 계속한 일부 의사들도 정부정책에 반대하기는 마찬가지였고, 의사의 입장을 이해하는 듯한 견해를 표명했던 일부 인사들도 파업행동의 철회를 요구하기는 마찬가지였다. 정부정책과 의사파업의 당위성에 대한 논란이 언론매체, 특히 인터넷을 통하여 뜨겁게 전개되었다. 그러나 이러한 반응들은 개별화된 의사표현이었을 뿐이고 또 상당한 정도로 의견개진이 감정적으로 진행되었다. 의사를 제외하고는 의사파업에 대한 조직화된 찬성이나 반대 운동을 찾아보기 어려웠다는 점도 특징이다.

정부는 의사파업에 대한 유효한 통제수단을 갖고 있지 못했다. 의사들의 파업강도가 강력했던 만큼 이에 대한 사회적 비난 역시 높았지만 이를 감수하면서 파업을 계속한 의사들에 대하여 정부는 별다른 대응수단을 갖고 있지 못했다. 대체인력은 군의관과 공중보건 의사들이 있었으나 이들 중 일부만이 실제로 동원 가능했기 때문에 실제로 파업의사들에게 주는 효과는 미미했다. 또한 시민들이 개별적으로 의사를 설득하여 진료에 복귀시키거나 아니면 진료소 개설운동 같은 것을 벌이는 등 시민주체의 대응운동도 존재하지 않았다. 따라서 정부는 의사들에게 상당한 양보를 하고 이들의 진료에 복귀시킬 수밖에 없었다.

캐나다와 한국의 사례를 비교하면 의사파업의 발생과 진행과정이 크게 다른 것을 알 수 있다. 이것은 의료문제를 둘러싼 정부, 사회, 의사의 관계가 크게 차이가 있음을 알 수 있게 한다. 한국사회는 정책의 수립과 집행과정에서 광범위한 국민적 의견수렴이나 지지를 바탕으로 하기보다는 일부 전문가 집단이나 시민단체 등이 참여할 뿐이다. 이것은 한국사회에 조직적인 의견수렴 장치가 취약하기 때문이다. 캐나다의 경우 여러 사회세력과 시민들이 의료보험정책에 대한 찬반운동을 조직화했고 이들이 사회여론을 주도했다. 우리의 경우 정책에 이해관계가 걸린 집단의 의견은 존재하지만 이들을 제외하고 일반시민 중심의 세력화된 찬반운동은 존재하지 않는 것이다. 의사 파업과정중에 이를 두고 수많은 논쟁이 벌어졌지만 그것이 파업의 해결에 실질적인 영향을 미친 것으로 보기는 어렵다. 의사들은 광범위한 도덕적 비난과 신뢰의 상실을 초래했지만 이에 굴하지 않고 계속 파업을 진행했던 것은 의사의 파업을 종식시킬 만큼 위력적인 영향을 갖고 있지 못했음을 말해준다.

그렇다고 의사들이 사회적 여론을 완전히 외면하고 싸운 것은 아니다. 의사들은 그 어느 때보다도 여론의 지지를 필요로 했다. 그런데 의사들이 취한 여론획득의 방법은 토론과 설득이기보다는 일방적 선전에 가까웠다. 가장 대표적인 사례는 신문광고였다. 2000년 1월 대학입시가 실시되던 시기에 의사들의 집단행동의 중심에 있었던 '민주의사회'는 일간지에 "전국의 수험생 여러분, 의과대학에는 절대 지원하지 마십시오"라는 제목의 광고를 게재했다. 이후 의사들은 매월 2~3회씩 주요 일간지에 의약분업을 반대하는 내용의 광고를 게재했다(시민운동본부, 2000a). 또한 거리에서 전단을 나누어주거나 진료실에서 지지서명을 받았고, 인터넷에 오르는 의사에 대한 비판 주장에 대하여 적극적으로 대응하여 글쓰기를 통한 선전전도 진행했다. 이러한 여론선전전이 과연 의사들의 주장을 사회에 납득시키고 지지를 획득하는 데 얼마나 효과적이었는지는 알 수 없다. 광고가 게재된 이후에도 의사들이 '사회적 소외'를 이유로 계속 강경한 행동을 취한 것으로 보아 이러한 선전의 효과는 별로 없었던 것으로 생각된다.

5. 성찰과 변화

집단행동을 통하여 의사들에게는 어떤 변화가 있었는가? 국가에 종속되어 현실의 삶에 안주하여 왔던 자신들을 질책하고 전사로 탈바꿈하여 국가와 맞서 싸웠던 것은 100년에 걸친 한국의사의 역사를 생각할 때 획기적인 의식전환이 있었음을 부인할 수 없다. 문제는 정녕 의사들이 국가에 의지하지 않고 자립할 수 있는 새로운 삶의 방식을 만들어냈는가 하는 점이다. 국가의 권력적 규제로부터 벗어나 시민사회의 자율을 지향하는 것은 세계사적인 추세이기도 하다. 그런데 의사들의 성찰은 국가로부터의 탈출에는 성공했지만 그 이후 새로운 삶을 어떻게 살아가야겠다는 지점에서 성찰은 정지하는 듯한 모습을 보인다.

즉, 그들의 일상에서 변화된 모습을 찾기가 쉽지 않다.

의료에 대한 국가규제가 잘못된 것이라면 의당 시민사회와 협력하여 부당한 국가규제에 근본적인 대응책을 만들어야 한다. 예를 들어 의료보험수가에 대한 국가규제가 문제라면 수혜의 당사자인 국민들, 또는 그들 중 조직화된 세력인 노동조합이나 시민단체들과 협의하거나 협상하여 수가문제에 대한 근본적인 해결책을 도모해야 한다. 그러나 의사들은 지금도 파업을 무기로 하여 정부만을 압박할 뿐 시민사회와 협의할 준비는 안 되어 있다.

일상적 진료과정에서 무슨 변화가 있는가? 의약분업과 관련지어 볼 때 분업 이전에 약물 오남용의 책임이 누구에게 있는가를 두고 의사와 약사 간에 일대 설전이 벌어졌었다. 이제 약사들이 '임의조제'를 할 수 없기 때문에 시민들이 항생제를 구하려면 병원에 가야 한다. 그러나 의사들의 항생제 처방이 획기적으로 줄었다는 보고는 아직 나오지 않았다. 이것은 문화적으로 관행화된 것이기 때문에 시간이 더 걸려야 변화가 있을 것이라고 생각할 수도 있다. 그러나 의약분업 이후 의사들의 약품처방이 고가약 중심으로 변했다는 보도는 많이 있었지만 항생제 사용을 줄이기 위한 노력을 했다는 보도는 없었다.

의사들이 가졌던 불만이나 이의 해결을 위해 취했던 전략과 운동방식, 그리고 이후의 변화상을 볼 때 의사들의 집단행동은 그들의 불만을 사회화시키고 대중적 지지를 얻을 수 있는 가능성이 있었음에도 불구하고 집단이익의 한계를 넘지 못함으로써 진정한 성찰적 사회운동으로 발전하지 못했다. 약물 오남용과 약가마진 문제가 나왔을 때 의사들은 약가마진이라는 잘못된 관행을 솔직히 인정하고 대신 정당한 수가로의 전환을 요구함과 함께 약 처방관행을 획기적으로 바꾸었어야 했다. 그런 후에야 의사가 바뀌었으니 정부와 사회도 제대로 된 서비스 공급체계를 만들 수 있게 해야 한다고 주장했어야 했다. 의사들의 갈림길은 여기서 시작된다. 의사들은 약가마진은 정부의 잘못에서 비롯된 것이라는 주장만을 했을 뿐 스스로 변화할 필요성에 대해서는 거의 관심을 두지 않았다. 의사의 진정한 무기는 파업을 하는 데 있는 것이 아니라 제대로 된 의료를 단 하루라도 국민들에게 제공하면서 '의료는 이렇게 변화해야 한다'는 것을 국민들에게 설득력 있게 보여주는 것이다. 의사들은 무수하게 많은 요구사항을 정부에 제시했지만 일반 국민의 입장에서 볼 때 과연 그 요구들이 모두 수용되었을 때 경제적 부담이 상승하는 것 이외에 어떤 변화가 있을지 실감하지 못한다. 의사들이 그들의 주장처럼 돈 때문에 파업하는 것이 아니라면 파업 대신 의사 나름의 '준법투쟁'을 할 수는 없었을까? 의사들이 국민적 지지를 얻지 못한 것은 그들의 주장이 틀렸기 때문이기보다는 의사들의 이익이 아닌 국민들의 이익을 위한다는 주장에 신뢰가 가지 않았기 때문이다. 의사들이 취한 방식은 의사가 원하는 대로 의료정책을 모두 바꾸어 일할 맛 나는 환경이 만들어지면 의사도 자연히 바뀔 것이라는 식이다. 이러한 소박한 기대는 의사가 아니라도 누구나 원하는 바다. 그러나 의사들이 원하는 만큼 정부가 재원을 만들 수 없는 상황에서 그러한 이상적 의료체계를 만들기 위하여 국민들이 동의하도록 설득하는 것은 일차적으로 의사들의 몫이다. 신뢰는 말로 되는 것이 아니라 반복된 경험에 의하여 형성되는 것이다(나은영, 1999) 의사들은 의사 입장에서 사고하고 행동하는 데에만 익숙하기 때문에 환자와의 '치유적 의사소통'에 의하여 형성되는 신뢰라는 사회적 자본(*social capital*) 을 쌓지 못했다.[6] 의사들의 성찰은 국가권력에 무기력했던 자신들을 능동적으로 요구하는 존재로 바꿀 수는 있었지만 그 성찰이 의료와 사회, 의사와 환자의 사회적 관계를 근본적으로 재구성하는 단계로까지 발전하지 못했다. 그리고 더 이상의 성찰을 중단함으로써 자신들이 터뜨려 놓은 의료모순 속에서 불만만 더 크게 느낄 수밖에 없게 되었다.

6) 의사소통의 구체적 방법에 대해서는 Smith (2002) 를 참고하시오.

제 7 장
의료권력과 자조운동

김대중 정부가 추진했던 의료개혁이 지지부진하게 끝났지만 현재의 의료제도와 의료체계가 무규범 상태의 혼란 속에 있기 때문에 의료개혁의 당위성은 상존하고 있다(조병희, 1999). 의료개혁이 지향해야 할 목표는 부권적 의료권력의 영향력을 축소시키고 의료소비자가 중심이 되는 의료체계를 만드는 것이다. 이 장에서 우리는 의료권력의 확대를 비판하고 자조운동을 통해 대안을 찾았던 서구사회의 경험을 돌이켜 보면서 의료개혁의 앞날을 생각해보기로 하겠다.

1. 전문화된 의료와 의료권력의 한계

지식은 곧 권력이라는 말이 있다. 특히 의학과 같은 전문분야일수록 일반인들이 체계적 지식을 갖추기 어렵기 때문에 그 분야 전문가들은 자신들의 지식에 기초하여 사회적으로 막강한 영향력을 행사하는 것이 보통이다. 우리 사회에서 과학은 과학전문가들이, 의학은 의학전문가들이, 그리고 법률은 법률전문가들이 독점하고 있고, 그러한 독점의 결과 그 분야 전문가의 자격은 어떻게 정하며 교육과정에서는 무엇을 가르쳐야 할지를 스스로 결정함은 물론, 그 분야의 자원배분을 어떻게 하고, 어떤 연구를 어느 방향에서 진행시켜야 하는지 등 자기분야와 관련된 거의 모든 사항들을 그 분야 전문가들이 결정하는 경향이 있다. 우리는 이러한 현상을 거의 당연하게 받아들였고, 또 이론적으로도 전문가들이 공공선을 위하여 헌신하고 있기 때문에 이들에게 자율성을 인정하는 것이 마땅하다는 기능주의적 논리에 의하여 설명되어 왔다. 그러나 최근에 전문가에 의한 지식독점의 정당성에 의문을 제기하는 흐름이 나타나기 시작했다. 이것은 전문가들의 집단이해에 따라 자원배분의 비효율성이 나타날 수도 있고, 또 전문가에 무비판적으로 의존하는 것만이 최선이 아니라는 새로운 인식이 만들어진 것이다.

의약분업을 둘러싸고 전개된 많은 논쟁들을 곰곰이 되짚어보면 현재의 의료체계가 잘못되어 있으니 바로잡자는 데에는 개혁세력이나 의사들 모두 공감하고 있었다. 다만 의사들은 자신들의 자율성이 충분히 존중되는 의료체계를 만들기를 원했다. 그러한 의사들의 주장이 갖는 의사 중심적 사고에 대한 비판은 많이 제기되었지만 그 주장이 갖는 당위적 측면, 즉 생의학에 기초한 의료체계의 기술적, 제도적 발전이 필요하다는 주장에 대해서는 논쟁도 되지 않았고 비판도 거의 없었다(이종찬, 2001). 여기서 우리가 생각해 볼 문제는 우리 사회에서 생의학의 이상이 충분히 발현된 의료체계가 만들어졌을 때 그것이 과연 소비자의 복지에 충분히 기여하는 것일 수 있는가 하는 점이다. 서구 의료의 역사를 살펴보면 의사 중심의 생의학체계가 1970년대에 혹독한 비판을 받으면서 비로소 환자의 권익이 증진되거나 대안적 의료체계를 추구하는 운동이 정착되었다. 그런데 생의학 그 자체에 대한 비판이 거의 없는 우리 사회의 현실에서 의료개혁은 자칫 '부권적' 전문주의를 '합리적' 전문주의에 근거한 지배로 바꾸어 의료권력을 더욱 영속화시킬 수도 있다. 그런 점에서 우리는 생의학이 갖는 문제와 그에 대한 사회적 비판을 다시 새겨볼 필요가 있다.

의사들은 자신들이 원하는 것은 '교과서적 진료가 가능한 의료제도'라고 주장했다. 이 주장 속에는 의사들의 소망과 기대와 함께 경제적 이해관계까지도 함축되어 있는 것이 분명하다. 그러나 현실에서 이 주장 자체를 오류라고 부정하는 것은 쉽지 않았고, 결과적으로 의사들의 집단행동을 합리화시키는 명분으로 작용했다. 근본적인 문제제기는 여기서부터 시작되어야 한다. 여기서 교과서(*text*)란 전문화된 의료를 지칭하는 것이다. 전문화된 의료가 제대로 작동하기 위해서는 여러 가지 조건이 필요하다. 최고수준의 진료기술의 개발을 목적으로 하기 때문에 이를 뒷받침하는 물리적 기반으로서 의학연구센터, 종합병원, 제약 및 전자산업체 간의 산학협동체제가 형성되어 있어야 한다. 의사들은 세부적으로 분화된 전문분야의 전문가로 훈련을 받기 때문에 10여 년에 이르는 의학교육과 훈련과정을 거친다. 의사의 진료와 연구를 뒷받침하기 위한 많은 보조인력이 있어야 한다. 따라서 전문화된 의료는 자본과 기술과 인력이 집약되어 있는 거대한 산업이 된다. 그 정점에 있는 의사는 자연히 높은 부가가치를 창출하는 의료공급자로서 경제적 권력을 행사할 수 있게 된다(Waitzkin, 1983).

그런데 전문화된 의료는 단순히 경제의 영역에서만 작용하지는 않는다. 사회관계적 측면에서 생각할 때 현대의학은 인간의 모든 질환을 치료하지는 못한다고 할지라도 질병이라는 생의 위기상황에서 우리가 일차적으로 의존할 수밖에 없게 만드는 생명권력(*biopower*)을 행사한다. 이 생명권력의 힘은 날로 커져 과거에는 질병이기보다는 인생의 자연스런 한 과정으로 여겨졌던 임신과 출산, 갱년기, 노화나 사망 같은 영역까지도 의료의 대상으로 만들어가고 있다. 즉, 우리 일상생활의 많은 부분이 의료의 관리대상으로 변화해 가는 의료화(*medicalization*) 현상이 진행되면서 우리는 가족들과의 관계가 단절된 채 환자로서 병원의 병상에서 보내야 하는 시간들이 계속 증가하게 되었다.

권력은 상대방으로부터 의존성 또는 복종을 창출한다. 우리가 아플 때 1차로 병원과 의사를 찾을 수밖에 없다는 사실은 그 자체로 의료가 권력적임을 말해 준다. 그런데 의료권력에 대해서는 저항이 가능한가? 그러한 말 자체가 생소하게 들리는 것이 우리의 실정이다. 의료에 대한 국민들의 불만은 많지만 그것이 조직화된 저항으로까지는 발전하지 않았다. 작년의 의사파업에 대해서 국민들은 의사를 비난하기는 해도 그 이상으로 저항하지는 않았다. 푸코(Foucault, 1976)의 표현을 빌자면 의료권력은 질병에 대한 치료법을 제공하여 한편으로 우리를 (질병으로부터) 자유롭게 만들면서 다른 한 편 우리의 행동을 규제하고 순치시키기 때문에 이를 거부하는 것이 매우 어려울 수밖에 없다.[1] 중요한 점은 국민들의 의사에 대한 불만과 불신이 깊은데도 불구하고 의료권력은 건재하다는 사실이다. 많은 국민들이 편리하게 동네의원을 가기보다는 장시간 기다림에 대한 불만을 토로하면서도 종합병원으로 집중하고 있다는 사실은 전문화된 의료체제가 건재할 수 있는 중요한 토대가 된다. 의사들이 주장한 것처럼 의료비의 수준이 낮고, 의료현장에 투입된 의료인력이 적어 의사의 노동강도는 높고, 따라서 의료서비스의 질적 수준은 낮을 수밖에 없는 제도적 문제점이 있지만 그것은 재원을 얼마나 더 투입하는가의 문제일 뿐이다. 즉, 국민들의 바람은 좀 더 질 좋은 서비스의 제공을 원하는 것이지 그러한 의료체제 자체에 대한 회의나 문제제기는 아닌 것이다.

그런데 푸코와 같은 상대주의 또는 구조주의의 관점이 제기하는 중요한 과제는 의료권력이 강력하게 유지되는 근저에는 의학적 담론이 치료능력의 유효성과 관계없이 구성될 수 있다는 가정이 있다. 즉, 병을 잘 고치니까 의학을 믿고 따르고, 그렇지 않으면 손쉽게 버릴 수 있는 것이 아니라는 것이다. 이것은 마치 다이어트라는 새로운 문화적

---

1) 푸코의 이론을 생명권력의 여러 현상과 관련하여 분석한 연구들로는 Peterson and Bunton(1997)을 참고하시오.

관념이 만들어지는 경우와 유사하다. 이성적으로는 이러한 새로운 미의 표준을 거부하면서도 정서적으로는 이를 거부하지 못하는 많은 사람들의 모습을 볼 때 다이어트라는 담론이 반드시 이의 실천여부에 관계없이, 그리고 날씬한 몸매가 반드시 어떤 반대급부를 제공하지 않는다고 하더라도 대부분의 사람은 이로부터 자유롭지 못하도록 얽어매고 있다는 사실을 알 수 있다. 의학적 치료능력은 의학담론을 구성하는 중요한 요소일 수는 있지만 그것이 필수요소로서 작용하는 것은 아니다. 의학은 이미 질병이라는 상황에 대한 양식화된 대답이기 때문에 설사 그것이 효과가 없다 하더라도 우리는 그것을 거부하기 어렵게 된다. 간단한 예로 대부분의 출산은 경험이 있는 산파와 함께 가정에서 얼마든지 진행될 수 있는 것이지만 실제 출산은 대부분 병원에서 이루어지고 있다. 그것은 종합병원이 출산에 부수될 수 있는 위험에 대한 수준 높은 대비책이라는 우리의 공유된 인식이 작용하기 때문이다.

이러한 의료권력의 속성을 생각할 때 우리 사회에서 전문화된 의료체계는 계속 확대 재생산되어 왔을 뿐 이에 대한 문제제기나 저항은 별로 없었다는 사실 자체가 주는 의미를 생각해 볼 필요가 있다. 의약분업정책도 대안적 의료를 모색했다기보다는 기존 의료의 모순을 교정하여 안정된 기반 위에 세우려 했던 시도로 생각할 수 있다. 그럼에도 불구하고 의사파업과 같은 혼란이 조성되었던 것은 구조적 차원의 의료권력이 현실의 의료제도에서 재생산되는 데는 관련 당사자의 인지능력의 한계나 자원의 부족 등 여러 요인으로 인하여 완전한 재생산이 되지 않기 때문이다.

이제 우리는 두 가지 사례를 살펴보기로 하자. 하나는 비아그라와 응급피임약 같은 '생활의약'의 사례를 통하여 의학이 우리의 일상을 어떻게 통제하고 있는가를 알아보고, 둘째는 자조운동을 통하여 의료권력의 대안을 모색해보기로 한다.

2. 현대의학에 대한 상반된 평가와 의료화

우리는 흔히 현대의학의 경이로운 발전에 대하여 감탄한다. 20세기 초반까지만 해도 전염병은 높은 치사율을 갖고 있었기 때문에 공포의 대상이었으나 이제 전염병에 대한 공포는 거의 사라졌다. 한때 새로운 공포의 대상이 되었던 후천성면역결핍증(HIV/AIDS)도 이제는 상당부분 의학적으로 통제 가능한 상태가 되었다. 암과 같은 만성질환에 대한 탁월한 치료법이 아직 개발되어 있지 않지만 현대의학의 발전속도로 볼 때 치료법의 개발은 단지 시간의 문제로 간주되고 있다. 이러한 의학의 발전과 더불어 의사는 건강의 상징처럼 인식되고 있다.

그런데 일부에서는 의학에 대하여 비판적인 입장을 취하기도 한다. 이반 일리히(Ivan Illich, 1975)는 《의학의 복수》(*Medical Nemesis*)라는 저서에서 현대의학은 여러 부작용을 일으켜 결코 안전하지 않다고 주장하며, 또한 의학체제 자체가 만들어내는 불건강(*Iatrogenesis*)에 주목했다. 예를 들어 암 환자에게 방사선요법을 사용하게 될 때 우리는 환자의 탈모현상을 비롯한 많은 부작용을 목격하게 된다. 그런데 일리히가 주장하는 보다 근본적인 의학의 문제는 건강과 질병의 문제를 기술지상주의적인 방식으로 접근함으로써 우리의 생활에서의 자율성을 빼앗고 의존성을 증대시킨다는 점이다. 즉, 건강을 위한 행동, 또는 질병치료를 위한 선택은 우리의 자발적 결정에 의한 선택이어야 하는데 현대의학의 성공적 발전은 하나의 신화처럼 간주되면서 이에 무비판적으로 의존하게 된다는 것이다. 현대의학이 결코 절대적 선이나 완전한 치료를 보장하는 것이 아닌데도 불구하고 이에 의존함으로써 우리는 대안적인 삶의 방식을 상실하게 된다. 더욱이 이러한 경향이 질병치료에만 한정되지 않고 일상적인 생활의 과정에까지 확대된다. 예를 들어 출산은 과거에는 전형적인 가족의 일상사였지만 의학은 '보다 안전한 분만'을 보장한다는 명목으로 출산행위에 개입하게 되었고, 이제는 병원출산이 보편화되었다. 동일한 현상을 우리는 사망의 경우나 결혼, 취업의 경우에도 발견한다. 의사의 사망확인으로 우리는 장례를 치를 수 있으며, 신체 건강함을 의사에게 확인받은 후 결혼을 하거나 취업을 하게 된다. 그 결과 우리 생활의 주관자가 우리 자신이기보다는 의사와 의학이 이를 대신하게 되었는데, 일리히는 이를 '일상생활의 의료화'(*medicalization of everyday life*) 라고 개념화했다.

일리히는 원래 신학을 전공한 사람으로 그의 현대의학에 대한 비판은 다분히 철학적이고 문명비판적인 관점을 취하고 있으나 그의 주장은 사회학적으로도 의미가 있다. 특히 의학이 단순히 질병치료의 차원이 아닌 일상생활 문제의 주관자로 기능하게 되었다는 것은 의학의 권력화와 관련지어 중요한 의미를 갖는다. 그 동안 우리는 의학을 병으로 인한 고통에서 해방시켜 준다는 인도주의적인 관점에서 바라보았고, 이를 바탕으로 의학연구에 대한 지원이나 의료서비스의 확대는 의문의 여지없는 당위로 생각했다. 그런데 일리히의 지적은 우리로 하여금 의학의 발전과 우리 생활에 대한 확대적용이 오히려 우리 생활에서의 주체성을 위협하는 결과를 가져올 수도 있음을 깨닫게 한다.

3. 사회적 일탈과 의료화

사회학자들은 의료화의 개념을 보다 구체화했다. 특히 콘라드(Conrad, 1980)의 업적이 중요하다. 그는 현대의학이 어떤 부문에 영역을 확대하고 있는가를 관찰했다. 그에 의하면 사회적으로 일탈적 행동이라고 간주되던 많은 현상이 점차로 사법적 내지는 도덕적 제재의 대상으로부터 벗어나 병으로 간주되어 의학의 대상이 되어가고 있음을 파악했다. 예를 들어 중세시대에 정신장애자는 악령에 빠진 사람들로 간주되었고 악령을 부추기는 마녀는 화형에 처하는 방식으로 단죄했다. 근세에 들어와 정신장애자들은 일반범죄자들과 함께 일정한 시설에 수용되어 사법적 단죄의 대상이 되었다. 그러나 19세기가 되면서 정신장애는 의사들에 의하여 점차로 심신이상에 의한 질병으로 인식되었고, 사법적 단죄보다는 치료가 필요한 존재로 부각되었다. 비슷한 현상을 주정뱅이나 아편중독, 동성연애 등의 사례에서 발견할 수 있다.

우리는 사회적 일탈 자체가 매우 가변적인 현상임을 알 수 있다. 일탈이란 정상에서 벗어난 범주를 의미하는데 바로 정상에 대한 규정이 절대적인 것이 아니고 시대적 상황이나 집단간 권력관계에 따라 변화할 수 있다는 것이다. 최근의 연구에 의하면 중세에 마녀사냥의 대상이 되었던 많은 사람들이 실제로는 그 사회에서 소외되거나 차별받는 계층의 사람들이었고, 그들은 정치적으로 혼란한 시기에 집권세력이 지배질서를 재확립하려는 의도에서 정치적으로 희생되었다고 한다. 즉, 정신병이라는 범주는 어떤 생물학적 실체가 있다기보다는 집단간 역학관계에 의하여 창조된 병이라고 할 수 있다.

일탈현상에 대한 사회통제의 기법에는 사법적 제재처럼 직접적인 것도 있지만 어린 시절 사회화를 통하여 형성된 내면화된 양심이나 체면의식처럼 간접적인 방식도 있다. 체면을 지키기 위하여 일탈행동의 유혹을 억제한다면 그것의 효과는 직접적인 사회통제보다 더 크다. 그런데 사회통제의 가장 심대한 영향력은 어떤 행동이 일탈적인가를 규정하는 권위이다. 즉, 무엇이 정상이고 무엇이 일탈인가를 규정할 수 있는 권위를 갖게 된다면 강력한 사회통제력을 갖게 된다(Conrad 1980: 8). 따라서 정신장애나 알코올 중독을 병으로 규정하게 되었다는 것은 의학적 기준이 사법적 기준을 대신하여 일정한 행동을 일탈로 규정하게 되었음을 의미하고, 정신장애자나 알코올 중독자의 생활이나 운명을 지배하게 되었으므로 의학이 그만큼 권력적이 되었음을 뜻한다.

이 과정에서 알 수 있는 중요한 사실은 정상과 일탈이 그 사회구성원의 보편적인 합의에 의하여 규정되기보다는 일정한 집단에 의하여 주장되고 그것이 사회적으로 받아들여지는 이른바 담론형성 과정을 갖는다는 점이다. 예를 들어 동성애에 대하여 서로 다른 관점에서 문제를 보는 여러 집단이 있는데 결국 어느 한 관점이 대중들에게 받아들여지게 된다. 여기서 중요한 것은 이러한 일탈적 상황에 대한 개념규정의 갈등이 사실적 신념뿐만이 아니라 도덕적 판단까지 포함하고 있다는 점이다. 동성애를 도덕적으로 단죄하는 상황에서 이를 새롭게 정신병으로 규정하는 것은 인도주의적인 가치관에 근거한 것이다. 그러나 동성애자들은 동시에 정신적으로 취약하여 전문가의 도움을 받아야 하는 수동적 존재로 규정된다. 만일 이러한 수동적 의무를 거부할 경우 그는 강제수용이나 이에 비견하는 강제적 치료를 받아야 하기 때문에 병자로 규정되는 것이 당사자에게는 매우 굴욕적이거나 부당할 수도 있다. 그렇지만 일단 의학적 규정이 권위를 갖게 될 때 모든 사회성원이 그러한 규정을 따라 동성애를 보게 되기 때문에 이를 거부하기가 매우 어렵다. 최근에 와서 동성애자들이 치열한 투쟁과정을 거쳐 자신들은 병자가 아니라 정상적 인간임을 주장하는 것은 바로 이러한 의학적 권력에 대한 거부가 쉽지 않음을 역설적으로 보여준다.

그러면 왜 의학은 이와 같이 영역확대를 계속 하는 것일까? 여기에는 여러 가지 복합적 이유가 포함되어 있다. 기본적으로는 관리영역의 확대가 의사들에게 사회적 권력을 부여하기 때문이다. 일탈의 의료화를 통하여 한편으로는 인도주의적 가치를 실현하는 도덕인이 되어 사회적 존경을 받을 수 있고, 또 한편 그것이 자신의 지위를 계속적으로 재생산하고 유지시키는 기반이 될 수도 있기 때문이다. 일탈이 새롭게 병으로 규정되면 새로운 병을 위한 연구가 지속되고 정부나 기업으로부터 투자를 얻을 수도 있으며 새로운 치료시설을 확보할 수도 있기 때문이다.

그런데 더 큰 문제는 이러한 의학의 의료화를 통한 영역확대가 일탈적인 현상에 머무르지 않고 그동안 자연스러운 현상으로 보이던 생활 부문에까지 확대되고 있다는 점이다. 앞서 언급한 것처럼 출산과 사망 같은 통과의례뿐만 아니다. 우리의 사소한 불편까지도 이제는 의료화의 대상이 되고 있다. 여성들이 갱년기에 겪는 심리적 우울증세나 육체적 고통도 이제는 호르몬 요법으로 치료되고 있다. 다이어트를 위한 약이나 성적 능력을 회복해 주는 약도 등장했다. 이른바 생활의약(*life-style drug*)은 처음에는 치료제로 개발되었지만 점차 부작용을 줄이면서 예방을 목적으로 사용되기 시작했다(*Businessweek*, 1998. 5. 11).

비아그라가 발명된 배경에는 인간의 끝없는 욕망이 잠재해 있는 것이 분명하다. 서양의 경우 2차 대전 이후 출생한 베이비 붐 세대가 중년으로 진입하고 있다. 이들은 과거세대와 달리 평균수명이 크게 연장되었고 그에 따라 노령화라는 새로운 증상에 직면하게 되었다. 과거세대는 일찍 죽었기 때문에 노인으로 지내는 기간이 짧았지만 이 세대는 수십 년을 노인으로 살아야 한다. 그러나 그들은 정말 노인이 되기보다는 젊은 세대로 남기를 원하며, 따라서 탈모, 피부노화, 성 능력 저하 등 노령화에 수반되는 여러 육체적 증상들에서 탈출하여 젊게 살기를 원하고 있다. 이와 같은 인구구성의 변화에 착안한 제약회사들은 탈모방지제, 피부노화 방지제, 성 능력 강화제 같은 약을 만들게 된 것이다.

그런데 사회학적 관점에서 볼 때 제약회사가 불로장수라는 인간의 보편적 기대를 해결하기 위한 인도주의적 목적에서만 비아그라 같은 약을 개발했다고 보기 어렵다. 실제로는 그 약이 가져오는 경제적 효과가 상상을 초월할 정도로 크기 때문에 약을 개발한 것으로 보인다. 비아그라를 개발한 제약회사인 화이자는 이 약으로 매년 수십억 달러의 판매고를 올릴 수 있을 것으로 예측된다. 그 비용은 고스란히 소비자들의 추가 부담이 된다. 필수적인 의약품의 경우에는 일반적으로 가격이 높지 않다. 그러나 생활의약은 필수적이기보다는 '없어도 되지만 있으면 좋은' 약이 대부분이기 때문에 고급 사치서비스에 해당하고, 가격이 비싸기 마련이다. 의료화로 인하여 귀중한 물적 자원이 인간의 욕망과 사치를 위해 낭비되는 결과가 되는 것이다. 우리는 사교육비가 교육의 질을 높이지도 못하면서 국가경제에 부담을 주고 있는 상황을 보고 있다. 마찬가지로 삶의 질을 획기적으로 높이는 것도 아닌 이러한 약들로 인해 상당한 경제적 부담을 감수해야 하는 것인지 생각해 볼 필요가 있다. 과거에는 제약회사나 의료계는 구체적 질환이나 통증을 치료하기 위한 약을 연구하고 생산해 왔다. 지금도 그러한 연구를 지속하고는 있지만 비아그라의 출현은 약의 생산경향이 변화할 것임을 암시하고 있다. 단순히 통증을 치료하기보다는 '불편함'을 완화해 주는 약을 생산하면 더 많은 돈을 벌 수 있기 때문에 제약회사는 이러한 약을 계속 생산하게 될 것이고, 의료계는 추가적인 환자가 발생되기 때문에 이를 싫어할 이유가 없다. 따라서 의료체계 자체가 상당히 변질될 가능성도 있다.

4. 생활의약의 사회적 의미

생활의약이 갖는 문제는 우선 기술지상주의가 갖는 함정이다. 생활의약은 한편으로는 생활상의 불편을 덜어주고 일시적으로 행복을 가져다줄 수 있다. 갱년기 우울증에 빠진 주부의 경우 호르몬제의 복용으로 갱년기 증상이 사실상 없어짐으로써 생활의 활력을 되찾을 수 있다. 성적 능력의 저하로 부부간에 원활하지 못한 관계를 갖고 있던 남성에게는 비아그라와 같은 약이 새로운 능력을 만들어주어 부부관계의 증진을 이룩할 수도 있을 것이다.

그런데 우리가 일상생활에서 겪는 모든 정신적 육체적 문제들을 약으로 해결할 수 있다고 하면 우리에게 과연 행복이 보장되는 것일까?

그렇지 않다. 두통을 약으로 해결한다고 하여도 두통을 일으키게 만든 가족간의 불화나 직장에서 동료간이나 상사와의 불화는 그대로 남게 된다. 현대의학이 발견한 것 중 하나가 정신적 스트레스가 보다 큰 병으로 발전할 수 있다는 점이다. 스트레스는 사회관계의 단절이나 모순에서 유래되는 경우가 많다. 서양의 경우 배우자의 사망이 가장 큰 스트레스 원인이 된다(Holmes and Rahe, 1967). 우리나라에서는 요즘에는 실직이나 실직에 대한 걱정이 가장 큰 스트레스 원인이 될 것이다. 배우자의 사망이나 실직은 결국 인간의 사회적 관계의 문제이다. 따라서 사회적 관계가 원만하면 스트레스도 상대적으로 쉽게 완화된다. 많은 연구결과들이 사회적으로 고립되고 도움을 청할 만한 친구나 가족이 없는 경우에, 사회적 부조(*social support*)가 취약할 경우에 스트레스가 병으로 발전함을 보여주고 있다(Peralin and Aneshensel, 1986). 우리가 생활의약을 복용하여 일시적으로 스트레스를 없앨 수는 있겠지만 그 원인은 그대로 남아 새로운 스트레스를 만들어 내게 된다.

비아그라의 경우도 동일하다. 부부간의 성적 부조화로 고민하던 남성에게는 비아그라 한 알이 절실한 해결책일 수 있다. 그러나 문제가 그리 간단하지는 않다. 남성의 발기부전은 병적인 원인으로 인한 경우도 있지만 스트레스로 인한 경우도 많다. 부부간에 평소에 성격부조화로 갈등을 겪고 있거나 직장생활에서의 스트레스가 결국은 성적 무능력으로 나타나게 된다고 볼 때 비아그라의 복용은 최악의 상황에 대한 일시적 방책은 될 수 있지만 부부관계나 사회생활의 문제에 대한 근본적인 해결책은 되지 못한다.

육체적 고통이 심할수록 우리는 우리 생활을 돌이켜보고 반성하고 새로운 사회적 관계를 만들기 위해 노력하는 계기로 삼을 수 있다. 성 능력이 문제가 된 경우 금연을 하거나 성공에 대한 과도한 집착을 버림으로써 우리의 생활이 변화되고 성 능력이 회복될 가능성도 있다. 최근의 면역학 이론에 의하면 감기와 같은 질병에서 열이 나거나 하는 것은 병균이나 바이러스에 대항하여 신체의 자율치유 능력이 발휘되는 과정이기 때문에 진통제 투약이 오히려 이 과정을 더디게 하거나 방해할 수 있다고 한다. 즉, 웬만한 신체적 고통은 참는 것이 오히려 회복을 빠르게 하고 신체를 정상화하는 데 도움을 준다는 것이다. 이와 비슷하게 갱년기 증상이나 성 능력의 하락도 그로 인한 정신적 육체적 고통을 약을 통하여 회피하기보다는 이를 받아들이고 고통을 겪으면서 자신의 생활을 새롭게 꾸미는 것이 더 근본적인 해결책이 아닐까?

생활의약의 의료화가 갖는 또 다른 문제는 정작 대중에게 필요한 약이 의학적 관리대상이 됨으로써 생기는 불편이다. 응급피임약이 그런 경우이다. 그리고 이 경우는 의료화가 사회적 약자를 배려하기보다는 그들의 잘못만을 탓하는 사회적 낙인을 강화시키는 중대한 의미까지 포함하고 있다. 한국 사회에서는 약자에 대한 관심과 배려가 무척 취약하다. 응급피임약을 둘러싼 논란에서도 '원치 않는 임신'과 이어지는 낙태로 인한 당사자의 정신적, 도덕적, 물질적 고통에 대한 배려가 약하다는 것을 알 수 있다. 애당초 반대진영에서는 이 약의 도입이 성의 문란을 조장할 것이라는 도덕적 우려나 또 다른 낙태에 불과하다는 종교적 판단을 앞세워 약의 도입 자체를 반대했다(한국보건사회연구원, 2001). 그러나 한 해 100만 건을 상회하는 낙태 문제의 심각성 때문에 결국에는 시판이 허용되었지만 전문의약품으로 지정되는 바람에 또 다른 문제가 야기되었다. 이것은 약의 오남용을 막기 위한 조처였지만 병원에 가서 성관계 사실을 고백하고 처방을 받기를 꺼려하는 여성들이 약국에서 일반피임약을 과다 복용하여 정말로 약의 오남용을 하게 되는 것이다.

이 약의 도입으로 피임의 책임을 여성에게 떠넘기게 된다는 주장이나, 생명의 소중함을 강조하는 입장이나, 약의 오남용을 막겠다는 태도 모두 경청할 만한 의견이지만 그러한 의견이 반영되어 사회가 이상적으로 제도화되기까지는 많은 시간과 논의가 필요하다. 성문화가 건전해지고 남녀가 평등해지면, 그리고 그에 따라 '원하지 않는 임신'이 사회적으로 문제가 되지 않을 만큼 줄어든다면 응급피임약은 엄격하게 규제하는 것이 마땅할 것이다. 그런데 현실은 그렇지가 않다. 언제부터인가 임신은 여성들에게 축복받아야 할 기회가 되지 못하고 기피의 대상이 되어버렸다. 젊은 여성들은 항시 조심하고, 날짜를 따지고, 고민해야 하는 심각한 스트레스의 원천이 된 것이다. 한 해에 출생하는 아이의 두 배에 달하는 낙태가 이루어진다는 현실 속에는 여성들의 엄청난 죄의식과 고통이 담겨 있다.

우리 사회가 낙태왕국이 된 배경에는 정치권력과 가부장적 남성권력, 그리고 의료권력이 두루 작용했다. 경제발전을 위해서 어떤 방법을 써서라도 인구성장을 억제하겠다는 정치가들과, 자기 자신의 피임은 거부하는 남성들, 그리고 기술적으로 낙태를 시행했던 의사들은 지난 수십 년간 낙태로 인한 여성의 건강 훼손, 정신적 상처와 심리적 고통, 그리고 경제적 부담에 대해서는 외면했다. 낙태는 철저하게 이들 권력이 작용한 결과였고, 여성들은 권력에 복종할 수밖에 없었던 희생자들이었다. 이런 상황에서 여성들은 권력자인 남편이나 남자친구 또는 의사 앞에서 임신에 대한 두려움을 당당하게 말하기 어렵다.

응급피임약이 여성들이 겪고 있는 고통을 일거에 없애주는 것은 결코 아니다. 그러나 최소한 원치 않는 임신에 대한 공포와 고통은 상당 부분 없애줄 수 있을 것으로 보인다. 그리고 임신가능성에 대하여 자유롭게 말하지 못하는 여성의 처지를 이해한다면 응급피임약은 처방 없이 구입할 수 있도록 허용되어야 한다. 그러나 현실은 응급피임약을 의사의 권한에 예속시키고 의학적 관리대상으로 삼음으로써 사회적 약자인 여성은 계속 원치 않는 임신에 대한 낙인 속에서 살아가야 한다. 여성의 고통을 덜어줄 수 있는 약이 의료화로 그 효과를 얻기보다는 낙인의 지속이라는 엉뚱한 결과를 가져온 것이다.

이와 관련하여 생각해야 할 중요한 문제는 의료화가 탈정치화를 유발한다는 것이다. 우리가 일상생활을 하면서 맺게 되는 사회적 관계는 작은 정치의 세계이다. 누구를 배우자로 선택할 것인가, 어떻게 하면 부부간의 갈등을 해소할 것인가, 아니면 상사와의 관계를 어떻게 돈독하게 만들어 승진에서 유리한 위치를 차지할 것인가 하는 등의 문제는 어떤 판단과 결정을 요구하기 마련이다. 그러한 결정에는 반드시 상대방이 있기 마련이고 상대방과의 관계를 새롭게 만들기 위한 목적에서 어떤 결정이 내려지게 된다. 이것은 작은 생활정치이다. 정치는 크거나 작거나 항시 당사자의 자율적인 판단에 의거하기 마련이다. 그런데 의료화의 경우에는 이러한 과정이 모두 무시되고 의료와 약이라는 기술적인 해결책에 일방적으로 의존하게 만든다. 성적 능력에 문제가 있는 남성이 부부관계나 직장에서의 복잡한 관계를 생각하고 고민하기보다는 손쉽게 약을 선택하여 모든 문제를 덮어버리게 만드는 것이다. 정치가 필요한 영역이 탈정치화될 경우 권위주의가 필연적으로 만연하게 된다. 일반 사회에서 서로 다른 생각을 갖고 있는 정치집단간에 민주주의적인 토론과정이 생략되면 힘 있는 세력에 의한 일방적인 결정만이 있게 된다. 우리는 이것을 권위주의라고 하여 배격한다. 마찬가지로 부부간에 문제가 있을 때 끈질긴 설득이나 대화의 노력을 기울이기보다 약으로 성적인 만족만을 주려고 할 경우 부부관계가 최악으로 가는 것을 막을 수는 있지만 화목한 부부관계는 만들기는 어렵다. 우리가 생활에서 정치적인 노력을 게을리하거나 싫어할 경우 생활의약이나 의료화는 대안이 되지만 그것은 결국 생활에서의 주체성의 상실이라는 큰 대가를 치르게 만든다.

이러한 사례를 볼 때 우리에게 필요한 것은 의학에 대한 비판적 안목이다. 의학은 한편으로는 불가피한 선택이지만 현재의 우리처럼 무비판적인 의존은 의료권력의 계속적 확대재생산을 초래하게 만든다. 여기서 우리는 서구사회에서 일었던 의학에 대한 비판과 자조운동의 확산 경험을 살펴보기로 하자.

5. 서구사회의 의학비판 운동

자조운동[2]과 같은 대안의료는 기본적으로 현대의학의 입장과는 다른 병인론에서 출발한다. 첫째로 현대의학의 유효성에 대한 재인식이 시작되었다. 현대의학은 그 유효성이 과장되어 있다고 본다. 현대의학의 높은 치료능력 덕에 우리가 질병에 대한 두려움으로부터 해방되고 과거보다 건강하게 살 수 있다고 의사들은 주장한다. 실제로 20세기 전후하여 발전하기 시작한 현대의학은 1950년대에 이르면 항생제 등의 발전에 힘입어 전염병에 대한 획기적인 치료능력을 갖추게 되었다. 이러한 의학의 발전으로 한때 모든 질병을 정복하는 순간이 다가왔다는 기대를 불러일으키기도 했다. DDT를 사용하여 머릿니를 박멸했고, 또 공중보건학적 방법을 적용하여 천연두를 박멸하기도 했다.

그러나 1970년대 이후 새롭게 진행된 연구들에 의하면 전염병에 대하여 의학적으로 유효한 치료법이 발견된 것은 1940년대 이후인 데 반하여 전염병의 치명도는 이미 19세기부터 감소되었다. 즉, 전염병의 세력 약화는 의학 때문이 아니라 영양, 위생, 주거환경 개선과 경제발전으로 인한 삶의 질 향상으로 건강수준이 높아진 데 기인한다는 것이다(McKeown, 1979; Mckinlay and Mckinlay, 1977). 물론 현대의학의 질병치료 능력이 과거 어느 때보다 높다는 것을 부인하지는 않는다. 문제는 의학적 치료를 통한 건강향상의 효과가 생각보다 크지 않으며, 오히려 생활의 질을 높이는 것이 더 큰 효과를 갖는다는 사실이다. 의학은 질병으로 인한 고통을 경감시키고 단기적으로 생명을 연장시키는 효과는 있겠지만 인간의 건강수준 자체를 바꾸지는 못한다는 것이다.

---

2) 자조운동은 영어로 self-help 또는 selp-care로 부른다. 두 개념이 반드시 일치하는 것은 아니지만 넓은 의미에서 건강행동에서 자조운동으로 볼 수 있기 때문에 이를 특별히 구분짓지 않고 사용하도록 하겠다.

적어도 1970년대 이전 선진국의 의료와 관련된 사회정책에서는 의료 자체에 대한 회의는 없었고 단지 의료서비스를 어떻게 잘 배분하면 될지에 대해서만 고민했다. 영국의 경우 의료개혁가들은 지불능력으로 인한 의료이용의 불평등을 개선하면 건강에서의 계층간 불평등을 개선할 수 있을 것으로 생각했다. 그래서 제2차 세계대전이 끝난 후 노동당이 집권하면서 국영의료제도(*National Health Service*)를 도입하게 된다. 병원들이 국유화되었고 국민들은 무료로 의료서비스를 제공받게 된 것이다. 따라서 병이 많은 하위계층은 의료비의 부담을 걱정하지 않고 더 많이 의료서비스를 이용할 수 있었다. 그러나 한 세대가 지난 후 계층간 건강격차를 조사해본 결과 상위계층일수록 건강하고, 하위계층일수록 불건강한 경향이 거의 변화가 없다는 사실이 밝혀졌다(Whitehead, 1987). 이것으로 의료서비스 혜택에서의 평등을 이루는 것만으로는 건강수준 자체의 평등을 이룩할 수는 없다는 점이 분명해졌다. 즉, 근로조건의 개선과 같은 사회적 불평등의 개선, 주거와 환경위생 조건의 개선, 금연과 같은 행동요인들이 건강수준에 더욱 중요하게 작용하고 있으며, 의료가 건강에 미치는 요인은 제한적일 뿐이라는 인식이 보편화되었다.

이에 대한 대응으로 발전한 것이 '건강증진'이라는 담론이다. 건강이 의학적 치료보다는 생활방식과 행동을 개선함으로써 달성할 수 있다는 것이다. 현대의 많은 질병은 만성병이고 이것은 병균의 침입에 의한 것이기보다는 만성적 피로와 긴장, 스트레스, 비만과 흡연, 과도한 음주, 운동부족 및 영양의 불균형 등으로 인한 것으로 추정되고 있다. 따라서 이러한 생활습관을 바꿈으로써 건강을 증진할 수 있다는 것이 새로운 건강전략인 것이다. 건강증진 담론은 매스미디어를 통하여 재생산되면서 몸매관리(*fitness*)나 금연, 그리고 운동 등은 시대적인 생활방식으로 정착되고 있으며, 이와 관련된 산업이 급속히 발전하게 됐다.

현대의학의 유효성에 대한 회의는 의료비의 급증과도 연결되어 있다. 현대의료는 자본과 기술이 집약되어 있는 산업이기 때문에 의료비는 계속 급격하게 증가되어 왔다. 서구사회에서는 국내총생산(GDP)의 약 10%를 의료비에 쓸 만큼 의료비 부담이 컸고, 이에 따라 의료비 절감은 1970년대 이후 중요한 정책과제가 되었다. 의료비를 절감하기 위하여 선진 각국의 정부들은 의료비 지불제도를 개선하거나 경직되어 있는 의료보험 관리조직을 경쟁체제로 바꾸는 등 여러 가지 노력을 시도했다. 그러나 현대의료에 배태되어 있는 의료공급자와 산업체의 이해관계 때문에 의료비 절감이나 의료개혁은 쉽지 않았다. 그러나 의료비가 계속 사회적으로 문제로 등장하고, 의료비 절감정책이 당위성을 얻게 되면서 생긴 부수적 효과는 의료에 대한 대중적 신념이 감소하기 시작했다는 점이다. 최고수준의 의학기술을 발전시키는 데에만 관심을 가졌던 의료전문가들의 담론이 한편으로는 자원의 효율적 사용을 강조하는 정부나 기업의 논리와 의료전문가에 대한 일방적 의존에서 벗어나 자조(*self-care*)를 지향하는 대중의 인식으로 변화하기 시작한 것이다. 그리고 이 두 가지 흐름은 교묘하게 연결되기도 한다. 건강증진 담론이 만들어지면서 정부는 의사를 통하지 않고 직접 국민들을 설득하고 교육함으로써 건강증진을 달성하여 궁극적으로 의료비를 절감할 수 있는 새로운 정책을 사용하게 되었다. 미국 정부가 1990년대 초반부터 추진한 〈Healthy People 2000〉 정책이 대표적인 사례이다. 이에 따라 체중조절, 금연, 영양개선 등 많은 프로그램들이 진행되었다. 건강증진은 의학적 방법의 한계를 벗어나서 개인의 주체적인 노력을 추구한다는 점에서 자조운동과 관점을 공유한다.[3]

서구의학을 비판하는 두 번째 논지는 현대의학에 내포되어 있는 기계론적 인간관을 벗어나 건강관리의 주체성을 회복하자는 철학적 비판

---

3) 건강증진 담론이 일정하게 전문가 중심주의에서 벗어나게 만드는 측면도 있지만 동시에 건강문제의 원인을 개인에 돌림으로써 구조적 모순을 회피하게 한다는 비판도 있다(Bunton 외, 1995).

이다. 해부학에 기초한 현대의학의 병인론에서는 인간을 하나의 기계 장치와도 같은 것으로 파악하면서 기계부품의 이상을 발견하듯이 신체의 특정 부위의 특정 원인을 찾아서 고치는 방식을 갖고 있다 (Mishler, 1981). 이러한 기계론적 사고는 의료기술의 획기적인 발전을 가져온 것은 사실이지만 또한 질병발생이나 치료과정에서 환자의 정신(*mind*)이나 심령(*spirit*)이 미치는 영향과 그 반대의 과정을 간과하는 문제가 있다. 건강과 질병에 관련하여 사회학, 인류학, 심리학 등에서 진행된 많은 연구들은 질병이 단순한 생물학적 사실이 아니라 사회적 실재(*social reality*)로도 존재함을 밝혀주고 있다. 현대의학이 생물체로서의 인간의 보편성에 관심을 집중하게 되면서 질병발생에 있어서 사회문화적인 특수성을 감안하지 않게 되었다. 따라서 질병 상황에 직면하여 의사를 찾게 되는 순간부터 환자들은 자신의 정신과 영혼의 작동을 정지시킨 채 단지 인체라는 기계에 대한 수리를 의사에게 맡기고 그가 지시하는 대로 따라야 했다. 더욱이 이러한 시술이 이루어지는 곳이 대규모 조직인 종합병원일 경우 관료제 구조하의 소외문제는 더욱 심각해진다. 환자의 경험이나 감정은 가치 있게 고려되지 않으며 정서적인 도움(*caring*)은 무시되는 경향이 있다. 더욱이 의료시술이 전문분과로 나뉘어 진행되면서 환자가 갖는 문제는 매우 국소적인 측면에서 규정되기 마련이고 그의 전체적인 삶이나 건강상태와 분리된 채 치료가 진행되는 경향이 있다. 이러한 치료과정에서 환자는 자신의 인격을 상실하고 '타인'으로 존재하는 소외과정을 겪게 된다 (Sirott and Waitzkin, 1984).

나아가 치료자와 환자의 사회적 관계가 권위적 지배와 복종의 관계로 이루어지면서 의사와 환자 간에는 충분한 의사소통이 이루어지지 않는 경향이 강하다. 의사는 환자의 기대수준과 인식수준에 맞추어 충분한 정보를 제공하지 않는다. 일부 학자들은 이러한 의사들의 행태는 환자를 정보의 빈곤상태에 둠으로써 손쉽게 환자를 통제할 수 있기 때문에 이러한 정보통제가 일어난다고 주장한다. 이러한 권위적 지배구조 하에서 환자는 치료받기 위해 자신의 독자적인 건강관과 같은 것은 저버리고 철저히 의사의 지시와 통제를 따르는 수밖에 없다. 즉, 앞서 살펴본 일리히의 주장대로 현대의학은 환자의 수동성을 강요하는 것이다. 일리히 자신은 문명 비판에 그치고 있지만, 현대의 자조운동은 바로 자신의 몸과 질병에 대한 전문가의 통제를 벗어나 자기통제력을 회복하는 운동을 전개하고 있다. 그리고 개인보다는 집단수준에서 그러한 통제력을 확보하려고 노력한다.

대체의학 역시 현대의학이 강요하는 비주체성에 대한 반발로 등장했다. 전통의학과 치료법으로부터 대안적인 의료철학과 방법들이 재발견되면서 전체론적 관점과 개인의 주체성이 강조됐다. 한의학과 같이 많은 전통의학들은 인간의 신체, 정신, 심령을 하나로 통합되어 있는 전체로 보는 전체론적 관점(*holism*)을 갖고 있으며, 질병은 이러한 통합이 깨어질 때 나타나는 현상이다. 따라서 질병치료나 건강관리는 국소적인 증상의 제거에 그치는 것이 아니라 그 사람의 사회적, 심리적 문제에도 관심을 갖기 마련이다. 그럴 때에만 전체의 재통합과 건강의 회복이 이루어진다고 보기 때문이다. 여기서 마음을 다스리는 데 큰 비중을 두기에 전문가의 기술적 요인보다는 개인의 노력이 중요해진다. 개인은 소우주와도 같이 자율적인 존재로 가정되고, 따라서 의료전문가보다는 개인에게 건강에 대한 일차적인 책임을 지우는 관점이 발생했다(김옥주, 2001). 이러한 범주의 대체의학에는 요가와 명상, 기운동 등 많은 동양의학적 방법과 선불교, 유교, 힌두교의 사상이 포함된다.

현대의학 비판의 또 다른 흐름은 사회운동에서 기원했다(Rodriguez-Trias, 1984). 일례로 여성운동가들은 여성학적 입장에서 건강문제를 보게 되면서 기존의 의학과 의료가 남성중심적임을 발견했다. 여성의 몸이 남성의 관점에서 규정되고 길들여져 왔고, 이에 따라 정상적인 여성의 삶의 과정이 단지 남성들과는 다르기 때문에 일탈로 규정되었으며(즉, 병으로 규정되었으며), 치료과정도 여성의 경험과 느낌은 무시되기 일쑤였다고 비판했다. 여기서 대표적으로 출산, 피임, 폐경 등 여성만이 경험하는 생리과정이 남성적, 의학적 관점에서 치료의 대상이 되었던 점이 논쟁거리로 등장했다. 여성 산파로부터 출산관리권을 빼앗아 성장한 남성 산부인과 의사들, 콘돔 이외에는 남성용 피임법은 별로 없고 여성용 피임법과 피임약은 수없이 개발되어 여성에게만 피임을 강요하는 가부장제적 현실, 폐경기를 여성성의 상실로 가정하고 호르몬 치료법으로 이의 회복을 선전하는 의학적 당위성이 여성운동가들의 비판을 받았다. 이에 대한 대응으로 여성운동가들은 독자적인 자조운동 요원을 훈련시키거나 치료법을 제공하는 등의 자조활동을 광범위하게 전개하고 있다.[4]

의료계 내부에서의 비판적 흐름도 자조운동의 발전에 중요한 계기가 되었다. 1960년대 후반에서 1970년대 초반에 발생했던 미국의 민권운동에서는 부적절한 의료공급도 흑인이나 빈민에 대한 차별이라는 인식이 커져갔고, 이를 해결하기 위한 방안으로 지역사회 클리닉 개설운동이 펼쳐졌다. 이에 따라 수백 개소의 클리닉이 개설되었는데 여기에는 정부가 개설한 지역보건소와 Black Panther와 같은 민권운동단체가 개설한 무료진료소가 있다. 이들 기관들은 임신검사, 성병검사, 결핵검사, 감기치료, 외상치료 등 1차 진료를 제공했다. 많은 젊은 의사들이 이 기관들에 종사하면서 기존의 의료체계와는 다른 철학과 방법을 실험했다. 이와 함께 의대생들도 전국조직을 결성하면서 교과서 대신 지역사회에서 직접 주민들과 상대하면서 주민들의 건강문제를 파악하고 의료봉사 활동을 전개했다(James, 1976).

---

4) 여성보건운동의 최근 경향에 대해서는 Ruzek, S., V. Olsen, A. Clarke (1997) 참조.

이들의 활동은 몇 가지 점에서 기존의 의료와 차이가 있었다. 우선 이들은 팀워크와 의사의 탈신비화를 추구했다. 이들은 전문화된 의료지식과 위계적인 병원구조가 의사와 환자, 의사와 간호사의 사회적 거리를 멀게 하고 의사를 엘리트주의에 빠지게 만든다고 생각했다. 뉴욕의 Lincoln Hospital의 소아과 인턴과 레지던트들은 병원당국과 협상을 벌여 지역사회 소아과 프로그램을 만들었다. 이들은 병원이 아닌 지역사회에서 클리닉을 운영하면서 납중독, 결핵, 영양실조 등 주민들의 일상적인 건강문제를 해결하려 했다. 즉, 병원에서처럼 소아과에 특화된 환자만을 치료하는 것이 아니라 주민이 갖고 있는 모든 건강문제를 있는 그대로 감당했다. 의사의 역할이 전문화되어 있는 것도 아니었다. 인턴이나 간호사가 바쁘면 소아과 전문의가 접수를 받기도 했다. 진료소 운영과 관련된 의사결정은 의사, 간호사 등 구성원 모두가 참여하여 진행했다. 이들은 전문화된 의료보다는 '일반적 의료' 또는 가정의학을 선호했다. 이것은 전문화된 의료가 소외를 유발하는 것에 대응하여 전인적, 예방적이고 포괄적인 서비스를 제공하기 위한 목적에서 시도되었다. 그리고 이들은 지역사회의 통제를 강조했다. 지역사회 진료소들은 운영이사회가 있었고 여기에는 지역주민들이 다수 참가했다. 따라서 지역주민의 필요도에 따라 진료소가 운영되도록 하는 제도적 기반을 확립한 것이다. 이러한 의료계 내부적인 비판이 의료계 전체의 흐름을 바꾸지는 못했지만 여기서 제시했던 탈전문성과 지역사회 통제의 원리는 자조운동의 확산에 큰 기여를 했다.

이러한 여러 비판적 흐름들을 종합해 볼 때 자조운동은 전문주의에 대응하여 보통사람들의 주체성을 강조하고, 고급의 의학지식보다는 일상적, 보편적인 건강법을 추구하며, 다른 것과 고립되어 진행되는 의학적 질병치료보다는 가능한 한 일상생활 속에서 정상적 삶을 영위하며 건강문제를 관리할 수 있는 방법을 모색한다. 그리고 개인적으로 최고수준의 의사를 찾기보다는 집단적으로 문제와 경험을 공유하면서 해결책을 모색하는 방식을 취한다. 따라서 자조운동은 단순히 의료의 대안이기보다는 새로운 삶의 방식인 셈이다.

6. 자조운동의 사회구조적 토대

우리나라에도 소개되었던 미국영화 〈로렌조의 오일〉을 보면 ALD라는 희귀질환에 걸린 자식을 위해 부모가 헌신적으로 치료법을 찾아나가는 이야기가 잘 그려져 있다. 암이나 에이즈 같은 질환은 치료법을 발견하기 위해 수많은 의사들이 나서고 있고 또 국가적으로도 많은 연구비가 투자되고 있는 데 반하여, 희귀질환에 대해서는 의사들도 관심이 없었다. 이런 상황에서 치료법을 찾기 위하여 한편으로는 도서관으로, 또 한편으로는 같은 병을 앓는 환자의 가족들끼리 모여 해결책을 모색하는 장면은 매우 감동적이었다. 이와 같이 건강과 질병문제를 전문가에게 일방적으로 의존하지 않고 문제의 당사자가 주도적으로 해결해 나가는 방식을 자조(*self-care*) 운동이라고 한다.

반면 우리 사회에서는 질병으로 고통받는 사람들의 모임도 드물고, 활동범위나 사회적 파급효과도 제한되어 있다. 백혈병 환자들이 '글리벡'이라는 고가 신약의 의료보험 적용을 위하여 건강보험공단 앞에서 시위를 벌이는 등의 활동을 했지만 극소수의 의사들이 이에 동조해 주었을 뿐 사회적 관심사가 되기에는 역부족이었다.[5] 오히려 TV방송 같은 곳에서 자선 프로그램을 통하여 사회적 동정심에 기대어 소수의 백혈병 환자에게 지원하는 것이 더 '정형화된' 백혈병에 대한 사회적 인식이라고 생각된다. 환자모임들은 현대의학에 대한 대안적 담론을 갖

---

5) 이와 관련된 여러 관계자들 사이의 논란이 2001년 7월 하순 인도주의실천의사협의회(www. humanmed. org) 게시판에서 벌어졌다.

고 있지도 못하고, 또 이들을 체계적으로 도와줄 수 있는 전문가 집단이나 시민운동가 집단도 거의 없는 실정에서 초보적 수준의 자구활동에 나서고 있을 뿐이다.[6]

한국사회에서 자조운동이 발전하지 못하고 있는 것은 기본적으로 의학에 대한 비판적 인식이 형성되어 있지 않기 때문이다. 우리는 아직도 의학의 혜택을 더 잘 받는 문제에 매달리고 있으며, 따라서 의료에 대한 비판적 인식이 형성되어 있지 않다. 예를 들어 한국에서도 여성운동이 비교적 활발하게 전개되어 여성의 사회적 지위, 가사분담, 호주제도, 여성노동자의 지위 등에 대해서는 많은 이론과 정책이 제시되었으나 건강과 질병에 대한 문제제기는 거의 없었다. 아주 최근에야 출산과 관련된 문제들이 논의되기 시작했다. 건강증진의 담론 역시 단편적으로 진행될 뿐이다. 건강증진에 관한 입법이 되어 있기는 하지만 매우 제한적으로만 정책으로 실시되고 있을 뿐이고, 몸매관리가 많은 사람의 관심을 받고 있지만 건강보다는 '성의 상품화'에 더 크게 관련되어 진행되는 것으로 생각된다.

현대의학에 대한 비판적 인식이 부재하고 대안적 담론체계가 충실하게 제시되지 못한 상황에서 건강관리나 의료이용은 매우 개인적이고 사적인 차원에서만 진행될 수밖에 없다. 예를 들어 대체의학의 한 범주로 볼 수 있는 기 수련 운동이나 수지침 요법에 많은 사람들이 참여하고 있지만 그것이 새로운 건강법을 개별적으로 익히고 적용하는 개인적 건강관리 차원에 머물고 있을 뿐 집단적인 건강운동으로 발전하지는 못하고 있다. 즉 자조운동에서는 전문가에 대한 환자의 일방적 복종보다는 환자들의 경험을 공유하고 공동으로 치료법을 모색하는 것이 중요한 방식이 된다. 그런데 기운동과 수지침의 경우 그 분야 전문

---

6) 현재 백혈병 환우회의 경우는 의료운동권의 지원을 받고 있고 정부와 다국적제약기업을 상대로 싸우는 모습을 보인다(백혈병 환우회, 2002). 환자 자신들의 체계화된 목소리는 작은 편이다.

가로부터 방법을 전수받아 개인적 자산으로 만드는 것이 강조되고 있을 뿐이기 때문에 그 구조의 측면에서 보면 의료전문가-환자의 수직관계와 다름이 없는 것이다.

자조운동의 경우에는 건강관리의 주도권을 전문가가 아닌 일반시민이나 환자들이 행사한다. 질병치료의 전 과정에서 환자는 주체적인 의사결정을 하게 되고 의사는 중간 중간 필요한 기술지원을 하는 형태로 치료가 진행되는 것이다. 이것은 거의 전적으로 의사에게 매달리다시피 의존하는 한국의 환자들과는 분명하게 구분되는 특성이다. 자조운동에서 의사는 동반자이면서 기술자문역으로 존재한다. 반면 많은 한국인의 심성 속에는 의사가 탁월한 치료능력을 가진 카리스마적 존재, 또는 명의로 자리잡고 있다. 그래서 환자들은 의사에게 거의 무조건적 복종을 하는 것이 보통이다. 그러나 의사가 어떤 실수를 하거나 빈틈을 보이면 환자들은 카리스마의 환상에서 벗어나 의사에게 도전하는 모습을 보이기도 한다. 이러한 이분법적 사고에서는 의사를 동반자로 생각할 수 있는 여유가 존재하기 어렵다.

이러한 의사에 대한 인식은 질병치료나 의료를 기술적인 차원에서만 생각하는 사회일반의 인식과 맞물려 있다. 의료는 의사의 소관으로만 생각했고, 또 질병치료는 개인적인 문제로만 간주되는 의료문화 속에서 이에 대한 경험을 나누는 일은 거의 없었다. 우리 속담에 아픔은 나눌수록 고통이 줄어든다는 말이 있다. 이것은 자조운동의 저변을 흐르는 정신이다. 그런데 우리 사회에서는 가족주의가 강하여 그 나눔의 폭이 가족이나 친지로 제한되는 경향이 존재한다. 가족이나 친지가 정신적, 물질적인 도움을 줄 수는 있지만 그 병에 대한 구체적인 경험을 갖지 못하기 때문에 '동병상련'(同病相憐)을 하지는 못한다.

사회관계에 있어서 개인과 가족의 범주를 넘어서 공동체적으로 사회문제에 대응해 나가는 기반이 형성되어 있지 못한 것은 서구사회의 1960년대와 같이 사회관계 속에서의 권위주의에 대한 광범위한 도전과 개혁이 없었던 점에 기인한다. 앞서 살펴본 것처럼 서구사회에서는 흑인민권운동이나 여성운동뿐만 아니라 의료계 내부에서도 기성 의료체계에 대한 급진적인 비판과 대안의 모색이 진행되었다. 이러한 의료계 내부적 비판이 종합병원 중심의 의료체제 자체를 바꾸지는 못했지만 의료과정에서의 민주화에는 상당한 기여를 한 것으로 평가된다. 1960년대까지 지배적이었던 의사에 의한 권위적 지배와 환자의 맹목적 복종의 관계가 수평적인 동반자 관계로 변화하게 된 것은 의료에 대한 사회적 인식의 변화와 함께 의료계 내부적인 비판과 자성이 있었기 때문에 가능했다. 그러나 한국사회에서는 사회일반에서의 권위주의 비판도 부족할 뿐만 아니라 의료계는 이러한 움직임이 거의 감지되지 않은 분야에 속한다. 오히려 의약분업 사태에서 나타났듯이 의사의 권위를 강화하려는 움직임이 거세게 발생했다. 이러한 상황에서 환자들은 조직화되기 힘들고 의사에게 순종적인 것처럼 행동하거나 아니면 폭력적인 방식으로 불만을 토로하는 식으로 행동이 양극화되어 나타나는 경향이 있다. 우리는 외양으로 보면 선진국과 다름없는 병원과 의사, 의료장비를 갖고 있고 또 전국민을 대상으로 하는 건강보험제도를 운영하고 있지만 그 토대를 이루는 사회구조를 보면 선진국과는 매우 큰 차이를 보인다. 선진국에서는 현대의료에 대하여 상대적으로 또는 조건적으로 그 가치를 인정하고 건강관리에서 주체성을 확보하려는 의식화된 대중이 있다. 그리고 이러한 대중을 자신의 고객과 동반자로 생각하면서 고급치료의 일방적 적용보다는 상담과 교육에 더 많은 시간을 할애하는 태도를 지닌 의사들이 존재한다. 반면 우리 사회에는 의사와 환자 간에는 권위주의적인 지배-종속의 관계가 유지되고 있으며, 권력적인 의사와 그에 맹목적으로 복종하는 개별화된 환자들만이 존재한다. 이러한 토대 위에서 자조운동은 발전하기 어려운 것이다.

인터넷은 아마도 이러한 한계를 넘을 수 있는 유용한 도구가 될 수 있다. 인터넷이 만드는 가상세계에는 수많은 동호회들이 넘쳐나고 있고 이것들은 기존의 혈연과 지연에 근거한 '1차 집단'이나 사적 이익추구에 기초하는 '2차 집단'과는 다른 '3차 집단'으로 분류되어 새로운 사회조직의 근거가 되고 있다. 미국에는 수십만 개의 건강관련 동호회들이 있다고 한다. 그러다 보니 동호회도 연령별 증상별로 세분화되어 '20대 여성의 편두통 극복모임' 같은 식으로 동호회가 구성되고 편두통에 대한 자기경험, 특정 약품의 투약효과, 비약물 요법 등 다양한 정보들이 교류된다. 우리 사회에서도 2~3년 전부터 인터넷 사용이 보편화되면서 다양한 건강동호회들이 만들어지고 있다. 큰 동호회는 가입회원이 수천 명 이상 된다. 이들은 자신들의 건강문제에 대한 정보를 교환하면서 자조운동의 새로운 기반을 만들어가고 있다. 그러나 아직 그 수준은 초보적 단계에 머무르고 있는 것으로 보인다. 서구사회에서는 인터넷 발전 이전에 이미 자조운동이 발전되어 있었지만 한국은 그러한 사회적 기반이 없었다. 인터넷이 새로운 사회조직의 형성을 촉진할 수는 있겠지만 서구사회와 같은 사회변화를 유발할 수 있을지는 아직 불분명하다.

7. 자조운동의 실제

자조는 단순히 자기처방에 의한 치료를 의미하는 것이 아니다. 자조가 되기 위해서는 적어도 세 가지 조건이 필요하다. 첫째는 현대의학에 대한 비판적인 인식이 필요하다. 현대의학을 무조건 받아들이는 것이 아니라 그 장점과 한계를 명확히 인식하고 이에 기초하여 주체적으로 받아들이는 자세가 요구된다. 즉, 의사와 환자는 권위적 지배와 복종의 관계가 아닌 동반자적 관계에서 치료법의 선택이나 대안의 모색이 일어나는 것이다. 둘째로 환자의 주체성이 만들어지기 위해서는 그 치료법에 대하여 충분히 인지되어야(*informed*) 한다. 치료법의 특성,

부작용, 비용효과 등 합리적 선택이 가능하도록 충분한 지식이 제공되어야 한다. 셋째로 이러한 정보는 부분적으로는 제약회사나 의료공급자들이 제공할 수 있지만 기본적으로는 환자가 다른 환자 또는 동호인들과 네트워크 속에 참여하여 제공받을 수 있다. 비슷한 경험을 가진 다른 환자들과 교류함으로써 치료에 대한 정보는 물론 정서적 위안과 일상적 대처방법을 나눔으로써 환자는 실질적 도움을 얻을 수 있다. 또한 이러한 환자집단의 존재는 의료공급자들에게 중요한 압력으로 작용하게 된다.

이러한 개념규정에 근거할 때 의약분업 이전에 많은 사람들이 약국에서 스스로 약품을 선택하여 투약하는 행위는 자조라고 보기 어렵다. 네트워크 속에 있지 않은 개인이 약품광고 등에 의거하여 제한된 정보만을 믿고 스스로 증세를 진단하여 약품을 선택하는 행위는 전문가나 동료에 의한 검증을 받을 기회를 갖지 못하기 때문에 오히려 문제가 될 수 있다. 반면 서구에서 최근에 자가 처방약(OTC, *over-the-counter drug*)의 비중이 확대되는 것을 자조운동의 확산으로 해석하는 경우가 있는데 이것은 약에 대한 정보가 충분히 제공되고 있고 또 약제의 선택과 이용을 도와주는 네트워크가 존재하는 현실에서 이루어지고 있는 것이기 때문에 우리와는 기본적인 성격이 다르다고 할 수 있다.

서구에서 자조집단은 여러 유형으로 구성되어 있다. 간질, 당뇨, 파킨슨씨 병 같은 특정 질환을 가진 사람들, 만성통증이나 시력장애와 같이 일상적 활동능력을 상실한 사람들, 큰 수술이나 출산과 같이 생애적 경험을 준비중인 사람들, 마약이나 알콜중독을 경험한 사람들, 자살이나 강간 등 극단의 경험을 가진 사람들 등 다양한 구성의 조직을 갖고 있다. 어떤 모임의 경우에는 자원봉사자들로만 구성되어 있기도 하다. 자조집단은 성원들에게 상호적인 사회적 부조와 수많은 일상적 문제에 대처할 수 있는 구체적인 방법, 신체상태와 치료법에 대한 정보, 가족과 친구, 그리고 의료전문가들을 상대하는 방법 등을 제공해 준다. 또 다른 중요한 기능은 성원을 고립시키지 않고 연결망 속에 있게 한다는 점이다. 즉, 건강문제를 겪지 않는 보통사람은 환자들의 주체적 경험을 충분히 공감하기 어렵다. 또한 에이즈나 암 등 많은 질병들이 사회적으로 낙인이 찍혀 있기 때문에 환자들은 자칫 사회적으로 고립되기 쉽다. 그러므로 같은 경험 속에 있는 사람들끼리 각자의 경험을 공유함으로써 서로 도울 수 있다는 것이 자조운동의 핵심이다.

몇몇 자조집단의 사례를 살펴보자. 〈American Natural Hygiene Society〉[7]는 1948년에 창설된 채식주의자 모임인데 50개 국에 1만 명의 회원을 갖고 있다. 이들은 "Health Care is Self-Care"라는 트레이드 마크를 갖고 있으며, 채식 위주의 다이어트 방법과 자연주의적 생활습관을 기르는 방법을 모색하고 있다. 이들은 *Health Science*라는 잡지를 발간하고 있고 테이프나 책자를 발간한다. 또한 정기적인 세미나와 회합을 개최하는데 여기서 다루는 주제는 자연주의 다이어트, 스트레스 관리, 휴식과 수면법, 여성건강, 노인건강, 건강한 어린이 양육법 등이다. 연회비는 25달러이다.

〈Citizens For Health〉[8]는 건강은 권리이며, 정부에 의해서나 사회경제적 지위에 따라 결정되는 특권이 아니라고 생각하는 보통사람들의 모임이다. 이들은 국내적・국제적 연대를 통해 자연주의적 건강상품과 치료법에 관하여 충분히 인지된 선택(*informed choice*)을 할 수 있는 권리를 행사하고자 한다. 전국에 150개의 소모임으로 구성되어 정부의 입법과정을 감시하고 언론보고서를 작성한다. 1994년에 100만 명 이상의 서명을 받아 "Dietary Supplement Health and Education Act"의 통과에 큰 영향을 미쳤다. 최근에는 FDA가 질병의 개념규정을 변화시키고 건강상품의 레이블에 표시되는 소비자가 이용 가능한 정보를 제

7) http://www.anhs.org/
8) http://www.citizens.org/

한하는 시도를 반대하고자 "Write to Know" Campaign을 조직했다.

〈The Coalition for Improving Maternity Services〉[9]는 1996년에 출산교육조직, 산파, 의사, 간호사, 출산개조인, 산후조리사, 소비자운동가 등 출산관련 기관과 개인이 모여서 산모에게 친숙한 출산을 돕기 위한 방법을 제공하려는 목적에서 출범했다. 이들은 출산과 관련한 확실한 증거가 있는 문건과 정보를 제공하고 또 산모에게 친근한 출산장소(병원, 출산센터, 가정 등)를 알선해 준다. 이들은 출산은 정상적인 자연적 과정이며, 여성과 신생아는 출산에 필요한 본능적인 지혜를 갖고 있고, 모유수유가 신생아에게 최적의 영양공급이고, 산파의 도움이 대다수 여성에게 최적의 방법이며, 여성의 출산에 대한 자신감과 능력은 도움을 주는 모든 사람과 출산환경에 의하여 제고될 수도 있고 감소될 수도 있다는 믿음을 갖고 있다. 이들은 산모들을 돕는 것 이외에 출산개조기관들을 평가하여 등급을 매기고 산모들이 이를 선택하는 데 도움을 주는 기능도 갖고 있다.

이와 같이 자조집단은 다양한 형태와 목적을 갖고 있으며 그 구성원들도 '보통사람'들로만 구성되기도 하고 때로는 자조의 이념에 동참하는 전문가와 조직들로 구성되기도 한다. 자조에 대한 사회적 관심이 넓어짐에 따라 이제는 의료공급자나 제약회사들도 자조의 방법을 소개하는 경우가 많다. 아예 자조를 전문으로 하는 의사도 생겨났다. Tufts 의대를 졸업하고 Johns-Hopkins대 병원에서 수련을 받은 John Travis의 경우는 의료시술 대신에 Wellness Resource Center를 만들어 사람들의 자조능력을 제고하는 데 전념하고 있다.[10]

자조운동을 경험한 사람들은 대부분 정서적인 안정과 스트레스의 감소, 질병에 대한 공포심의 감소를 경험하며, 자신감을 회복하고, 사회

---

9) http://www.motherfriendly.org/

10) http://www.healthy.net/asp/templates/interview.asp?PageType=Interview&ID=252

활동에 열성적으로 참여하게 되면서 남을 돕는 데 관심을 갖게 되었다고 한다. 또한 질병의 성격과 치료법에 대한 지식을 얻게 되어 병원이용이나 투약에서 보다 합리적인 행동을 하게 되었다고 한다(Weiss and Lonnquist, 1994). 정책적으로 중요한 결과는 자조운동을 경험하는 사람들이 의료이용 자체를 줄이게 되었다는 점이다.

자조운동은 건강관리나 질병치료에 있어서 무조건적으로 의사와 의료에 의존하던 관행에서 벗어나 이용자의 입장에서 건강관리의 주체성을 회복하려는 일련의 사회운동을 말한다. 이러한 자조운동은 의료개혁문제를 두고 큰 사회적 갈등을 빚고 있는 우리나라에 시사하는 바가 크다. 의료개혁은 의료제도를 고치는 것으로 의료공급자의 이해관계를 바꾸어야 하기 때문에 이에 대한 저항이 필연적으로 발생하게 된다. 그런데 제도의 개선 못지 않게 중요하고 시급한 일은 우리가 당연시하고 있는 현대의학의 패러다임에 대하여 다시 생각해 보는 일이다. 자조운동은 우리의 관심을 질병(*illness*)으로부터 건강(*health*, *wellness*)으로 바꾸는 패러다임의 혁명과도 같은 것이다. 그것이 물론 현대의학의 유용성을 완전히 부정하는 것은 아니다. 자조운동을 통하여 현대의학의 유용성의 한계를 정확하게 인식함으로써 우리가 건강해지기 위해서는 무조건 병원과 의사에 의존하기보다는 우리 자신에게 숨겨져 있는 건강할 수 있는 주체적 능력을 회복하는 길을 모색할 필요가 있다. 미국의 예를 보더라도 보다 많은 사람들이 이러한 대안을 추구하게 되었을 때 기존 의료공급자들의 행태도 자연히 변화하여 보다 많은 정보를 환자들에게 제공하려 했다. 건강에 대한 새로운 담론을 만들기 위한 노력이 무엇보다 필요할 때이다. 시민단체 또한 다양한 자조운동 집단이 만들어지고 이들과 함께 의료정책을 개발하고 입법을 추진할 때 '시민 없는 시민운동'의 한계를 벗어나 의료개혁을 위한 새로운 역량을 만들어낼 수 있을 것이다.

제8장
김대중 정부의 의료정책 평가

김대중 정부는 의료보험제도의 개선과 의약분업의 실시라는 두 정책을 중심으로 의료정책을 펼쳤다. 의료보험제도의 개선은 의보조합을 통합 일원화하여 형평성을 제고하는 방향으로 관리운영제도를 바꾸었다. 또 의료공급자에 대한 수가지불제도는 포괄수가제와 상대가치제를 도입하여 보다 합리적으로 개선을 시도했다. 의약분업제도는 약가정책의 변화와 의사와 약사의 직역분리 등을 통하여 약의 오남용을 방지하고자 했다.

그런데 김대중 정부의 의료정책을 두고 사회일반은 물론 관련학계에서는 부정적인 평가가 많은 것으로 보인다. 특히 한나라당과 의사협회 등은 원천적으로 문제가 많은 실패한 정책으로 규정하고 있다. 의사들은 그러한 정부의 시도가 생존권을 위협하는 것이며, 동시에 '개인의 자유와 시장경제 원리를 유린하는 의료에 대한 국가독점이며 의료사회주의의 완성이고 국가사회주의의 정착을 위한 시도'라고 평가하고 있다(강위석, 2001; 민태훈, 2001). 전문가의 자율성을 무시한 국가주의에 의한 횡포라는 평가(송호근, 2001), 또는 현실을 무시한 무리한 정책추진(이규식, 2000)이라는 견해도 있다. 반면 개혁을 지지하는 세력은 의보통합과 의약분업이 상업적 이윤추구를 지향하면서 왜곡된 의료체계를 바로잡고 진정한 국민건강증진과 형평성을 제고하는 의료개혁의 시발점으로 생각한다(이광찬, 2001; 양봉민, 2001).

이렇게 대립되는 평가 속에는 의료문제를 바라보는 기본인식이나 문제해결을 위한 국가의 역할설정에 대한 상당한 차이가 함축되어 있다. 즉, 개혁을 지지하는 세력은 시장화된 의료체계에서 가능한 한 공공성 확립을 시도하면서 이를 위하여 국가와 국민(시민단체)의 적극적인 역할수행을 강조하는 반면, 개혁에 비판적인 측에서는 의사 또는 의료전문가의 자율성을 중시하면서 국가개입이 가져오는 부정적인 영향을 강조하는 것으로 보인다. 즉, 김대중 정부의 의료정책은 표면적으로는 국민의 건강증진과 같은 보건학적인 목적이 있지만 내부적으로는 의료를 둘러싼 국가, 의사, 국민(시민단체) 간의 (권력)관계가 함축되어 있음을 알 수 있다.

일단 김대중 정부는 이전 정부들과 달리 의료체계의 합리성과 효율성 또는 공공성을 확보하려는 정책을 추진했다고 할 수 있다. 이러한 정책지향은 분명히 진보적인 정책이었음이 분명하지만 김대중 정부가 그러한 개혁을 원만하게 추진할 만한 역량(예산, 조직 등)을 충분히 갖추고 있었던가에 대해서는 의문의 여지가 있다. 이런 상황에서 의사들의 조직화된 반대운동에 직면하자 무원칙한 정치적 타협을 지향함으로써 의사집단의 반발은 증대되었지만 개혁지지 세력은 결속시키지 못함으로써 오히려 개혁을 후퇴시키는 파국적인 결과를 가져왔다.

1. 의료문제의 구조

김대중 정부가 출범할 당시만 하여도 한국사회에서 의료문제는 정치적으로 그다지 중요하게 취급되는 문제도 아니었고, 또한 그 해결의 방향이나 필요성이 사회적으로 분명하게 정립되어 있는 것도 아니었다. 물론 의료부문에 문제는 많이 있었다. 그렇지만 무엇이 문제인가에 대하여 사회적으로 일치된 의견이 없었다. 의사와 병원들은 의료보험의 낮은 수가를 제일의 문제로 꼽고 있었지만 국민들은 의료이용상의 불편함(주로 대학병원급 병원의 이용 또는 입원)을 주로 호소했다. 이외에도 응급의료 문제, 장기이식 문제, 의료분쟁 문제, 약품남용 문제 등 여러 가지 문제들이 발생하고 있었지만 사회적으로는 그다지 중요하게 인식되지 않았다.

이러한 점은 의료계와 일반사회 사이에 의사소통체계가 제대로 확립되어 있지 않았음을 말해 준다. 예를 들어 의사대란이 있기 이전까지만 하여도 대부분의 언론사들은 의료전문기자가 없었고, 다루는 의료관계 기사도 새로운 치료법 소개나 의료계 비리 정도였을 뿐 의료문제를 심층적으로 다루는 경우는 드물었다. 시민소비자 단체들도 의료피해구제에 주로 관심을 썼고 다른 의료문제에 대한 관심은 드물었다. 정치권 역시 의료문제에 대한 관심이 적은 것은 마찬가지였다. 이러한 단절된 의사소통구조는 역으로 의료공급자들에게 의료계를 독점적으로 지배하고 만들고 의료문제가 사회적으로 노출되지 않고 정책논의를 독점하도록 만들었다. 사회적으로 볼 때 의료문제는 의료계의 경계선을 벗어나지 않는 일종의 비결정(*non-decision*) 상태에 있었다고 할 수 있다. 의료공급자들과 일부 보건학자나 경제학자들을 중심으로 의료문제를 구성되고 재생산할 뿐이었다. 그리고 그 결과는 '공급자'에 편향된 의료정책논의였다. 예를 들어 김대중 정부 이전에도 의료보험 수가제도가 의료경영과 의사의 자율성에 얼마나 심대한 부정적 결과를 미치는가 하는 점은 수없이 반복적으로 논의되고 해결책들이 제시되고 논쟁이 벌어졌다. 반복적으로 의료인력의 수요추계를 하면서 의사의 공급이 과잉이라거나 또는 의과대학의 신증설이 미치는 부정적 결과에 대한 주장도 많았다. 반면 의사들이 환자에게 제공하는 의료서비스가 과연 질적으로 신뢰할 만한 것인지 또는 환자들의 권리는 어떻게 제도적으로 보장할 수 있는지 등에 대한 보건학적 의학적 논의는 거의 찾아보기 어려웠다.

이러한 상황에서 만들어진 '합리화된 신화'(Meyer and Rowan, 1977)가 '저수가 의료보험'이다. 즉, 정부가 정한 의료보험 수가가 의료의 생산원가를 밑도는 낮은 것이라는 주장이다. 수가가 전반적으로 낮다는 것은 관련 전문가들도 대부분 동의하는 '합리화된' 것이다. 그러나 그것이 의료문제를 특정한 시각으로만 바라보게 만든다는 점에서 하나의 '신화'이다. 여기서 특정한 시각이란 의료의 '사적' 성격을 마치 신성불가침한 것처럼 간주하고 그것을 유지함으로써 발생하는 여러 문제들을 모두 '저수가'에 원인을 돌려 해석하려 한다. 수가를 높이는 것만이 모든 의료문제 해결의 관건이라고 많은 의사들은 생각한다. 약가마진 문제를 두고 의사들이 '부당하게 매도당했다'고 생각하는 것도 이러한 신화의 '신성성'에 기초한다.

그런데 문제는 그 신화의 정당성에 의문을 표시하는 일이 발생한 것이다. 시민단체들이 약가마진을 없애는 대신 수가를 올리는 데 동의하면서 병원경영의 내역을 투명하게 밝히고 환자의 알 권리를 신장시킬 것을 요구한 것이다. 신화는 불분명한 상태로 감추어진 채 사람들이 그냥 믿을 때 위력을 발휘한다. 시민단체는 지금까지 의료부문 당사자들간에 용인되어 오던 신화의 한 꺼풀을 벗겨보려 한 것이다. 의사들은 '신화가 깨지는 아픔' 때문에 분노를 표출했지만 중요한 것은 왜 그런 일이 발생했는가를 곰곰이 따져보는 것이다. 이런 상황이 전개된 근본적인 이유는 사회의 변화로 제도환경이 바뀌어 가고 있고 새로운 제도환경 속에서 '저수가'는 더 이상 신화로 존재하기 어렵게 된 것이다. 투명성이나 소비자의 알 권리는 이제 우리 사회에서도 새로운 제도적 규범으로 자리잡아 가고 있다. 이것은 의사들이 그 동안 유지해왔던 전문주의의 규범과는 대립되는 것이다. 의사들은 변화하는 제도환경에 적극적으로 적응하기보다는 '의권'이라는 형태로 기존의 신화를 유지하려는 전략을 선택했다. 그러나 의사들의 불만이 지금까지 계속 되고 있는 것으로 볼 때 그러한 시도가 성공한 것으로 보이지 않는다.

정부 또한 그 동안 이러한 의사들과 공생관계를 유지하여 왔다. 정부의 의료정책의 기조는 정부 자신과 기업의 부담을 가능한 한 적게 하면서 의료공급을 확대하는 것이었다. 그러다 보니 대부분(약 90%)의 병원이 민간병원으로 만들어졌다. 의료보험제도 역시 정부의 부담을 적게 하는 방향으로 설계되고 운영되면서 현재 의보재정은 전체의료비의 절반 수준만을 부담하고 있다. 의료공급자들은 공적으로 부담하는 50%에만 주목하면서 이 문제를 '낮은 수가'에 연결지어 강조한다. 그렇지만 정작 중요한 것은 나머지 50% 때문에 의사와 병원이 사적 이윤을 추구할 수 있다는 사실이다. 만일 의료행위가 모두 의료보험에 의하여 보상되고 또한 수가가 낮은 수준에서 유지되었다면 병원과 의사들은 이미 오래 전에 파산했을 수도 있다. 그러나 정부는 보험이 적용되지 않는 영역을 폭넓게 허용함으로써 의료기관의 생존을 보장해 왔다. 더욱이 모든 의료기관을 의료보험제도에 소속되도록 묶어 경쟁까지 제한함으로써 의료비는 의사들이 기대하는 '원가' 이상으로만 작동할 뿐 경쟁이나 경영합리화에 의하여 자발적으로 '원가' 이하로 내릴 수도 없도록 했다. 즉, 의료보험제도는 의사들의 불만이 일부 있기는 하지만 의사들의 집단적 생존이 가능하도록 정부가 뒷받침하고 있다는 점에서 정부와 의사는 공생관계에 있었다고 할 수 있다.

이러한 의료체계의 사회구조적 측면을 보면 의료실천에 있어서 의사의 절대적 권력, 의료공급자와 정부의 공생, 의사결정에 있어서 국민・소비자의 배제를 특징으로 한다. 의사는 의학지식뿐만 아니라 의료기관까지 소유하고 있고, 정부의 통제로부터도 '상당히' 자유로운 상황에 있었기 때문에 그들이 행사하는 권력은 매우 강력했다(조병희, 1999). 정부는 의사들에게 의료공급의 책임을 위임하여 의료문제를 해결함으로써 국가의 부담을 덜고 대신 이들의 활동을 지원하는 공생적 관계를 유지하여 왔다. 대부분의 의료정책은 이러한 유대관계에 기초하여 만들어졌기 때문에 국민과 소비자는 의료에 관한 의사결정에 의견을 반영하거나 권리를 주장할 수 있는 통로를 갖지 못한 채 배제되어 있었다. 이것은 의료기관의 소유와 운영은 국가 또는 공공단체가 하고 의사는 의료전문가로서만 권위를 행사하는 서구사회의 경우와는 매우 다른 특징이다. 동시에 시장의료가 최고로 발전되어 있는 미국과도 다른 모습을 보이는데, 미국의 경우에는 보험료의 지불자 또는 의료구매자(기업)의 힘이 커지면서 이것이 전문가 권력을 제약하는 상쇄권력으로 작용하게 됨으로써 전문가적 자율성을 중심으로 하는 전문가 지배구조로부터 기업화된 의료회사에 의사가 종속되는 변화를 유발했다(Light, 1993; Scott, 2000; Robinson, 1999). 한국의 경우에는 국가와 의료공급자들의 관계에서 국가에 의한 통제 가운데 국가가 인정하고 보호하는 의료시장이 만들어지면서 의료의 시장적 성격은 매우 강하면서도 보험회사나 기업 등이 의료공급자에게 영향력을 발휘할 수 없는 구조를 갖고 있다. 즉, 의료공급자의 지배에 대항할 수 있는 상쇄권력이 만들어질 수 없는 구조인 것이다.

정책학적으로 표현하면 김대중 정부가 당면했던 의료문제는 의료체계의 효율성과 형평성을 높이는 것이었다. 의료공급자들의 문제는 자원배분과 사용에 있어서 효율성이 낮다는 것과 다름없고, 국민들이 겪고 있던 의료문제는 빈부의 차이에 따른 의료이용의 격차를 해결하는 형평성의 문제로 귀결된다. 이러한 의료문제 해결을 위해서는 과거처럼 공급자 위주의 의료정책에서 벗어나 의사결정에 국민의 참여를 높일 수 있도록 의료문제를 사회화시켜야 했다. 즉, 공급자 위주로 구성되어 있고 정부가 제도적으로 이를 뒷받침하는 의료의 지배구조(*governance*)를 변화시켜 의료자원의 배분과 의료체계 관리방식을 바꿀 때에만 효율성과 형평성이 달성될 수 있다(Saltman and Figueras, 1997; Ham, 1997). 이를 위해서는 의료정책의 입안과 집행에 국민이 참여하는 형태로 의사결정구조가 변화해야만 한다. 즉, 한국사회가 당면한 의료문제의 개혁을 위해서는 단기적으로는 형평성과 효율성을 높이는 정책이 필요하지만 이것은 의료체계의 지배구조를 변화시키는 정책과 함께 추진될 때에만 개혁의 효과가 충분히 나타날 수 있다고 생각된다. 예를 들어 대처정부 이래로 추진된 영국의 의료개혁에서 개업의사(GP)들에게 환자들을 위하여 사용할 수 있는 일정한 기금을 관리할 수 있는 역할(*fundholder*)을 부여함으로써 개업 의사들은 환자를 대리하여 전문의를 선택할 수 있게 되었고, 이러한 조치는 그 동안 전문의가 우위에 있었던 지배구조를 변화시켜 개업의의 입지를 강화하는 의료체계 내의 권력구조의 재편이란 정치적 의미를 갖게 되었다(Light, 1995). 물론 이러한 개혁조치는 권력구조의 변동 자체가 목적이라기보다는 비용절감이나 효율성 증대와 같은 다른 목적들을 달성하기 위하여 추진된 것이지만 이러한 조치들이 의료체계에 내재된 집단간 이해관계를 변화시킴으로써 지배구조의 변화까지도 유발하는 것이다. 따라서 김대중 정부의 의료정책에 대한 평가는 추진된 정책이 정책학적이나 보건학적 의미에서 어떤 성과를 올렸는가 하는 점에서뿐만 아니라 궁극적으로 의료개혁이 목적하는 구조적 변화를 위한 의료체계의 지배구조의 변화를 달성했는가 하는 점에서도 평가가 필요할 것이다. 이러한 점에 주목하면서 의료정책을 평가해 보도록 하겠다.

2. 의료보험제도의 개선

현 정부가 출범 초기에 역점을 두고 추진한 정책이 의료보험조합의 통합일원화(의보통합)였다. 의보통합 이전에는 국민들은 직장 또는 지역별로 구성된 227개 조합에 가입되어 있었다. 보험수가는 정부가 개입하여 단일적 체계로 정해졌지만 보험료 수입은 각 조합의 사정에 따라 독자적으로 정해졌다. 그러다 보니 다른 지역이나 직장에 소속된 사람들간에는 동일한 소득수준이라고 하더라도 보험료의 수준이 천차만별이었다.[1] 그런데 의보통합 이후에는 전국적으로 단일화된 보험료 부과기준이 설정되어 전국 어디서나 동일한 소득과 재산이면 동일 보험료를 내도록 되었기 때문에 수평적 형평성을 얻게 되었다. 더욱이 월 소득 154만 원을 기준으로 그 이상 소득자는 보험료가 인상되었고, 그 이하 소득자는 보험료가 인하되는 수직적 형평성을 얻었다(양봉민, 2001).

의보통합은 의료정책에 대하여 국민들이 집단적으로 개선을 요구한 최초의 사안이라는 데 그 중요성이 있다. 농촌지역은 노인인구 비중이 높고 농업이라는 산업의 특성상 소득수준이 낮아서 의료이용은 많고 그에 따른 의료비 부담이 상대적으로 큰 집단이었다. 더욱이 군 단위로 구성되는 조합은 대상인구 규모가 적기 때문에 위험분산이 되지 않았다. 이러한 조건들 때문에 농촌지역 조합들은 매년 보험료를 많이 인상했고 농민들은 이 문제에 대한 해결책으로 의보재정을 통합하여 운영할 것을 정부에 집단적으로 요구하게 된 것이다. 이 문제는 노태우 정부 때부터 시작하여 김영삼 정부 때까지 계속된 정책과제였지만 해결이 되지 않았다. 의보통합은 조직통합에 따르는 보험조합 직원들간의 이해관계와 부담증가를 우려하는 직장조합의 반발 및 경영자들의 반대 때문에 수월하게 진행될 수 없는 사안이었다. 정부 또한 의보조직이 통합되었을 경우 보험료 결정과 징수 및 보험운영에서 중앙정부의 책임이 커지는 문제를 우려했다. 이 때문에 노태우 대통령은 국회에서 통과된 의보조직 통합법안을 거부권을 행사하여 무력화했다.

1) 예를 들어 의보통합 이전에는 동일한 소득과 재산을 가진 지역가입자가 서울 강남구에서는 의료보험료로 매월 32,000원을 납부했는데 서울 강서구로 가면 52,200원, 성남시 중원구에서는 42,000원, 군산시에서는 48,700원을 납부해야 했다(차흥봉 외, 1998).

김대중 정부는 노사정위원회의 합의를 거쳐 의보통합을 신속하게 실천했다. 김대중 정부가 이 문제에 적극적으로 나선 것은 의보통합을 추진 또는 지지했던 노동-농민단체 및 시민단체들과의 우호적 관계에 일차적으로 기인한다. 동시에 외환위기라는 급박한 상황을 맞아 사회개혁이란 담론이 힘을 얻고 있는 정치적 상황에서 반대세력들이 반대운동을 쉽게 조직할 수 없었던 점도 작용했다. 특히 민주노총의 경우 소속 조합원들이 대개 대기업 근로자들이었기 때문에 의보통합이 이루어질 경우 보험료가 상승하는 데도 불구하고 사회적 연대에 기여한다는 의미를 이해하고 부담을 받아들이도록 소속 조합원들을 설득했던 점은 의료개혁의 명분은 확대하고 반대의 명분은 축소시키는 중요한 기여를 한 것으로 생각된다. 그러나 조세행정의 취약성이 의보에서의 형평성을 제약하는 측면이 있다. 의보통합의 경우 직장가입자와 지역가입자가 각각 전체 의보 가입자의 절반씩을 차지하고 있는 현실에서 지역가입자의 소득과 재산에 대한 파악이 미진하여[2] 양자의 재정통합을 이룩하지 못하고 별도의 부과기준을 설정하게 됨으로써 이들간의 형평성은 계속 숙제로 남아 있다.

형평성은 비단 보험료에서뿐만 아니라 급여와 의료이용 등 의료의 전 과정에 관련되는 문제이다(Han, 2000). 김대중 정부는 우선 급여기간을 종전의 270일에서 365일로 늘려 연중급여가 가능하도록 했다. 이로써 연중 의료이용을 해야 하는 장기투병 환자들에게는 큰 도움이 되었다. 또 장애인에 대한 보장구의 급여범위가 8종에서 56종으로 확대되었고, 산전 진찰 같은 예방목적의 의료이용이 보험급여에 포함되었다. 이 정도의 급여확대는 과거 정부에 비하여 크게 신장된 것이지만 환자들에게 큰 부담이 되고 있는 초음파 기기나 MRI 등 고가의료

---

2) 직장근로자는 100% 소득이 모두 파악되는 반면 도시자영자는 22.3%, 농어민은 56.7%만이 소득세 과세자료를 갖고 있을 뿐이다(의료개혁위원회, 1997: 278).

장비를 사용하는 검사와 치료는 아직 의보혜택이 주어지지 않고 있다. 더욱이 의보재정의 적자사태가 발생한 이후 확대되었던 혜택조차 다시 축소하는 경향을 보여주고 있다.

급여확대가 수월하게 이루어지지 않는 이유는 무엇인가? 급여확대를 위해서는 보험료 수입이 많아야 한다. 그런데 정부는 국민들이 보험료의 인상보다는 본인부담금을 더 내는 방안을 선호하기 때문에 보험료 인상이 어렵다고 생각해 왔다. 이것은 어느 정도까지는 사실이다.[3] 그런데 국민들이 보험료 인상에 거부감을 갖는 이유는 무엇일까? 그것은 의료보험료를 조세처럼 생각하기 때문인 듯하다(김상균, 2001). 그 동안 정부는 '조합제' 방식으로 의료보험을 운영해 왔지만 실제로는 국민들이 의사결정에 참여하는 조합이 아니었다. 사회보험에 대한 인식수준이 낮은 상태에서 보험가입, 보험료의 결정과 징수 및 지출에 있어서 일반국민들이 참여할 수 있는 통로는 거의 차단되어 있었다. 이런 상황에서 국민들이 보험료를 조세로 생각하게 된 것은 무리가 아니다. 그러나 노동조합의 이해와 동의에 의하여 의보통합이 이루어진 사실을 생각하면 정부의 노력 여하에 따라 이러한 상황이 바뀔 가능성을 배제할 수 없다.

정부의 잘못은 계급간 이해와 타협이라는 어려운 과제보다는 기존 구조 하에서 보험료 인상이나 본인부담금 인상과 같은 방식으로 국민들에게 부담을 전가하는 방식으로 일관해 왔다는 점이고, 김대중 정부 역시 예외가 되지는 않는다. 의료계에서는 선진국에 비하여 국민들이 부담하는 보험료율이 낮다는 것을 지적하면서 국민들이 제대로 부담은

3) 복지부의 여론조사 결과 '보험료 인상을 통하여 재정안정을 기하고 보험혜택의 수준을 높여야 한다는 주장'에 대하여 64.4%의 응답자가 부정적인 태도를 보였고, '건보재정안정을 위하여 불가피하게 국민부담을 늘여야 할 경우' 해결방안으로 본인부담금 인상(40.3%)과 보험료 인상(44.5%) 방안이 팽팽하게 대립했다(보건복지부, 2001).

하지 않으면서 고급의 서비스 제공만을 요구한다고 비판한다. 그러나 이러한 비판은 현재의 의료보험제도에서 국민의 본인부담 비중이 전체 의료비의 10~20%만을 부담하는 선진국보다 매우 높다는 점을 고려하지 않은 지적이다. 현재 GDP의 5% 수준의 의료비가 선진국처럼 8~10% 수준으로 높여 의료보장의 수준을 획기적으로 개선하는 것이 필요할 것이지만, 이를 위해서는 국민의 직접부담보다는 국가와 사용자의 몫을 더 큰 폭으로 확대해야 하는 문제가 선결과제이다. 그런데 이 문제는 의료문제이기 이전에 경제와 복지정책의 우선순위를 조정해야만 해결될 수 있는 어려운 과제이다. 이런 현실에서 김대중 정부도 정책우선순위를 조정하려는 노력을 하기보다는 '민간의료보험'을 도입하여 문제를 해결하려고 했다. 민간의보가 중산층의 '고급의료'에 대한 욕구를 충족시키고 병의원의 정부규제에 대한 불만을 일부 해결시키는 효과가 있겠지만 부실한 의료재정구조의 개선에 근본적 해결책이 되지는 않는다. 오히려 '힘있는 불만세력'의 문제만을 해결하고 기존의 의료보험구조나 의료체계의 현실은 그대로 방치해 둘 가능성이 높다.

정부가 당면했던 또 다른 문제점은 재정확충을 위한 방법으로 의료공급구조의 개선은 그대로 둔 채 보험료 인상과 같은 수요측면에서만 해결책을 찾으려 한 점이다. 이것은 한편으로 공급자 편향적인 의료정책을 여실하게 보여주는 것이고, 다른 한편 '저수가'라는 신화가 얼마나 강력하게 위력을 발휘하고 있는지를 말해준다. 즉, 의료계는 '저수가'로 고생하고 있기 때문에 보험료를 인상하고 수가를 올려 이를 보전해 주어야 하는 것이 문제일 뿐이라는 사고가 의료계는 물론 보건행정당국에도 존재하고 있었다. 김대중 정부는 이러한 공급구조의 개선을 처음으로 시도했다. 만일 공급구조의 효율성을 높일 수 있다면 그만큼 수가인상이 불필요하게 되고 보험료 인상의 압박을 덜 받게 될 것이기 때문이다. 김대중 정부는 수가구조의 개편으로 이러한 작업을 시도했다. 의사의 의료행위에 대한 보상기준을 수가라고 하는데 수가를 정하는 기본방식이 '행위별 수가제'였다. 이것은 모든 의료행위에 단위가격이 매겨져 있어 수행한 의료행위의 양에 비례하여 보상하는 제도이다. 따라서 의료행위가 많을수록 보상이 커지기 때문에 공급자로 하여금 보다 많은 진료행위를 하게 만들어 성취동기를 갖도록 유도하는 효과가 크다. 이것은 의사의 생산성을 높이는 장점이 있지만 지나치면 필요한 수준 이상으로 의료를 공급하여 경제적 이윤을 취하려 하게 된다. 의료수가가 낮은 상태에서 행위별수가제가 시행되면서 의사들은 과잉진료를 통해서라도 기대수익을 보장받으려 했기 때문에 전체적으로 의료비를 상승시키고, 과다한 환자를 진료함으로써 서비스의 질적 저하가 불가피하게 발생했다. 포괄수가제는 당뇨병 같은 질병단위로, 또는 맹장수술 같은 시술단위로 포괄적으로 정액의 수가를 매기기 때문에 과잉진료는 오히려 보상수준을 낮추게 되어 의사들이 불필요한 시술을 하지 않게 만든다. 그러나 포괄수가제는 의사들이 자율성을 제약한다는 이유로 반대하여 시범사업의 수준에 머무르고 있다.[4] 그런데 포괄수가제는 참여하는 병원의 수도 적고 적용되는 질병의 종류도 8개에 불과하여 현재로서는 실질적인 의료비 감축효과가 있다기보다는 의료행위에 대한 합리적 규제의 상징적 의미만을 갖고 있을 뿐이다. 만일 포괄수가제의 개념을 모든 의료행위에 적용한 형태인 의료행위 전체에 대하여 일괄하여 계약하는 총액계약제의 형태로 수가구조를 바꿀 수 있다면 그 파급효과는 매우 심대할 것이다. 정부는 또한 상대가치 수가제도를 도입했다. 이것은 의료행위의 상대적 가치를 점수화해 이를 수가에 연동시키는 제도로서 과거에 외과부문의 수가가 저평가되던 예에서 볼 수 있듯이 의료의 각 부문간 불균형을 바로잡는다.

이러한 정책들에서 볼 수 있듯이 김대중 정부는 의료공급구조의 합

---

4) 실제로는 정부가 병원의 참여를 높이기 위하여 수가를 비교적 높게 책정했기 때문에 의료계의 공식적인 반대의사 표명에도 불구하고 참여하는 병원이 증가하고 있다.

리화 내지 효율성 강화를 위한 의료보험제도 개선에서 일정한 시도를 한 것은 분명하다. 그러나 그러한 정책들이 충분히 개혁적인가 하는 데는 의문의 여지가 있다. 포괄수가제가 3년이란 시범사업기간이 지났음에도 불구하고 이를 전면적으로 확대하지 못하고 있는 점이나, 상대가치수가제도의 실시로 부문간 수가불균형은 해결되었지만 그렇다고 의사들의 진료행위 방식이 근본적으로 바뀐 것은 아니기 때문이다. 이것은 정부가 의사들의 저항을 극복하거나 의사들을 개혁에 동참시킬 수 있는 전략을 마련하기보다는 이에 너무 쉽게 타협해 버리기 때문인 것으로 보인다. 예를 들어 정부는 의사들의 파업에 직면하여 1999년 11월부터 2001년 1월까지 약 1년 남짓 사이에 다섯 차례에 걸쳐 총 49%의 수가인상을 했고, 이것은 대규모 재정적자의 발생에 큰 기여를 했다. 여기서 앞선 세 번의 수가인상은 의약분업정책으로 인한 수입구조 변화에 대응하기 위하여 필요한 정책적 인상이었지만, 뒤의 두 번의 수가인상은 파업하는 의사를 달래기 위한 합리적 명분이 없는 '정치적인' 인상으로 볼 수 있다. 수가를 단기간에 '과도하게' 인상했다는 사실 자체도 문제이지만 이를 의료체계의 합리화를 유도하는 기회로 사용하지 못한 채 무원칙하게 수가인상을 실행한 점이 더 문제이다.

정부가 갖고 있었던 문제점과 함께 의료문제의 정치화 과정에서의 문제점도 지적할 수 있다. 의료보험 통합 이전에 의료보험의 문제와 관련하여 세 가지 관점이 있었다. '저부담-저급여론'과 '조합방식 모순론' 및 '비용유발적 의료체계론'이다. 이 중 의보통합은 '조합방식 모순론'에 초점을 둔 것이었다(김연명, 2001). 반면 보장성 강화를 주장하는 '저부담-저급여론'이나 고비용 구조를 갖고 있는 의료공급체계의 개혁을 주장하는 '비용유발적 의료체계론'이 정책내용에 포함되지 못함으로써 의보개혁은 처음부터 제한적인 것이었다. 보장성 강화론이나 비용유발적 의료체계 개혁론은 정부의 의료정책의 기조, 특히 재원염출을 위한 사용자의 부담증가와 의료공급자를 상대로 한 개혁을 추진해야 한다는 점에서 경제우선주의의 정책기조를 바꾸고, 동시에 강력한 이해집단과의 관계를 재정립해야 하는 사안임에 분명하다. 그런데 조합모순론은 이러한 부담이 없이 직장조합과 지역조합 간의 갈등해소만으로도 달성될 수 있는 것이었다. 조합제를 둘러싸고 관련 집단들간에 과도하게 정치적 논쟁이 진행되면서 조합을 통합할 때 갖게 되는 실질적 이점 이상으로 그 정치적 의미가 부풀려진 측면이 있다. 즉, 국가와 사용자, 국가와 의료공급자들과의 관계가 근본적으로 변화하지 않은 상황에서 통합으로 얻을 수 있는 이점은 보험가입자들간의 보험료 형평부과에 불과할 수밖에 없었지만 통합이 모든 의료개혁의 출발점인 것처럼 확대해석하는 경향이 있었다. 달리 말하자면 의보통합은 사용자나 의료공급자들에게 실질적인 부담을 크게 하는 것이 아니었기 때문에 가능했을 수도 있다. 보다 엄격하게 말하자면 의보통합은 의료부문에 대한 개혁이었다기보다는 조합을 관리해 온 국가와의 정치적 투쟁으로서의 성격이 강했다고 할 수 있다.

이러한 한계가 있지만, 의보통합은 국민들의 요구에 의해 의료정책이 바뀐 최초의 사례이고, 또한 정책추진과정에서 노동-농민단체와 시민단체들이 적극적으로 참여했으며, 이후 정책과정에서 이들의 참여가 제도화되는 시금석을 이루었다는 점에서 매우 중요한 의미가 있다. 불충분하지만 의료정책 수립과 집행과정에서 이 단체들의 대표가 제도적으로 참여할 수 있게 된 것은 큰 의미가 있다.[5]

---

5) 예를 들어 의보수가 및 보험료 등을 심의하는 의보 재정위원회에 이들이 참여하고 있다.

3. 의약분업제도의 실시

의약분업제도는 약품오남용을 감소시켜 국민건강을 향상시킨다는 보건학적 목적을 궁극적인 정책목표로 삼고, 부수적으로 약에 대한 처방을 공개하여 국민의 알 권리를 신장시키고, 의약분리를 통하여 서비스의 수준을 높이며, 약품거래와 관련된 부조리를 없애 장기적으로는 국민건강수준의 향상에 따라 의료비도 절감할 수 있는 정책효과를 얻고자 시행된 제도이다. 즉, 정부는 그 동안 약품거래와 약 사용을 둘러싸고 제약회사, 의료기관, 의사와 약사 등의 이해관계가 얽혀 약의 오남용을 부추긴 것으로 생각하고 공급구조의 개혁을 통하여 약품의 거래질서를 재정립하고, 약의 무분별한 사용을 억제하며, 궁극적으로 국민건강의 향상을 통한 의료비 절감까지도 얻고자 했다. 의약분업안이 처음 합의되었을 때의 주요 정책내용은 다음과 같다.

① 의사와 약사의 직능분리: 의사는 처방권, 약사는 조제권만을 갖게 됨
② 처방약(전문약)과 일반약의 구분
③ 처방약을 얻기 위해서 환자는 반드시 병원에 가서 진단을 받아야 함
④ 종합병원 외래환자를 위한 약국의 폐지
⑤ 환자의 알 권리 확보(처방의 공개와 환자몫의 처방전 발행)*
⑥ 약가마진의 폐지를 통한 약품거래 질서의 개선*
⑦ 환자의 선택에 의한 대체조제의 활성화*
⑧ 시민대표의 정책과정 참여 제도화*
⑨ 적절한 의료수가 인상과 의료기관의 경영 투명성 제고*
(* 표시된 항목은 의사파업 이후 폐지되거나 내용이 변경된 것들임)

의약분업은 의보통합과는 여러 면에서 대비된다. 의보통합이 의료보험 조직의 통합과 보험료의 형평부과라는 비교적 제한적인 목적을 갖고 있는 데 비하여 의약분업은 앞서 기술한 것처럼 다중적인 목적을 갖고 있다. 의보통합이 주로 의료수혜자들과 의보관리자들과 관련된 문제인 데 비하여 의약분업은 주로 공급자들과 관련된 문제이다. 이러한 조건의 차이에서 보듯이 의약분업은 병원과 약국, 의사와 약사의 업무방식과 역할을 변경하고 그들의 수입구조도 바꾸는 것이고, 환자의 의료이용 방식까지도 변화시키는 것이기 때문에 성공적으로 진행되기만 하면 의료체계 개혁에 큰 영향을 미칠 수 있는 정책이었다. 그런데 역으로 그만큼 실행하기도 쉽지 않은 정책이었다. 특히 의사와 약사간의 이해관계 조정이 어렵기 때문에 과거 정부들이 몇 번씩 시도하다가 중단한 정책이기도 하다. 의약분업은 인도주의실천 의사협의회(인의협)와 같은 의료운동단체와 경실련, 참여연대 같은 시민단체들이 주도하여 의사-약사 간의 합의를 도출함으로써 추진될 수 있었다. 그러나 장기간에 걸친 의사파업에 직면하여 정부는 시민단체들과의 제휴관계를 단절하고 의사들과의 협상 끝에 이를 실시할 수 있었다.

의약분업은 얼마나 정책효과를 거두고 있는가? 의약분업의 실시로 환자들의 의료이용 구조에는 큰 변화가 있었다. 약국을 방문하던 환자의 상당수가 '전문의약품' 처방을 얻기 위하여 병원을 방문하게 되었고, 또한 상당수의 사람들이 의료이용의 번거로움 때문에 투약이나 의료이용을 하지 않고 참고 지내는 등의 변화가 있었다(의약분업평가단, 2001; 송호근, 2001). 또한 항생제 사용도 일정하게 감소하고 있다고 한다.[6] 수치화되지 않은 성과로는 의사들의 처방이 공개됨으로써 처

6) 보건복지부의 발표에 따르면 2000년 초 항생제 처방비율은 58.9%였다. 2001년 2/4분기에 원외처방을 받은 환자 가운데 항생제 처방을 받은 환자는 100명 중 49.1명이었다. 3/4분기에는 42.73명으로 2000년 초에 비하면 약 16% 감소했다(2002.1.16 보건복지부 발표). 항생제 처방일수로 보면 2001

방작성에 보다 세심한 주의를 하게 되는 효과도 있다. 또한 의사와 약사들 간에 이해관계가 대립되면서 상호간의 '부적절한' 행동을 감시하는 사례도 나타나고 있다.[7] 이러한 상호감시 과정은 의약분업 본래의 목적인 상호간에 처방오류 감시와 조제오류 감시라는 기능에 충실한 행동이기보다는 자신들의 이해관계 때문에 발생하는 것이지만, 그러한 과정이 지속적으로 진행된다면 의사와 약사가 보다 본연의 임무에 충실하게 될 것이다. 의약분업이 되기 이전에는 상호간의 직역구분이 중첩됨으로써 상호감시 자체가 구조적으로 불가능했던 것이다.

물론 의약분업 정책에 대한 반대의견도 적지 않다. 의사회는 2년 전

〈표 8-1〉 의약분업 전후 의료이용형태의 변화

의약분업평가단 조사결과 (N=993) *		의료이용형태	서울대팀 조사결과 (N=904) **	
분업 전	분업 후		분업 전	분업 후
57.7%		약국조제	35.0%	
19.9%	63.3%	일반약 구매	44.4%	52.0%
18.9%	25.3%	의료기관 이용	11.3%	32.2%
2.6%	10.1%	참음	9.4%	15.8%

* 의약분업평가단, "의약분업 평가 및 개선방안," 《정책토론회 자료집》, 2001.
** 서울대 사회발전연구소, "의약분업에 대한 국민의식 조사연구," 2001.

년 1분기에 처방 100일당 25.99일, 2분기 23.9일, 3분기 19.33일, 4분기 20.69일로 일정한 감소 후 다시 증가하는 경향을 보였다(2002.3.28 심사평가원 발표).

7) 대한개원의협의회에서 2002년 4월에 서울지역 약국 1,800곳을 대상으로 위반사례를 조사하여 이 중 11곳을 고발하자, 약사회는 23곳의 병의원을 광고법 위반으로 맞고발했다. 이에 대하여 개원의협의회는 다시 약국 650곳을 고발했다(《의학신문》, 2002.9.19).

에는 물론 현재도 '잘못된 의약분업 폐지'를 의사회의 최대과제로 설정하고 지속적인 활동을 전개하고 있고, 일부 관련학계에서도 비용부담이 너무 커서 소비자의 편익을 이루지 못하는 실패한 정책이라는 비판도 제기되었다(정우진, 2002). 그런데 의약분업은 아직 그 효과를 판단하기에는 이르다고 생각된다. 의약분업이 성공하기 위해서는 의사, 약사, 환자 모두 약에 대한 인식이 변화하여 불필요한 약 처방을 줄이고, 환자들도 불필요하게 약과 주사를 요구하는 관행에서 벗어날 때에 정착되었다고 할 수 있다. 이러한 시술행동이나 수진행동의 변화는 보다 많은 시간이 필요하기 때문에 좀더 여유 있게 지켜봐야 한다.

그런데 의약분업 정책과 관련하여 중요한 문제는 정부가 의사들의 반대에 직면하여 의약분업정책이 갖는 개혁적 내용을 유지하지 못한 채 정책을 실시하게 되었다는 점이다. 의약분업안이 1999년 5월에 의사-약사-시민단체 간에 합의된 내용과 1999년 11월 정부와 의사회 간의 협상을 거쳐 현재 실행되고 있는 정책 내용과는 상당한 차이를 보인다. 〈표 8-2〉는 의약분업의 변화내용을 정리한 것인데 이에 의하면 최초의 안에서 시민적 권리에 해당하는 항목들이 대부분 누락되거나 축소되고 의사들의 권익을 강화하는 방향으로 바뀐 것을 알 수 있다. 예를 들어 시민들이 의약품 선정에 참여(지역별 분업협력위원회 제도)할 수 있는 통로가 없어졌고, 처방전 두 장 발행(환자몫의 처방전 발행)이 실제적으로 사문화된 반면, 대체조제는 환자동의 대신 의사의 동의를 받도록 했고, 주사제는 분업에서 제외하고 의사의 판단에 따라 직접 사용할 수 있게 했다. 이러한 변화의 주요 사항은 다음과 같다.

① 본인부담금이 높아져 접근권이 제한되었다.
② 시민단체가 정책결정에 참여할 수 있는 제도적 장치가 없어졌다.
③ 알 권리가 사실상 사문화되었다.
④ 의료의 질을 높이기 위한 조치들이 '임의조제 금지' 이외에는 실행

되지 않고 있다.
⑤ 대체조제의 사실상의 금지로 선택권이 제한되었다.

정책의 입안과정에서 불과 6개월 사이에 발생한 이와 같은 극적인 상황의 변화는 단적으로 의사를 중심으로 한 개혁저항세력에 대하여 개혁세력이 패배한 것이라고 말할 수 있다. 불가능에 가까웠던 의사와 약사 간의 의약분업 실시에 대한 합의를 주도했던 개혁세력들은 어떻

〈표 8-2〉 의약분업 최초안과 최종안의 비교(우석균, 2002)

의료이용자의 권리	시민단체 주도 최초안	실제 실행안
접근권	의료이용시 국민의 추가부담 없는 의약분업 실시	재정투입 미비와 과도한 수가인상으로 추가부담 발생
참여권	의료정책 결정과정에 시민사회단체의 참여보장	시민사회단체의 참여제한
	지역의약분업협력위	근거조항 삭제
알권리	처방전에 환자가 원할 때만 병명을 적지 않음	의사재량
	처방전 두 장 발행 의무화	의원급 의료기관 비협조로 부분(17%) 이행됨
	약사의 설명의무	설명의무조항 삭제
진료의 질	약사의 임의조제방지	상당부분 이행
	의약담합방지	의약담합방지조항 미비
	의약품 품질확보	실시유보 또는 필요성 소실
	주사제 남용방지	주사제 분업 제외
선택권	환자동의로 대체조제	의사동의 없이 대체조제 불가
비밀보장권	약사 비밀보호 조항	이행

게 해서 무너졌고 그 과정에서 정부는 어떤 역할을 한 것일까? 첫째 요인은 정부의 역량부족의 문제를 꼽을 수 있다. 의사들이 2000년 6월 이후 전면적인 파업을 실행하게 되었을 때 정부는 의료공급이 중단되는 위기를 극복할 수 없었다. 정부가 통제할 수 있는 공공병원이 불과 전체 병원의 10% 수준이었고, 그나마 공공병원의 의사들조차 상당수가 파업에 동참했기 때문에 실제적으로는 의료공급이 사실상 중단되었다. 정부 일각에서 추진하던 공권력에 의한 파업진압도 의료계의 정부에 대한 집요한 로비로 무산됨으로써 정부는 의사들과 협상할 수 있는 자원이 없이 의사들의 요구를 일방적으로 수용할 수밖에 없었다. 이러한 사례는 정부가 대체인력(외국 또는 타 지역에서 지원나온 의사)을 투입할 수 있어 의사들의 파업을 무산시킨 캐나다의 경우와 극명하게 대비된다(Badgley and Wolfe, 1967).

둘째로 개혁을 조직화할 수 있는 리더십과 개혁세력의 결집에서 문제가 있었다. 의보통합의 경우에는 대통령을 비롯한 정부 차원의 '개혁마인드'가 존재했었고, 노동조합과 시민단체들도 결속된 힘을 발휘했다. 그러나 의약분업에서는 이 두 요소가 모두 취약했다. 의약분업은 1998년 초에 약품거래와 관련된 비리를 척결할 수 있는 제도적 장치의 필요성을 역설한 대통령의 지시에 의하여 정책이 입안되기 시작했다. 그러나 대통령이 의약분업을 의보통합과 같은 수준의 개혁정책으로 생각했었던 것으로 보이지는 않는다. 의사들의 파업이 최고조에 달했을 때 대통령은 의약분업 정책추진에서의 오류를 시인하는 발언을 하면서부터 정부는 개혁세력과의 연대를 단절하고 의사와의 협상에 들어갔다. 이 시기는 의사파업의 성패와 의약분업의 성패를 가름하는 전환점이었다. 의사들의 파업도 무한정 가능한 것은 아니었다. 장기간의 파업으로 의료기관들은 경영위기에 직면해 있었다. 이러한 상황에서 대통령의 '성급한' 사과발언은 개혁세력과 저항세력 간의 힘의 균형상태를 일순간에 무너뜨렸다(안종주, 2002). 캐나다의 사례를 보면 일반국민들이 의사파업에 맞서서 독자적인 클리닉 개설운동을 벌이고, 이에 고객이탈에 위협을 느낀 의사들이 병원으로 돌아오게 되었다. 외환위기 상황에서 금 모으기 운동이나 2000년 4월 총선에서 부패정치인 추방운동에 국민적인 동참이 있었던 전례를 생각할 때 의료공급의 중단이라는 국가적 위기상황에서 대통령이 국민들에게 호소하여 의사파업을 종식시키는 방안을 시도조차 하지 않은 것은 이해하기 어렵다.

조직역량이 취약했던 것은 개혁세력 내부에서도 나타난다. 의보통합이나 정치인 퇴출 운동과는 달리 의약분업은 시민단체 내부에서 조직 전체의 역량이 결집되어 추진되기보다는 담당부서에서 추진하는 형태였다. 물론 여러 시민단체들이 힘을 모아 추진함으로써 의약분업 실시합의까지 이룩할 수 있었지만 정부가 태도를 전환하지 못하도록 할 만큼 강력한 힘을 발휘하지는 못했다. 경실련 등 의약분업 추진에 적극적이었던 5개 단체 이외에 민노총이나 병원노조 등 실질적으로 대중동원이 가능한 세력들이 의약분업에 대해서는 적극적이지 않았다.

세 번째 요인은 의료개혁의 기본가치나 목표에 대한 사회적 합의를 충실히 하지 못하여 의료개혁을 위한 지지세력을 확보하지 못했다는 점이다. 의약분업정책의 실시로 얻을 수 있는 이득이 '건강'이라는 다분히 추상적인 가치였고, 의약분업 논쟁에서 제기되는 여러 가지 기술적인 측면들, 예를 들면 대체조제의 범위를 어디까지 허용하고 일반약의 판매방식은 어떻게 하는 것이 좋은지에 대하여 노동자나 농민의 입장에서 이해하고 선택하기 어려웠던 점도 작용한 것으로 생각된다. 그러나 더 중요한 문제는 당시까지 노동운동이나 시민운동이 대상으로 했던 사안들은 대부분 정부나 재벌기업과 관련된 사안들이었던 데 반하여 의약분업은 시민사회의 일원인 의사와 약사를 상대로 하는 것이기 때문에 이들을 상대로 개혁운동을 하는 것에 대한 기본적인 가치판단이나 전략의 수립이 사실상 없었던 점이 이들 단체들을 적극적으로 나서지 못하게 만든 것으로 생각된다. 기존의 사회정책들이 고전적인 진보와 보수의 이념에 의하여 비교적 수월하게 지지세력을 결속시킬 수 있었던 반면에 의약분업은 그 '성격의 모호함' 때문에 진보적 성향의 단체들조차 선불리 찬반을 표시하기 어려웠던 것으로 생각된다. 반면 의약분업은 의사들로 하여금 직역에 따른 내부적 이해관계의 차이에도 불구하고 하나로 결속될 수 있게 만들었다.

이러한 요인들에 의하여 의약분업 정책안은 변질되는 것이 불가피했지만 의약분업정책 자체가 실패했다고 단정하기는 어렵다. 그 이유는 의사들의 집요한 반대에도 불구하고 의약분업이 실시되고 있다는 사실 자체에서 찾을 수 있다. 의약분업이 실시되지 않았다면 우리는 여전히 의사가 무슨 약을 처방했는지 알 수 없었을 것이고, 처방의 오류가 있는지도 알 수 없었을 것이며, 병원에 가면 반드시 주사를 맞고 약을 먹어야 하는 것으로 알고 있었을 것이다. 약품거래를 둘러싼 비리를 개선할 수 있는 계기도 만들지 못했을 것이다. 의사와 약사가 서로의 행위를 감시하여 각기 제대로 업무를 수행하도록 부추기는 일도 없었을 것이다. 나아가 공공의료가 취약하다는 것이 얼마나 국민을 위험에 빠트릴 수 있는지 실감할 수 없었을 것이고, 왜 의료를 개혁해야 하는지 국민들에게 납득시키기도 어려웠을 것이다.

의약분업은 하나의 정책이고 불완전하게 출발했더라도 앞으로 개선해 나갈 여지가 있다. 정작 문제는 앞으로 어떻게 의료개혁을 추진할 수 있을 것인가 하는 점이다. 정부는 단순히 의약분업을 원래안대로 추진하지 못함으로써 정치적으로 큰 타격을 입게 되었다. 그러나 더 중요한 문제는 개혁을 지속할 수 있는 사회적 연대를 의약분업을 기점으로 상실하게 되었다는 점이다. 김영삼 정부 시절에도 의료개혁을 추진한 적이 있고 그 내용은 매우 광범위하여 그대로만 실현되었다면 의료체계에 상당한 변화가 있었을 것이다. 그러나 김영삼 정부는 의료개혁을 추진할 만한 역량을 갖추고 있지 못했다. 반면 김대중 정부는 노동계나 시민단체와의 연대를 통하여 의료개혁을 추진할 수 있었는데 이들과의 관계가 단절되면서 정부 자체가 위기에 처하게 되는 경험을 했다. 김대중 정부는 의약분업 추진에서 '시민적 권리' 부분을 빼고 의사들과 타협을 했지만 의사들은 지금까지도 의약분업 폐지를 주장하고 있고, 개혁세력은 비개혁적인 정책을 만들어낸 정부에 대하여 등을 돌리게 되었다. 이러한 사례는 미국에서 클린턴 정부가 전국민을 대상으로 하는 공공의료보험제도 도입을 추진하면서 정부의 규제적 역할을 강화하는 모형과 시장기제에 충실한 모형 사이에서 중간적인 형태를 취하여 양쪽 지지자들 모두의 협력을 기대했지만 결과는 정반대로 양쪽 모두의 반발을 얻게 되어 결국에는 의료개혁 자체에 실패하게 된 경험과 매우 유사하다(Skocpol, 1996).

4. 의료개혁을 위한 과제

김대중 정부의 의료정책은 의료체계에서 형평성이나 효율성 제고를 위한 한 걸음을 디딘 것은 분명하다. 그러다 저항에 부딪히자 더 이상 나아가지 못하고 주저앉은 것으로 볼 수 있다. 김대중 정부에서 의료복지가 확대되었는가에 대하여 학자들간에 이견이 크다. 한쪽에서는 복지혜택의 실질적 확대가 있었다고 주장하고, 다른 한쪽에서는 신자유주의 경제정책 수행 위하여 최소한도의 복지투자를 했을 뿐이라고 반박한다(김연명, 2002). 이것은 김대중 정부의 의료정책이 과연 개혁을 지향했던 것인지 아닌지 불분명한 것과도 연관된다. 김대중 정부의 의료정책이 갖는 모호한 성격은 한편으로는 의보통합이나 의약분업과 같은 해묵은 난제를 과감하게 개혁하려 했지만 정작 개혁을 추진할 수 있는 '기초적인 여건'은 제대로 확보되지 않았던 것으로 생각할 수 있다. 의료개혁의 추진세력들은 당시 집권당이던 새정치국민회의의 정책보고서(1998)라는 형태로 총체적인 의료개혁 프로그램(보건의료 효율화와 선진화)을 제시한 바 있다. 이 계획은 보건의료체계의 재구조화라고 할 수 있을 정도로 내용도 방대하고 요구되는 변화의 폭도 크기 때문에 이를 추진하기 위해서는 범정부적인 협력과 정책의지가 반드시 필요하다. 구체적으로 이를 실행하기 위한 예산과 조직 및 정책 프로그램이 만들어져야 하는데 김대중 정부 초기 3년간의 보건의료부문에 대한 실제적인 투자는 거의 없었다고 보인다. 예산의 측면에서 살펴보면 보건부문 예산은 그 절대액은 계속 증가했지만 전체 정부예산에서 차지하는 비중은 오히려 감소하는 양상을 보인다(〈표 8-3〉 참조). 보건사업예산은 불과 0.3%에 불과하다. 더욱 중요한 사실은 김대중 정부의 국정을 경제정책으로 뒷받침하는 기획예산처나 재정경제부의 정책에서는 보건의료문제에 대한 어떤 체계적인 이해나 정책을 제시한 적이 없으며 다만 의료비에 대한 부담을 줄이려는 의도만을 보여주었다(김용익, 2001).

즉, 김대중 정부도 이전 정부와 마찬가지로 보건정책을 다루는 보건행정의 조직과 예산 및 정책입안 관행을 거의 그대로 답습하고 있었다. 그런 상황에서 의보통합이나 의약분업은 어떻게 가능했는가? 두 정책의 추진과정을 살펴보면 정부가 정책을 입안한 후 관련 집단들의 의견을 조회하고, 이후 법률이나 정책으로 만들어나가는 기존의 관행에서 벗어나 시민단체들의 추동에 의하여 정책의 실시여부와 내용이 주어지고, 정부는 이를 실무적으로 처리해 나가는 형식을 취하고 있음을 알 수 있다. 역으로 말하자면 이러한 외부적 충격이 가해지지 않는 상황에서는 실질적인 의료개혁 정책은 추진되기 어려운 구조를 갖고 있는 것으로 보인다. 이러한 점을 고려할 때 향후의 의료개혁을 위해서는 개혁을 능동적으로 추진할 수 있는 정부 내 보건행정 조직체계의 개선이 무엇보다 필요한 것으로 보인다.

둘째로는 공공의료의 활성화가 필요하다. 현재의 공공부문의 의료기관들은 비단 수가 적은 것만이 문제가 아니라 공공의료기관조차 민

〈표 8-3〉 김대중 정부의 전체 예산 대비 보건의료부문 예산의 비중 변화

구 분	1998	1999	2000	2001
보건복지부 일반회계 세출예산	4.12	4.97	5.97	6.61
의료보장을 제외한 보건복지부 예산	1.92	2.50	2.84	3.21
보건의료부문 예산	0.30	0.28	0.27	0.33

간기관처럼 이윤추구를 지향하고 있는 문제점이 있다. 나아가 그 적은 공공의료시설조차 체계적으로 관리하지 못하고 있다. 공공병원들은 복지부, 교육부, 노동부, 국방부 등 설립주체와 지도감독 당국이 서로 다르다. 또한 보건소와 공공병원들 간에 주민건강증진을 위한 정보교환이나 협력사업도 이루어지고 있지 않다(김용익, 2002). 강력하게 구축되어 있는 민간의료기관들을 통제하는 것은 매우 어려운 과제이다. 이를 직접적으로 개혁하려는 시도는 의약분업의 사례에서 보았듯이 현실적으로 난관이 크다. 공공부문 의료기관들의 역할과 기능 및 관리체계를 개선하여 민간기관과는 달리 체계적인 주민 건강관리와 이윤에 집착하지 않는 질병치료의 모형을 만들어내는 것이 시급한 과제로 생각된다. 사회복지 프로그램까지 연계된 체계를 구축하는 것이 더욱 효과를 낼 수 있을 것이다. 공공의료가 활성화되고 제대로 기능할 때 국민들도 의료를 어떤 방향으로 발전시키는 것이 좋은지에 대한 대안을 갖고 의료개혁을 지지할 수 있게 될 것이다.

셋째로 필요한 과제는 국민들이 주체적으로 의료문제 해결에 힘을 기울이도록 기층세력을 조직화하는 것이다. 최근 몇 년 사이에 이루어진 중요한 변화의 하나는 온라인 또는 오프 라인(*on-line/off-line*) 상에서 수많은 환자집단과 건강소비자집단들이 만들어지고 있다는 점이다. 아직은 소비자·환자 입장에서 정보를 교환하고 자구책을 마련하는 수준의 활동을 하고 있지만 선진국의 사례로 볼 때 이들이 대중에 뿌리

를 둔 의료소비자단체로 성장할 가능성도 크다. 소수의 개혁세력이나 시민단체의 힘만으로 의료개혁을 추진하는 것은 더 이상 실효성이 없다는 것을 지난번 의사파업 사태가 여실히 보여주었다. 이러한 사태가 재발되지 않도록 하기 위해서는 지역주민 스스로 나서 의사파업을 만류하거나 파업을 풀도록 압력을 가할 수 있을 만큼 성장하지 않으면 안 된다. 따라서 토착적인 소비자집단들이 성장하고 정책개발이나 정책요구까지 할 수 있도록 지원하는 것은 중요한 의미를 갖는다. 그러한 대중적인 조직화된 관심이 있을 때 정치가들도 능동적으로 움직일 것이 분명하다. 의료 지배구조의 변화의 방향은 의사와 약사를 변화시키는 것보다는 환자와 소비자를 변화시켜 의사와 약사가 변화하지 않을 수 없도록 만드는 것이 보다 근본적인 방법일 것이다.

■참고문헌■

강경희. 2000. "의약분업 정책결정과정에서 이익갈등과 정부의 대응에 관한 연구." 서울대 행정대학원 석사논문.

강명구, 2000. "정부와 NGO관계: 국가와 시민사회의 상호강화(*mutual empowerment*)를 위한 비교론적 검토." 한국행정학회 기획세미나 발표논문.

강신익. 2001. "건강권과 의권." 인도주의실천의사협의회 월례포럼 발표논문.

강위석. 2001. "국가사회주의와 의료개혁." http://www.opendoctors.net, 2001.5.14.

국민건강보험공단. 2001. "2000년 건강보험 입원외래 다빈도질병 실태." 보도자료.

권경희. 2000. "의약분업에 관한 약사측 입장과 주장." 이종찬 편, 《한국의료 대논쟁》, 155~176. 소나무.

권태환·이재열. 2001. "사회운동조직간 연결망." 권태환·임현진·송호근 공편, 《신사회운동의 사회학》, 185~221. 서울대학교 출판부.

김광웅, 2000. "협력체제와 효과적 국정운영." 한국행정학회 기획세미나 발표논문.

김도석. 2000. "준비 안된 의약분업 이대로 해야만 하는가?" 오픈닥터스 주최 인터넷 릴레이 심포지엄 발제문.

김상균. 2001. "건강보험제도의 과제와 전망." 《건강보험동향》 4(6): 36~47.

김승보. 2000. "의료보험 수가문제와 관련하여." 의료개혁 시민연합. 〈의약분업관련 자료모음집〉.

김시완. 2000. "성명서를 통해 본 의약분업과 시민단체." *Healthcare Review* 1(창간호): 30~42.

김연명, 2001. "의료보험통합의 성과, 쟁점, 그리고 미래." 한국사회과학연구소 사회복지연구실 편, 《한국사회복지의 현황과 쟁점》. 서울: 인간과 복지.

_____. 2000. “의료보험통합의 이해관계 · 의의와 향후과제.“ 이종찬 편, 《한국의료대논쟁》, 88~111. 소나무.

_____. 2002. 《한국복지국가 성격논쟁 Ⅰ》. 인간과 복지.

김영모 외, 1991. 《한국의료보험연구》. 한국복지정책연구소.

김옥주. 2001. “과학과 치료술의 사이에서: 대체의료의 현주소.” 《사회비평》, 29: 79~92.

김용익. 1998a. “의료개혁과 정부기능의 강화.” 《건강보장연구》 2호: 89~113. 한림대 사회의학연구소.

_____. 1998b. “의료보험 약가의 개혁과 보건의료체계 그리고 제약산업.” 참여연대 공청회 발표문.

_____. 1998c. “의약분업 추진현황과 전개방향.” 인의협 토론회 발표문.

_____. 1998d. “의약품 비리의 뿌리는 이것입니다.” 인의협. 〈국민건강을 위한 의약분업자료집〉.

_____. 1999. “의약분업 합의안의 의의와 추후전망.” 의료개혁 시민연합. 〈의약분업관련 자료모음집〉.

_____, 2000. “의사파업이 보건의료운동에 던지는 과제.” 민중의료연합 주최 사회변혁적 관점에서 본 의사파업 토론회 발표문.

_____. 2001. “한국사회의 변화와 새로운 보건정책 패러다임의 모색.” 건강연대, 〈건강연대 정책자료집 1〉 3~28.

_____. 2002. “공공보건의료체계 기반확충을 위한 과제와 실현방안.” 보건복지부 주최 우리나라 공공보건의료체계 강화를 위한 workshop 발표문.

김준기, 1999. “정부와 NGO관계의 이론적 고찰.” 한국행정학회 동계학술대회 발표논문.

김진국. 2000. “탈중앙의 지역사회, 지역의료를 위하여.” 인의협 인터넷 게시판 게시물.

김창석. 2000. “의료분쟁관련 취재를 하고서.” 오픈닥터스 주최 의료분쟁 심포지엄 발표문.

김창엽. 1998. “세계은행의 구조조정차관(SAL-Ⅱ) 협상안에 대한 검토(보건의료 부문).”

_____. 1999. “적정의료를 위한 의료정책과 행정개혁의 방향과 과제.” 미발표논문.

_____. 2000. "의약분업의 성공적인 정착과 지역에서의 일차보건의료체계 확립." 의료개혁시민연합 주최, 의약분업 정착을 위한 인천지역 토론회 발표문.

김 택, 2000. "한국 NGOs(시민단체)의 행정부패감시기능." 한국행정학회 기획세미나 발표논문.

김호기·유팔무, 1995. 《시민사회와 시민운동》. 한울.

나은영. 1999. "신뢰의 사회심리학적 기초." 《한국사회학평론》 5: 68~99

대구광역시의사회. 2002. 〈의약분업과 의권투쟁〉.

대한변호사협회. 2000. "의약분업실시를 보류하자." 성명서. 2000.11.6.

대한의사협회. 1998. 〈의약분업제도 시행에 관한 회원 의식조사 연구〉.

대한의학협회. 1994. 〈청장년 의사들의 의료제도 및 대한의학협회에 대한 의견 조사〉.

림링거, 가스통(한국사회복지학연구회 역). 1992. 《사회복지의 사상과 역사》. 한울.

문옥륜. 1992. 《의료보장정책연구》. 신광출판사.

민태훈. 2001. "판도라의 상자." 신재은 외 엮음, 《의사들이 미쳤다》, 92~123. 서울: 지식공작소.

박재용. 2000. "의약분업 실시에 따른 주요쟁점." 이종찬 편, 《한국의료 대논쟁》, 177~205. 소나무.

박형욱. 2001. 《의사를 죽여서 의료를 살릴 수 있다면》. 청년의사.

_____. 2001. "한국의료체계의 성격과 의료개혁." 〈2001년 한국보건행정학회 전기학술대회 연제집〉, 91~118.

백한주. 2000. "한국의사집단의 투쟁: 전개과정과 현재까지의 평가." 민중의료연합 주최, 사회변혁적 관점에서 본 의사파업 토론회 발표문.

백혈병 환우회. 2002. 〈글리벡 강제실시와 의약품 공공성 쟁취를 위한 민중대토론회 자료집〉.

보건과 사회연구회. 1989. 《한국의료보장연구》. 청년세대.

보건복지부. 1999. "의료보험수가 및 약가 정상화를 위한 간담회 자료."

_____. 2001. "보험재정관련 여론조사 결과."

사회비평. 2000. "좌담: 의료대란의 본질과 해법" 2000년 가을호, 95~138.

새정치국민회의. 1998. 《보건의료 효율화와 선진화를 위한 보건의료 개혁정책》.

서석구. 2000. “준비가 덜된 저수가 의약분업 어떻게 할 것인가?” 인터넷 게시물 http://www. taegu. net/bar.

송호근. 2001a. 《의사들도 할말 있었다》. 삼성경제연구소.

_____. 2001b. “신사회운동 참여자 분석: 누가, 왜, 어떻게 참여하는가?” 권태환 · 임현진 · 송호근 편, 《신사회운동의 사회학》, 223~254. 서울대학교 출판부.

시민대책위(의약분업실현을 위한 시민대책위). 1999a. 〈제1차 의약분업공개토론회 자료집〉.

_____. 1999b. “의약분업에 대한 대한의사협회와 대한약사회의 합의문.”

시민운동본부(의약분업정착을 위한 시민운동본부). 2000a. “의사단체들은 광고를 통하여 허위사실을 유포하고 과장된 광고를 하고 있습니다.” 기자회견문 자료(2000. 6. 2).

_____. 2000b. 〈의약분업정착을 위한 시민운동본부 발족식 및 대국민 거리캠페인 자료집〉.

신대은 외. 2000. 《의사들이 미쳤다》. 지식공작소.

신상도. 1999. “의료운동의 역사.” 《의료와 진보》 1999년 4호: 61~76.

신영수. 1997. “21세기를 위한 한국보건의료의 구조개혁.” 〈한국보건행정학회 1997년 전기학술대회 연제집〉, 55~80.

신영전. 2000. “의료개혁과제.” 한국산업사회학회 · 참여연대 공동주최, 의사폐업과 의료개혁과제 토론회 발표문.

신종원. 2000. “의료개혁과 소비자운동.” 대구시민토론회 발표문.

안종주. 2002. 《한국 의사들이 사는 법》. 한울.

양봉민. 1999. “국민의료비 증가와 의료제도.” 미발표 논문.

_____. 2000. “의약분업과 소비자 주권.” 의약분업 정착과 시민소비자 운동의 역할에 관한 협의회 주제 강연 원고.

_____. 2001. “국민건강보험제도 1년의 성과.” 《건강보험동향》 4(6): 13~26.

양현모. 2000. 《NGO 의사결정과정: 경실련과 참여연대사례》. 한국행정연구원.

우석균. 2000. “의약분업과 의사들의 선택.” 오픈 닥터스 주최 의약분업 릴레이 심포지엄 발제문.

_____. 2001. “의사파업의 사회적 성격과 의료개혁의 방향.” 미발표논문.

_____. 2002. “개혁연합의 실패와 수구연합으로의 회귀.”《사회비평》32: 112~130.
울산대 아산사회의학연구소, 2001. 〈사이버 커뮤니케이션을 중심으로 본 의쟁투와 의약분업사태 연구보고서〉.
유팔무·김정훈. 2001. 《시민사회와 시민운동 2》. 한울.
윤태호. 2000. “의사파업과 진보적 보건의료운동.” 민중의료연합 주최, 사회변혁의 관점에서 본 의사파업 세미나 발제문.
의료개혁시민연합. 2000a. 〈의약분업과 소비자주권〉.
_____. 2000b. 〈의약분업모니터사업 종합보고서〉.
의료개혁위원회. 1997. 〈의료부문 선진화를 위한 의료정책과제〉.
의약분업평가단. 2001. 〈의약분업 평가 및 개선방안: 정책토론회 자료집〉.
의쟁투(의권쟁취투쟁위원회). 2000. “완전한 의약분업 실현 및 수가 인상 투쟁을 위한 홍보 자료.” 의쟁투 내부문건.
_____. 2000. “완전한 의약분업 실현 및 수가 인상 투쟁을 위한 홍보자료”
이광찬. 2001. “밑빠진 국민건강보험제도: 근원적 진단과 처방.” 한국사회복지정책학회 학술대회 발표문.
이규덕. 2000. “의약분업의 쟁점과 국민건강.” 이종찬 편, 《한국의료 대논쟁》, 114~154. 소나무.
이규식. 1993. “한국의료의 경제적 성장과 근대화.” 청년의사 주최, 〈한국의료의 근대성의 새로운 탐구〉 세미나 발표논문.
_____. 2000. “의료개혁의 방향.” 미발표논문.
이덕승. 2000. “보건의료소비자 운동의 가능성.” *Healthcare Review* 1(창간호): 66~75.
이두호 외. 1992. 《국민의료보장론》. 나남.
이상이. 2000. “의약분업 정책결정과정에 관한 연구.” 경희대 박사논문.
이 송. 2000. “질의 응답.” 대한의사협회. 〈의료분쟁 심포지엄 자료집〉.
이종찬. 2001, 《의사대란이후 무엇을 할 것인가?》. 몸과 마음.
인의협(인도주의실천의사협의회). 2000. 〈국민건강을 위한 의약분업 자료집〉.
_____. 1994. 《의료-이렇게 개혁합시다》. 생활지혜사
임기영. 2000. “내부 고발자와 배신자.” http://medigate.net.
임현진·공석기. 2001. “한국사회와 신사회운동: 운동조직 분석.” 권태환·

임현진 · 송호근 편, 《신사회운동의 사회학》, 87~120. 서울대학교 출판부.

장호순 외. 2000. "중앙일간지의 의약분업 보도내용 분석." 한국언론재단. 《보도비평: 신문의 의약분업 보도》, 7~99.

전공의 비상대책위원회. 2000. "의약분업역사연표." 내부문건.

전철수. 1999. "1차의료의 발전을 위한 수가대책 방향." 의료개혁 시민연합, 〈의약분업관련 자료모음집〉.

_____. 2000. "시민운동단체의 의료운동 참여, 이것이 문제이다." *Healthcare Review* 1(창간호): 43~65.

정기택. 2002. "민간의보 도입되어야 한다." *Healthcare Review* 1(창간호): 187~228.

_____. 2002. "신제도주의 관점에서 본 의약분업 이후의 의료공급 행태 및 구조변화." 한국보건행정학회 전기학술대회 발표논문.

정동근, 2000. "정부의 역할과 NGO의 기능." 한국행정학회 기획세미나 발표논문.

정용덕. 1999. 《신제도주의 연구》. 대영문화사.

정우진 · 황인경 · 채영문 · 임재영. 1998. 《의료보험 약가제도의 개선방안 연구》. 한국보건사회연구원.

정우진. 2002. "의약분업 정책평가: 의료소비자주의 시각에서의 평가." 2002년도 보건행정학회 전기학술대회 발표논문.

조무성, 2000. "NGO의 진단과 개혁: 암퇴치 NGO의 사례분석." 한국행정학회 기획세미나 발표논문.

조병희 외, 1990. 《보건사회학》, 서울대 출판부.

조병희. 1994. 《한국의사의 위기와 생존전략》. 명경.

_____. 1999. 《의료문제의 사회학》. 태일사.

_____. 1997. "재벌병원과 의료체계의 변화." 《보건과 사회과학》 1(1): 65~87. 한국보건사회학회.

_____. 1998. "의료개혁논의의 비교분석." 《한국보건교육학회지》 15(2): 217~233. 한국보건교육학회.

_____. 2000. "의사파업의 사회적 의미." *Healthcare Review* 1(창간호): 277~302.

조홍준. 2000. "민간의료보험 도입주장과 의료보장제도 발전방향." *Health-*

care Review 1(창간호): 229~252.

조희연. 2001. "시민 · 사회운동과 NGO의 지속가능성, 전문성, 책임성을 위하여." 조희연 외, 《NGO가이드: 시민사회운동과 엔지오 활동》, 3~22. 한겨레신문사.

차명재. 2000. "2000년 NGO 활동의 평가와 2001년의 과제." 한국행정학회 기획세미나 발표논문.

차흥봉 외. 1998. 《지역의료보험 통합보험료 부과체계》. 국민의료보험관리공단.

참여연대. 1998. "부풀려진 보험약가로 인해 한해 1조 2천 8백억 원의 보험재정 손실 초래 : 1,245개 의약품에 대한 실거래가 조사결과 발표", 보도자료, 1998년 11월 12일.

천선영. 2000. "의사파업 왜 분노 않나?" 《한겨레》 2000.10.12.

채만수, 2000. "의사파업, 배경, 성격과 대응." 민중의료연합 주최, 사회변혁적 관점에서 본 의사파업 토론회 발표문.

최병호. 2000. "건강보험제도의 발전방향." 공공경제학회 2000년 추계 학술대회 발표논문.

최순애. 1999. "보건의료소비자운동의 전개와 전망." 서울대학교 보건대학원 석사학위 논문.

한국보건사회연구원. 2001. "응급피임약 국내도입 여부 검토방안." 공청회 발표문.

한국보건의료관리연구원. 1998. 《의료의 질 향상》.

한달선 외. 1994. "의대생의 전문직 사회화 과정 고찰." 《예방의학회지》, 29(2): 265~278.

한달선. 2001. "의료선진화의 기본방향 모색." 《건강보장연구》 2: 1~34.

해리건, 마리루(이상일 역). 1999. 《의료의 질 관리》. UUP.

허대석. 2000. "무엇이 의사들을 움직이고 있는가?" http://issuetoday.com/ 2000.11.11.

홍경표. 2000. "의약분업 추진경과." 인의협 내부문건.

홍승렬. 2001. "의약분업 정책결정과정 연구." 서울대 행정대학원 석사논문.

홍춘택. 2000. "의약분업과 의사파업, 의약분쟁." 약사회 주최 토론회 발표문.

Aldrich, H. E. 1979. *Organizations and Environments*. Englewood Cliffs: Prentice-Hall.

Armstrong, D. 1994. *Outline of Sociology as Applied to Medicine*. Woburn, MA: Butterworth-Heinemann.

Badgley, R. F. and S. Wolfe. 1967. *Doctors' Strike*. Toronto: Macmillan.

Benson, J. K. 1975. "The Interorganizational Network as a Political Economy." *Administrative Science Quarterly* 20: 222~249.

Berlant, J. L. 1975. *Profession and Monopoly: A Study of Medicine in Great Britain and the United States*. Berkeley: University of California Press.

Bunton, R., S. Nettleton, and R. Burrows. eds. 1995. *The Sociology of Health Promotion*. London: Routledge.

Business Week. 1998. "The New Era of Lifestyle Drugs," 1998. 5. 11.

Burns, T and G. M. Stalker. 1961. *The Management of Innovation*. London: Tavistock.

Cho, B. H. 1988. "Medical Technology and Health Services in South Korea." *International Journal of Technology Assessment in Health Care* 4(3): 331~344.

Conrad, Peter and Joseph Schneider. *Deviance and Medicalization: From Badness to Sickness*. St. Louis: Mosby, 1980.

Coston, J. 1998. "A Model and Typology of Government-NGO Relationships." *Nonprofit and Voluntary Sector Quarterly* 27(3): 358~382.

Davis, J. C. "Toward a Theory of Revolution." *American Sociological Review* 27(1): 5~19.

Dawson, S. 1992. *Analysing Organizations*. London: Cambridge University Press.

Derber, C. ed. 1982. *Professional as Workers: Mental Labor in Advanced Capitalism*. Boston: G. K. Hall.

Dimaggio, P. and W. W. Powell. 1991. *The New Institutionalism in Organizational Analysis*. Chicago: The University of Chicago Press.

Foucault, M. 1976. *The Birth of the Clinic: An Archaeology of Medical Perception.* London: Tavistock.

Freidson, E. 2001. *Professionalism: The Third Logic on the Practical Knowledge.* Chicago: University of Chicago Press.

_____. 1970. *The Profession of Medicine.* New York: Dodd, Mead.

Gamson, W. A. 1992. "The Social Psychology of Collective Action." in A. D. Morris and C. M. Mueller. eds. Frontiers in *Social Movement Theory,* New Haven: Yale University Press.

Giddence, A. 1994. *Beyond Left and Lights.* Cambridge: Polity.

Goode, William. 1960. "Encroachment, Charlatanism, and the Emerging Profession: Psychology, Sociology, and Medicine." *American Sociological Review* 25: 902~914.

Ham, Chris. 1997. *Health Care Reform: Learning from International Experience.* Burckingham: Open University Press.

Han, Ik-Hee, 2000. "Equity and the Korean Health Care Policy." 《보건경제연구》 6(1): 181~222.

Hasenfeld, Y. 1992. "The Nature of Human Service Organizations." in Y. Hasenfeld. ed. *Human Services as Complex Organizations.* London: Sage.

Homes, T. and R. Rahe. 1967. "The Social Readjustment Rating Scale," *Journal of Psychosomatic Research* 11: 213~218.

Illich, I. 1975. *Medical Nemesis: the Expropriation of Health.* London: Calder and Boyars. 박홍규 역, 《병원이 병을 만든다》. 홍성사. 1980.

Inglehart, Ronald. 1990. "Values, Ideology and Cognitive Mobilization in New Social Movements," in Dalton & Kuechler. eds. *Challenging the Political Order: New Social Movement in Western Democracies.* Oxford: Oxford University Press.

James, J. 1976. "The Emerging Physician: From Political Activist to Professional Vanguard." J. Gerstl and G. Jacobs. eds. *Professions for the People.* New York: John Wiley & Sons.

Larson, M. S. 1977. *The Rise of Professionalism: A Sociological Analysis.*

Berkeley: University of California.

Light, D. 1993. "Countervailing Power: The Changing Character of the Medical Profession in the United States." in *The Changing Medical Profession: An International Perspective.* eds. F. W. Hafferty and J. B. McKinlay. New York: Oxford University Press.

_____. 1995. "Countervailing Powers A Framework for Profession in Transition." in *Health Professions and the State in Europe.* ed. T. Johnson, G. Larkin and M. Saks. London: Routledge, 24~41.

McCarthy, J. D. and M. N. Zald. 1973. *The Trend of Social Movements in America: Professionalization and Resource Mobilization.* Morristown, NJ: General Learning Co.

McKeown, T. 1979. *The Role of Medicine: Dream, Mirage or Nemesis.* Princeton: Princeton University Press.

McKinlay, J. and S. McKinlay. 1989. "Trends in Death and the Contribution of Medical Measures," H. E. Freeman and S. Levine. eds. *Handbook of Medical Sociology* (4th edition), 14~45. Englewood Cliffs, NJ: Prentice-Hall.

McKinlay, J. and J. Arches. "Towards the Proletarianization of Physicians." *International Journal of Health Services* 15: 161~195.

Meyer, J. and B. Rowan. 1977. "Institutionalized Organizations: Formal Structure as Myth and Ceremony." *American Journal of Sociology* 83: 340~63.

Mishler, E. 1981. "Viewpoint: A Critical Perspective on the Biomedical Model." Mishler, E., L. AmaraSingham, S. Hauser, R. Liem, S. Osherson, and N. Waxler. eds. 1981. *Social Contexts of Health, Illness, and Patient Care* 1~23. New York: Cambridge University Press.

Morgan, G. 1986. *Image of Organizations.* Beverly Hills: Sage.

Morris, D. B. 1998. *Illness and Culture in the Post Modern Age.* Berkeley: University of California Press.

Navarro, V. 1976. *Medicine under Capitalism.* New York: Prodist.

Olson, M. 1971. *The Logic of Collective Action.* Cambridge, MA: Harvard University Press.

Parsons, Talcott. 1951. *The Social System.* New York: Free Press.

Pearlin, L. I. and C. S. Aneshensel. 1986. "Coping and Social Supports: Their Functions and Applications," in L. H. Aiken and D. Mechanic. eds. *Application of Social Science to Clinical and Health Policy* 417~437. New Brunswick: Rutgers University Press.

Peterson, A. and Robin Bunton. 1997. *Foucault: Health and Medicine.* London: Routledge.

Pfeffer, J. 1978. *The External Control of Organizations.* New York: Harper & Row.

Radley, Alan. *Making Sense of Illness: The social psychology of Health and Disease.* London: Sage Publication, 1994.

Robinson, J. C. 1999. *The Corporate Practice of Medicine.* Berkeley: University of California Press.

Rochefort, D. A. and R. W. Cobb. eds. 1994. *The Politics of Problem Definition: Shaping the Policy.* University Press of Kansas.

Rodriguez-Trias. 1984. "The Women's Health Movement: Women Take Power." V. W. Sidel and R. Sidel. eds. *Reforming Medicine,* 107~128. New York: Pantheon Books.

Rueschemeyer, D. 1986. *Power and Division of Labor.* Stanford: Stanford University Press.

Ruzek, S., V. Olsen, A. Clarke. 1997. *Women's Health: Complexities and Differences.* Columbus: Ohio State University Press.

Saltman, R. B. and J. Figueras. 1997. *European Health Care Reform.* Copenhagen: World Health Organization Regional Office for Europe.

Scharpe, F. 1978. "Interorganizational Policy Studies: Issues, Concepts, and Perspectives." in K. Hanf & Fritz Scharpe. eds. *Interorganizational Policy Making.* London: Sage.

Scott, W. R., M. Ruef, P. Mendel and C. A. Caronna. 2000. *Institutional Change and Health Organizations: From Professional Domi-*

nance to Managed Care. Chicago: The University of Chicago Press.

Sirott, L. and H. Waitzkin. 1984. "Holism and Self-care." V. W. Sidel and R. Sidel. eds. *Reforming Medicine*, 245~265. New York: Pantheon Books.

Skocpol, T. 1996. *Boomerang: Clinton's Health Security Effort and the Turn against Government in the U.S. Politics.* New York: W. W. Norton & Company.

Smelser, N. 1962. *Theory of Collective Behavior.* New York: Free Press.

Smith, R. C. 2002. *Patient-Centered Interviewing: An Evidence-Based Method.* Philadelphia: Lippincott Williams & Wilkins.

Starr, P. 1982. *The Social Transformation of American Medicine.* New York: Basic Books.

Tilly, C. 1978. *From Mobilization to Revolution.* Reading, MA: Addison-Wesley.

Waitzkin, H. 1983. *The Second Sickness*, 89~110, New York: Free Press.

Weisbrod, B. 1997. "The Future of the Nonprofit Sector." *Journal of Policy Analysis and Management*, 16(4): 541~555.

Weiss, G. L. and L. E. Lonnquist, 1994. *The Sociology of Health, Healing and Illness*, 125. Englewood Cliffs, New Jersey: Prentice Hall.

Whitehead, M. 1987. *The Health Divide.* London: Health Education Council.

Willis, Evan. 1994. *Illness and Social Relations.* St. Leonards, Australia: Allen & Unwin.

Zuckerman, H. S. 2000. "The Managerial Role." in Shortell, S. M. and A. D. Kaluzny. eds. *Health Care Management*, 34~60. Albany: Delmar.

찾아보기

ㄱ

ㄴ · ㄷ

ㅁ · ㅂ

ㅅ

ㅇ

ㅈ

ㅊ · ㅌ

ㅍ · ㅎ

기타

■ 저자 약력 ■

조 병 희

서울대 사회학과 졸업
미국 스탠퍼드대학 사회학 석사
미국 위스콘신대학(Madison) 사회학 박사
계명대 사회학과 교수 역임
현재 서울대학교 보건대학원 교수

■ 저 서

《한국의사의 위기와 생존전략》
《의료문제의 사회학》
《보건사회학》(공저) 등

나남신서 941

의료개혁과 의료권력

2003년 2월 10일 발행
2003년 11월 20일 2 쇄

저 자: 趙 炳 熙
발행자: 趙 相 浩

발 행 처 : (주) 나남출판

137-070 서울 서초구 서초동 1364-39 지훈빌딩 501호
전화 : (02) 3473-8535 (代), FAX : (02) 3473-1711
등록 : 제 1-71호(79.5.12)
http://www.nanam.net
post@nanam.net

ISBN 89-300-3938-3 책값은 뒷표지에 있습니다.

나남커뮤니케이션스⑧

나남신서

나남출판사의 책은 쉽게 팔리지 않고 오래 팔립니다

2002. 12

829 **환경정책의 논리와 실제** 김병완(광주대) 저
830 **조선의용군의 독립운동** 염인호(서울시립대) 저
831 **임상사회복지 사정분류체계** 제임스 칼스 · 카린 완드레이 저 / 임상사회사업연구회 역
832 **행정개혁과 공무원 삶의 질** 김미숙(한국보건사회연구원) · 조경호(국민대) 저
833 **가족학대 가족폭력** 알란 켐프 / 이화여대사회사업연구회 역
834 **디지털시대의 텔레비전 보도문장론** 이충환(iTV) 저
835 **현대 사회과학 통계분석** 채구묵(원광대) 저
836 **지역사회와 삶의 질** 문석남(전남대) 저
837 **커뮤니케이션 모델** 맥퀘일 · 윈달 저 / 임상원 · 유종원 공역
838 **사이버공간과 공동체** 마크 스미스 · 피터 콜록 / 조동기(정보통신연구원) 역
839 **인터넷 조사** 이계오(공군사관학교) 외
840 **21세기의 도전** 임길진(KDI) 저
841 **사회복지 질적연구방법론** 데보라 K. 패짓 / 유태균(숭실대) 역
842 **한국정당정치의 이해** 김용호(한림대) 저
843 **현대사회복지 실천이론** 말콤 페인 / 서진환(성공회대) · 이선혜(중앙대) · 정수경(전주대) 역
844 **산업복지론** 조흥식(서울대) · 김진수(강남대) · 홍경준(성균관대) 공저
845 **사회복지정책의 이해** 김태성(서울대) 저
846 **의료사회사업론** 윤현숙(한림대) · 김연옥(서울시립대) · 황숙연(서울대 강사)
847 **현대사회학이론** 조나단 터너 / 정태환(고려대) 외 역
848 **김영삼 정부의 성공과 실패** 함성득(고려대) 편
849 **현대일본의 사회운동론** 정진성(서울대) 저
850 **새로운 예술론** 문화비전2000추진위원회 편
851 **지훈육필시집** 조지훈 저
852 **박카스 40년 — 그 신화와 광고** 신인섭(한림대) 저
853 **미군정기 신문의 사회사상** 김민환(고려대) 저
854 **포르노에도 텍스트가 있는가** 윤혜준(한국외국어대) 저
855 **인터넷방송의 이해** 초성운(정보통신정책연구원) 저
856 **세계화와 복지국가** 송호근(서울대) 편
857 **눈으로 보는 한국광고사** 신인섭(한림대) · 서범석(세명대) 공저
858 **디지털시대 방송의 이해** 박흥수(전 연세대) 편
859 **현대법의 역사와 사상** 한상범(동국대) 저
860 **사회복지실천기술론** 김혜란(서울대) · 홍선미(한신대) · 공계순(호서대)
861 **사회복지실천기술연습** Barry Cournoyer / 김인숙(가톨릭대) · 김용석(가톨릭대) 공역
862 **영어를 공용어로 하자는 망상** 조동일(서울대) 저
863 **사회복지개론** 김상균 · 최일섭 · 최성재 · 조흥식 · 김혜란 공저
864 **고령화 사회의 도전** 임춘식(한남대) 저
865 **인터넷시대의 취재와 보도** 남시욱(전 동아일보) 저
866 **미국인의 사고와 관습** R.벨라 외 / 김명숙 · 김정숙 · 이재협 공역
867 **인간 · 종교 · 국가** 이문영(경기대) 저
868 **옥외광고론** 서범석(세명대) 저
869 **공론장의 구조변동** 위르겐 하버마스 / 한승완(국가안보정책연구소) 역
870 **나의 청춘 나의 조국** 71동지회 편
871 **불과 한국인의 삶** 김형국(서울대) 편
872 **주체 · 의미 · 문화** 김덕영(한국디지털대) 저
873 **장정 5 — 다시 대륙으로** 김준엽(전 고려대 총장) 저
874 **인터넷 저널리즘과 여론** 강미은(숙명여대) 저
875 **중국 농민공과 국가 – 사회관계** 이민자(서강대 강사) 저
876 **한국현대여성시인** 김정란(상지대) 저
880 **상주보다 서러운 곡쟁이의 사설** 백화종(국민일보 주필) 저
881 **코드 : 사이버공간의 법이론** 로렌스 레식 / 김정오(연세대) 역
882 **디지털시대와 인간존엄성** 김주환(연세대) · 박광진(한국정보보호원) · 유황빈(광운대) 외
883 **현대신문학** 서정우(연세대) 편
884 **사회복지 윤리와 철학** 김상균(서울대) · 오정수(충남대) · 유채영(연세대) 공저
885 **사회복지의 역사** 감정기(경남대) · 최원규(전북대) · 진재문(경남대) 공저
886 **미래를 생각하는 사회학** 김경동(서울대) 저
887 **매스커뮤니케이션 이론** 데니스 맥퀘일 / 양승찬 · 강미은 · 도준호 공역
888 **양방향 TV** 김대호(인하대) 저
889 **1년 특파원, 기자학생의 현장** 박권상(KBS 사장) · 조용중(전 ABC협회) · 문창극(중앙일보)
890 **동아시아의 정치와 경제** 정갑영(연세대) · 최정원(연세대) · 김상준(연세대) 외